社会工作综合实践能力培养教程

田光辉　姜又春　主　编

莫小枚　杨阿诺　杨庚梅　副主编

西南交通大学出版社

·成　都·

图书在版编目（CIP）数据

社会工作综合实践能力培养教程 / 田光辉，姜又春主编. —成都：西南交通大学出版社，2019.5
（社会与公共管理类专业项目化合作育人模式研究丛书）
ISBN 978-7-5643-6839-5

Ⅰ. ①社… Ⅱ. ①田… ②姜… Ⅲ. ①社会工作 – 高等教育 – 教材 Ⅳ. ①C916

中国版本图书馆 CIP 数据核字（2019）第 075478 号

社会与公共管理类专业项目化合作育人模式研究丛书
社会工作综合实践能力培养教程
田光辉　姜又春　主编

责任编辑　武雅丽
封面设计　原谋书装

出版发行　西南交通大学出版社
（四川省成都市金牛区二环路北一段 111 号
西南交通大学创新大厦 21 楼）
邮政编码　610031
发行部电话　028-87600564
官网　http://www.xnjdcbs.com
印刷　四川森林印务有限责任公司

成品尺寸　185 mm × 260 mm
印张　12.25
字数　306 千
版次　2019 年 5 月第 1 版
印次　2019 年 5 月第 1 次
定价　36.00 元
书号　ISBN 978-7-5643-6839-5

前　言

党的十九大报告指出："要加强社区治理体系建设，推动社会治理重心向基层下移，发挥社会组织作用，实现政府治理和社会调节、居民自治良性互动。"社会工作服务是公共服务的一个重要组成部分。社会工作服务是专业化的，不是业余的工作人员或志愿者所能够承担的，因此社会工作综合实践能力培养事关社会工作服务的发展。社会工作服务是科学助人，社会工作者并不是盲目地为他人提供帮助，而往往是通过个案工作、小组工作、社区工作等科学的方法来实现助人的目的。以人民为中心、为人民谋幸福是中国共产党一切工作的出发点和落脚点。增进民生福祉是社会工作发展的根本目的。社会工作从起源到实践，始终以促进人的全面发展、改善民生福祉、助推社会公平正义为职业理想。科学理论对实践具有推动作用。党的十八大以来，习近平多次强调要努力学习掌握科学的思维方法，防止出现"新办法不会用，老办法不管用，硬办法不敢用，软办法不顶用"的情况，以科学的思维方法保证各项改革顺利推进。社会工作的发展已经站在人民对美好生活向往奋斗目标的航向之上，社会工作综合实践能力培养必须以习近平新时代中国特色社会主义思想为指导，坚持辩证思维、系统思维、战略思维、法治思维、底线思维、精准思维等。

第一，社会工作综合实践能力培养应在实践中坚持和运用辩证思维。坚持一分为二地看问题、抓主要矛盾和矛盾的主要方面，科学把握事物之间的联系，找准重点、抓住关键，着重以社会工作的理念服务中心任务、解决问题，把推进社会工作理论创新、社会工作制度创新、社会工作科技创新、社会工作文化创新以及其他各方面创新有机衔接起来，着力培养社会工作综合实践能力。

第二，社会工作综合实践能力培养必须坚持和运用系统思维。社会工作综合实践能力培养要注意深入研究社会工作的关联性和耦合性，抓工作要注意区分层次，分类指导，社会工作特别是社会工作服务机构和社会工作者必须要有使命感。

第三，战略思维是高瞻远瞩、统揽全局、善于把握事物发展总体趋势和方向的思维方法，展示的是看问题的高度和深度。社会工作综合实践能力培养亦是如此。新时代，社会工作综合实践能力培养的战略思维在一定程度上决定中国特色社会工作能登多高、能走多远、将抵达何处。战略思维能力强弱，取决于思考问题的高度、理论研究的深度、知识视野的广度和观察世界的时间跨度。社会工作综合实践能力培养要应时合势，善于判断和区分长程因素与短程因素，善于根据内外环境变化及时调整培养方案，保持培养方案与时俱进。

第四，社会工作综合实践能力培养必须坚持法治思维。依法治国是党领导人民治理国家的基本方略，法治是治国理政的基本方式。法治思维说到底是将法律作为判断是非和处理事务的准绳，它要求崇尚法治、尊重法律，善于运用法律手段解决问题和推进工作。社会工作服务对象广泛，运用法治思维，首先要坚持依法服务。时时刻刻都要审视社会服务行为的目的、内容、手段、程序是否合法。其次要自觉守法、坚决护法，维护法律和制度的严肃性，维护他人和组织的合法权利。要大力推动服务公开，自觉接受社会和公众监督，以公开透明保护自己、维护法律尊严。最后要带头学法，有效普法，大力弘扬社会主义法治精神，以社会工作的实际行动引导全社会自觉依法维护权益，又自觉履行法定义务。

第五，社会工作综合实践能力培养必须善于运用底线思维，既要坚持原则性，也要坚持灵活性，不能以原则性束缚灵活性，也不能以灵活性突破原则性。首先要有原则意识。社会工作必须明确基本原则、基本方向和基本目标，不能脚踩西瓜皮，滑到哪里算哪里。新时代中国特色社会工作最鲜明的底线就是坚持中国共产党的领导，坚持社会主义，坚持以人民为中心的发展理念，坚持社会工作的职业化、专业化、本土化发展路径。其次要有短板意识。木桶的容量取决于最短的那块木板，要正确处理好亮点、成绩与安全阀、稳压器和保险杠的关系，防止一着不慎而导致满盘皆输。社会工作切记戒骄戒躁，如果没有考虑服务对象的承受能力，就可能会激化社会矛盾，甚至引发群体性事件，导致所有努力付诸东流。再次要有边界意识。对法纪制度要时刻怀有敬畏之心，做到不越边界、不踩红线、不碰高压线，这样才能少走“弯路”、不入“歧途”。最后要有小节意识。社会工作有自己的伦理道德。同时，社会工作是全心全意为人民服务的工作。社会工作者更应在道德修养、生活情趣上要注意小节，时刻自励、自省，做表率，勿以恶小而为之，勿以善小而不为，以自己的一举一动影响人，在生命影响生命的事业中发挥光和热。

第六，社会工作综合实践能力培养必须运用精准思维。精准思维是一种非常务实的思维方式，强调具体和准确，要求动作精准到位、在一个个具体的点上解决问题，排斥大而化之、笼而统之地抓工作。现实矛盾都是由一系列具体问题累积起来的，化解矛盾、推进工作必须养成精准思维，从一个个具体问题入手，积小胜为大胜。当前各种问题和矛盾错综交织，社会工作综合实践能力培养要注意运用精准思维。习近平指出：“要有强烈的问题意识，以重大问题为导向，抓住重大问题、关键问题进一步研究思考，找出答案，着力推动解决我国发展面临的一系列突出矛盾和问题。”精准思维要求社会工作综合实践能力培养必须摒弃原来那种“不拘小节”的思维陋习，在每一个细节处严格标准、严格程序，认认真真地把社会工作综合实践能力培养工作做细做实做到位。

党的十九大报告中指出：“中国特色社会主义进入新时代，我国社会主要矛盾已经转化为人民日益增长的美好生活需要和不平衡不充分的发展之间的矛盾。”这是习近平总书记在中国特色社会主义进入新时代、我国发展处于新的历史方位的关键时刻，深刻洞察中国国情的深刻变化，对我国社会主要矛盾所做出的新判断。我国社会主要矛盾转化这一变化是关系全局的历史性变化，对各方面工作提出了许多新要求。新时代社会主要矛盾的转化呼吁加快社会工作的职业化进程。对社会工作来说，应当在“增进促进民生福祉”“保障和改善民生”“促进人的全面发展”“加强社会心理服务体系建设”和“提高社会治理的社会化、法治化、智能化、专业化水平”等多个领域主动参与、积极作为。一方面，各级政府将更加重视保障和改善民生水平，将进一步加强和创新社会治理；另一方面，广大人民群众对美好生活的向往将更加迫切，更加关注有质量的获得感、幸福感和安全感。这必将激发更加丰富、多元、个性化的社会工作服务需求，社会工作服务作为政府为老百姓提供的公共服务产品将逐渐成为可能。党的十九大报告对基层社会治理的关注，已经落到社区这一社会基本单元，为社会工作的发展提供了前所未有的机遇，指明了社区治理的方向，也意味着社会工作的任务更重了。高校对学生社会工作综合实践能力的培养将不断加强，现有的社工、志愿者队伍也将在政府的主导下加强技能培训，提高社会工作综合实践能力与竞争力，实现机构发展壮大而不失特色，为社会治理注入温暖能量，为中华民族的伟大复兴贡献应有之力。

社会工作综合实践能力是指运用马克思主义基本原理和社会学、社会工作的基本理论、方法和技巧，熟练进行社会工作综合实践活动所应具备的各种能力，如运用理论、知识和方法帮助困难群体走出困境，从事正常生活并获得发展的能力；掌握社会调查方法和技能及社会统计方法的能力；了解党和政府的重大方针、政策、法律和法规的能力；研究影响社会政策的价值取向的能力；分析各种社会现象和问题的能力；论文写作和语言表达的能力；掌握文献检索与资料查询方法的能力。近年来，在满足民众需要和促进社会和谐方面，我国的社会工作专业人才队伍发挥着越来越大的作用。但是，我国的社会工作目前仍处于发展初期。正在不断走向成熟。进入新时代，社会工作专业人才队伍综合实践能力的培养依然面临着挑战。站在新的历史起点上，社会工作专业人才队伍要强化社会责任意识、规则意识和奉献意识，将社会工作与新时代治国理政新方略相结合，结合社会工作职能定位，不忘初心、开拓创新，推进和完善社会工作服务制度化，开创和拓展社会工作事业全新格局，为凝聚社会正能量发挥榜样作用，谱写社会工作事业新篇章。

编 者

2019 年 5 月

目　录

第一章　社会工作综合实践能力培养概述

第一节　社会工作综合实践能力培养的含义、目标与功能

一、社会工作综合实践能力培养的内涵

社会工作综合实践能力是指社会工作专业大学生运用在校期间已经积累的丰富的社会工作专业知识，通过自己不断的社会工作实践探索研究，在头脑中形成独创性思维，独立地分析解决社会工作现实问题、攻关新课题的创新能力。社会工作综合能力是建立在一般实践能力和社会工作专业实践能力基础之上的解决社会工作综合问题的高级能力，它具有综合性、独立性、主动性、创造性的特点。新时代的一个突出特征是创新，培养大学生社会工作综合实践能力已成为当代社会工作专业大学生成才的必然要求。社会工作专业大学生的社会工作综合实践能力培养需要学校为之创建一个良好的实践环境，采取有效措施来提高社会工作专业大学生的社会工作综合实践能力。

党的十九大报告为我们描摹了从现在起到21世纪中叶全面建成小康社会、全面建设社会主义现代化国家的美好蓝图。这一美好蓝图分为“两个时期”，通过“两个阶段”实现，在2020年全面建成小康社会的基础上，再奋斗30年全面建成社会主义现代化强国。从“全面小康”到“全面现代化”，是中国特色社会主义新时代的美好蓝图，鼓舞人心、催人奋进。当前，我们国家正处于全面建成小康社会、实现中华民族伟大复兴的决定性阶段。在经济新常态下，我国高等教育呈现出内涵发展、质量提升、综合改革、文化引领、协同创新等方面新特征、新趋势和新常态。2007年以来是高等教育历史上发展的最快时期。面对高等教育的新常态，高校改革发展已进入深水区，深层次的矛盾凸显，高校要想实现追赶超越，必须完善学校治理结构，建立一个全新的现代大学制度。完善治理结构，究其实质，就是解决好高等教育自身规律与适应社会发展的关系。解决此问题，确定大学的社会定位，应将人才的培养与国家和社会的需求结合起来。党的十九大报告中提出了新的理论创新成果，即新时代中国特色社会主义思想，坚持以人民为中心的发展思想是其核心内容。报告中明确新时代我国社会主要矛盾是人民日益增长的美好生活需要和不平衡不充分的发展之间的矛盾，必须坚持以人民为中心的发展思想，不断促进人的全面发展、全体人民共同富裕。党的十九大报告提出社会组织要积极参与协商民主和基层治理，要推动协商民主广泛、多层、制度化发展，统筹推进包括基层协商、社会组织协商在内的多种协商形式。加强社区治理体系建设，推动社会治理重心向基层下移，发挥社会组织作用，实现政府治理和社会调节、居民自治良性互动。这为社会工作专业大学生社会工作综合实践能力培养提供了时代契机。

二、社会工作综合实践能力培养的目标

20 世纪 80 年代后期，我国高校建立了社会工作与管理专业（后改名为社会工作专业），经过 30 多年的发展，目前全国高校中已有 330 多所高校设立了社会工作本科专业。2008 年 12 月，经国务院学位委员会第二十六次会议审议通过，决定设置社会工作硕士专业学位（MSW），目前全国已有 150 多所高校获得了 MSW 学位授予权。2011 年，国务院学位委员会和教育部发布的《学位授予和人才培养学科目录（2011 年）》再次规定社会学为一级学科。此后，若干具有一级学科博士学位授予权的高校设立了社会工作（或社会工作与社会政策）二级学科（专业）博士和硕士学位点，培养硕士和博士层级的社会工作高级学术型人才。目前，我国高等教育机构中已经形成从大专到本科、硕士、博士全层级的社会工作专业人才培养体系，为我国社会工作专业的发展奠定了重要的基础。

中共中央、国务院 2010 年 6 月颁发的《国家中长期人才发展规划纲要（2010—2020）》中把社会工作人才作为我国六大人才队伍之一，确立了社会工作人才在国家人才队伍建设中的地位。2011 年 10 月，中组部、民政部等 18 部门联合发布了《关于加强社会工作专业人才队伍建设的意见》，[①] 首次明确了要建立社会工作人才培养、使用和评价等系列制度体系，并确立了“党委领导、政府推动、社会参与、突出重点、立足基层、中国特色”的原则。2012 年 4 月，中央和国家 19 部门又联合发布了《社会工作专业人才队伍建设中长期规划（2011—2020）》，这是第一个国家层面的社会工作发展规划，[②]明确提出到 2020 年增加到 145 万人的目标，并对社会工作制度建设的多个方面做出了规划要求。

原人事部、民政部于 2006 年 7 月 20 日联合发布了《社会工作职业水平评价暂行规定》和《助理社会工作师、社会工作师职业水平考试实施办法》（国人部发〔2006〕71 号），建立了我国社会工作职业水平评价制度，包括社会工作者职业水平级别、职业能力、考试组织实施、登记管理、继续教育、职责分工等方面的评价制度，以及关于考试组织实施机构、考试科目、考试报名程序、考试时间地点、考前培训、考试考务纪律等方面的制度。中组部、民政部等中央和国家部门单独或联合出台了一系列的政策文件，具体推动社会工作的制度建设。其中包括《社会工作者继续教育办法》《关于政府购买社会工作服务的指导意见》《民政部关于促进民办社会工作机构发展的通知》《民政部关于进一步加快推进民办社会工作服务机构发展的意见》《关于印发民政事业单位岗位设置管理指导意见的通知》《关于加强社会工作专业岗位开发与人才激励保障的意见》等。我国还在相关领域中推动社会工作服务的制度建设。其中包括《民政部财政部关于加快推进社区社会工作服务的意见》（2013）、《民政部关于加快推进灾害社会工作服务的指导意见》（2013）、《关于加强青少年事务社会工作专业人才队伍建设的意见》（2014）、《关于组织社会力量参与社区矫正工作的意见》（2014），以及《加快推进社会救助领域社会工作发展的意见》（2015）、《关于加强禁毒社会工作者队伍建设的意见》（2017）等重要文件。这些重要文件的发布在相关领域专业社会工作制度建设中起了积极的作用。近年来，民政部等部门积极推进社会工作领域的标准化建设，先后制定和发布了《儿童

---

① 谭日辉：《社会组织发展的深层困境及其对策研究》，《湖南师范大学社会科学学报》，2014(03)。

② 刘武俊：《让社工真正成为社会管理的生力军——社工工作发展需要全社会形成合力》，《改革与开放》，2012（06）。

社会工作服务指南》（2014）、《社会工作服务项目绩效评估指南》（2014）、《老年社会工作服务指南》（2016）等行业标准。

我国社会工作岗位、机构和人才队伍建设总体缓慢，人才流失较多。根据民政部公布的数据，截至2016年年底，在各类组织（事业单位、群团组织、社区和社会组织）中的社会工作专业岗位有20多万个，全国社会工作专业人才规模总量达到76万人，其中持证社工近30万人，同时，全国共有社会工作服务机构6 600余家。社会工作人才队伍建设的现状离计划目标还有很大的差距，导致社会工作人才队伍建设进展缓慢的主要原因是社会工作制度建设滞后，由此而导致公共财政对专业社会工作的投人不够、不稳，社会工作岗位设置数量严重不足，社会工作者的待遇普遍偏低，并且晋升空间不大，因而社会工作的职业对有才华的年轻人吸引力不大。社工专业毕业生的就业流失率较大，已在社会工作机构和岗位上就业的也面临就业不稳定和流失率较大的问题。

当前，以创新引领社会工作专业大学生社会工作综合实践能力培养已成为新常态，努力提升社会工作专业大学生社会工作综合实践能力，在服务社会上发挥更加积极主动的作用，这对于地方院校社会工作专业办学过程中破解转型难题尤为重要。怀化学院秉承“怀仁化物，立地仰天”的办学理念，坚持育人为本、德育为先、能力为重，促进学生知识、能力、素质的全面发展；坚持“立足怀化、面向湖南、辐射全国”的服务定位，以“应用性、民族性、地方性”为办学特色，以培养专业能力为核心，以提高人才培养质量为目标，贯通“理论教学、实践教学、校园文化活动”渠道，强化学生创新精神、创业意识和创新创业能力培养。这要求社会工作专业培养的人才要有扎实的专业基础知识和专业技能、良好思想道德品质、社会责任感、创新精神和实践能力。社会工作专业培养的人才应当具有人民立场、独立精神、自由思想和创新能力。多年来，学校社会工作专业聚焦社会发展前沿，社会工作专业建设紧紧跟踪国家、社会对人才培养的要求，在稳固推进社会工作专业建设的连续性和长效性上不断创造最鲜活、最核心、最具包容性的创新质素，努力增强社会工作专业的包容性、创新性和参与度，在积极的社会实践中，以培养社会工作人才为目标，以社会主义核心价值观引领社会工作专业建设，以教育教学创新实践推动复合型人才培养，着力培养社会工作专业大学生的社会工作综合实践能力。

三、社会工作综合实践能力培养的功能

社会工作是政府主导、社会力量广泛参与的，以为民解困和助人自助为宗旨，以科学的理论和方法为手段的专业化、职业化社会服务工作。社会工作专业大学生社会工作综合实践能力培养要以社会工作的方式向有需要的个人、家庭、社区、组织等提供相关社会工作服务。在现代社会中，社会工作是一套稳定的行动体系，包括社会工作者的人才培养、资源保障、服务提供等环节。在现代社会中，社会工作具有常规性、持续性和复杂性特点，必须要有稳定、持续和高水平的服务供应体系。在现代社会中，社会工作立足于职业活动，因此发展社会工作首先需要建立社会工作职业，这就要求建立专业化的社会工作综合实践能力培养体系。社会工作综合实践能力培养可保证社会工作服务的持续性供给，并达到社会所需要的专业化服务质量和水平。在现代社会中，社会工作综合实践能力培养可满足人们对社会服务的需要和基本社会服务的供给，规范社会工作者的职业行为，促进政府和社会建构与发展社会工作。

从总体上看，我国的社会服务与经济发展相比相对落后，是我国整体发展格局中的一块短板，需要加快补课；而与社会服务中的教育、医疗卫生等事业相比，社会工作服务更落后，因此是整个社会服务体系短板中的短板，急需大力加强。

近年来，社区治理改革成为重要的课题。习近平在党的十九大报告中指出要“加强社区治理体系建设，推动社会治理重心向基层下移，发挥社会组织作用，实现政府治理和社会调节、居民自治的良性互动”。短短数十字，确定了社区建设的工作方式，由从上而下的管理转向着重与基层社会组织协作治理。各地的社区营造项目，其激活社区组织、促进文化传承、活化老旧失能农村社区的成效与功能，是对新时代社区治理工作的应对。当前，我国在城乡基层社会治理、民生保障和居民服务，尤其是弱势群体服务等方面相当缺乏专业人员，并且亟须提高服务质量，以满足民众日益提高的社会服务需要，并提升社会治理水平。因此，社会工作专业大学生社会工作综合实践能力培养是我国保障和改善民生、加强社会治理的必然要求。

第二节　社会工作综合实践能力培养的要素

一、社会工作的服务对象

社会工作从早期的慈善事业发展到今天在高等院校设立专门的学科，有其特殊性。社会工作应该致力于协调各种社会关系、养老保险等，这就需要更多的社会工作者投入到这项事业中去，这可以看作社会工作的延伸。随着社会经济的发展，人们生活节奏的不断加快，社区内的社会服务项目急剧增加。社会工作主要是以个人或家庭为工作对象。近年来，社会工作有新的发展，不断重视对人的问题的研究，探讨群体中人们互动模式及相互关系，尤其是那些在心理上有某种障碍和创伤的人。如一些国际社会工作组织比较重视人际沟通，主要基于以下原因：其一，人并不是孤立的，学会处理各种关系是现代人生存的基本手段。其二，实施社区评价，往往使人们心理紧张和失衡。其三，社区工作、劳动就业培训与指导中心等，有利于建立群体的合理结构。其四，政府和社会团体对那些维持社会基本生活水平有困难者给予必要的物质帮助，有利于促进社区协调。其五，增强群体的吸引力和凝聚力，可使社区成员激发起对社区的关注和归属。其六，从事这项工作的人员必须先清楚地了解社区的历史和现状，需引导个人与群体协调。协调社区力量，有利于群体生活质量的提高。

社会工作以社会各种群体为研究对象，其出发点和最终归宿是人。社会工作者应以社区为工作对象，提高工作和群体生活质量，保证社会工作的科学性和有效性。国际社会工作还重视对各国社会工作者的教育训练，要防止模式化，提高群体成员的集体活动能力、有效利用社区文化娱乐设施，让群体成员更多地参与群体活动，参与社区建设。

社会工作的服务对象可以是个人，还可以是家庭、群体和社区。没有服务对象或受助者，没有他们遇到的问题，社会工作就失去了必要性。从理论上来说，任何生活上遇到难以克服的困难的人和群体都可以成为社会工作的服务对象，但是实际操作中，真正的服务对象是要通过社会工作者的评估才能确定的。

二、社会工作者

社会工作者是社会服务的直接承担者，是掌握了系统的社会工作专业知识和方法技能的专业工作人员。没有社会工作者就没有社会工作，所以社会工作者是社会工作的基本要素之一。社会工作者为服务对象提供的服务是其他任何人所不能提供的专门服务。

（一）社会工作者的概念与特征

社会工作者是指具备规定的资格条件并取得特定机构认可，专门从事社会工作管理与服务的人员，简称社工。具体而言，是指在社会福利、社会救助、社会慈善、残障康复、优抚安置、医疗卫生、青少年服务、司法等社会服务机构中从事专门性社会服务工作的专业技术人员。[①]其应具备的条件有：具备社会工作专业知识；具备心理学、社会学、政治学、管理学、教育学、法学等多学科综合知识；熟悉与社会工作业务相关的法律、法规、政策知识；能熟练运用个案社会工作、小组社会工作、社区社会工作、社会工作行政等社会工作方法，协助服务对象解决问题、克服困难、挖掘潜能、恢复和发展社会功能。其承担的使命是：第一，社会使命"扶弱济贫"，以解决社会问题、满足社会需求，维护社会稳定，促进社会公平正义为己任。第二，专业使命"助人自助"，即或为处于困境中的个人、家庭、群体、社区提供专业服务和支援；或通过专业服务，整合社会资源，挖掘潜能，推动困难人群走向"自救、自立、自助和自强"。[②]通过扮演引导者角色、专家角色、社会治疗角色、计划者角色等帮助人们发现问题，并采取解决问题的行动，缓解由于竞争、压力产生的紧张及冲突。社会工作者是遵循社会工作的价值标准，运用社会工作专业方法从事社会服务职业的人员。这些人员主要分为两大类：一线的社会工作者和社会工作行政人员。前者实施专业社会服务，后者则主要对这些专业服务进行设计、统筹、指导和支持。社会工作者是接受一定的专业教育或培训从事职业化社会服务的人。这种专业教育或培训将社会工作者与其他人士区别开来。社会工作者的素质、能力和经验直接影响着社会工作的进程和成效。应该说明的是，社会工作者不只是一个个体概念，还是一个团队概念，即从事社会工作的不只是指单个的社会工作者，也指他们的团队和所在的工作机构。因为在许多情况下，社会工作者是在团队及其机构的直接支持下开展工作的。

（二）社会工作者发展空间

社会工作专业人才是具有一定社会工作专业知识和技能，在社会福利、社会救助、慈善事业、社区建设、婚姻家庭、精神卫生、残障康复、教育辅导、就业援助、职工帮扶、犯罪预防、禁毒戒毒、矫治帮教、纠纷调解、应急处置等领域直接提供社会服务的专门人员。社会工作专业人才是构建社会主义和谐社会、加强和创新社会管理不可或缺的重要力量。加强

---

① 刘武俊：《让社工真正成为社会管理的生力军——社工工作发展需要全社会形成合力》，《改革与开放》，2012（06）。

② 杨鑫：《社会工作参与服务型社会治理的路径探析》，《信阳农林学院学报》，2018（06）。

社会工作专业人才队伍建设，对增强社区服务功能、提高社区居民自治能力、促进和谐社区建设，对促进就业、扩大内需、优化人才资本配置，对落实社会政策、创新公共服务方式、满足人民群众日益增长的社会服务需求，对有效预防和解决工业化、城镇化、市场化、信息化、国际化加速发展所产生的社会问题，降低社会管理成本，促进社会和谐稳定、推动文明进步，具有十分重要的意义。社会工作专业人才，需要参加全国社会工作者职业水平考试，获得相应的证书，才能开展相关工作。自 2008 年首次举办全国社会工作者职业水平考试以来，全国累计有 32 万多人取得助理社会工作者和社会工作者证书。而根据《国家中长期人才发展规划纲要（2010—2020 年）》有关规定，为了适应构建社会主义和谐社会的需要，以人才培养和岗位开发为基础，以中高级社会工作人才为重点，培养造就一支职业化、专业化的社会工作人才队伍。到 2016 年，社会工作人才总量达到 200 万人。到 2020 年，社会工作人才总量将达到 300 万人。可见，全国对社会工作人才的需求还有很大的缺口。

社会工作者整体发展有保障。全国城乡社区、相关事业单位、公益慈善类社会组织要开发设置社会工作岗位，制定专业人才使用政策。在城市社区逐步加大社会工作专业人才的配置力度，通过政府购买服务等方式，配备社会工作专业人才，逐步实现每个农村社区至少配备一名社会工作专业人才的目标。老年人福利机构、残疾人福利和服务机构、儿童福利机构、收养服务机构、妇女儿童援助机构、困难职工帮扶机构、婚姻家庭服务机构、青少年服务机构、社会救助和管理机构、优抚安置服务保障机构等以社会工作服务为主的事业单位要将社会工作岗位明确为主体专业技术岗位；学校、医院、基层文化服务机构、人口计生服务机构等根据需要逐步设置社会工作岗位。支持企业设立社会工作岗位，使用社会工作专业人才，开展职工服务。有社会工作服务需求的公共服务和社会管理部门要根据需要明确社会工作岗位。另外，国家鼓励各级党政机关、人民团体、事业单位在招录、招聘社会服务相关职位工作人员和选拔干部时，在同等条件下要优先录用具有丰富基层实践经验的社会工作专业人才。把政治素质好、熟悉社会服务与管理的社会工作专业人才吸纳进基层党员干部队伍，选拔进基层党组织领导班子，支持有突出贡献的社会工作专业人才进入地方基层人大、政协参政议政。由此可见，社会工作者在很多领域都可以发挥自身的特长，上升的通道也非常畅通，发展空间大。

（三）社会工作者提供的服务

在助人过程中，社会工作者可以提供直接服务、间接服务与合并服务。直接服务是指社会工作者直接为服务对象提供的服务，间接服务是指社会工作者借助于其他程序向服务对象提供的帮助，合并服务则包括直接服务和间接服务。社会工作者为服务对象所提供的服务既包含专业的规范行为，也包括个人的经验等。社会工作者作为社会工作专业服务过程的主导者，是社会工作专业不可缺少的要素。在社会工作过程中，社会工作者通过了解、评估服务对象的困难与需要，去设计和实施助人活动，通过与对方的相互配合与合作，达到助人的目的。社会工作者的角色主要有直接服务角色和间接服务角色两个方面。

1. 社会工作者的直接服务角色

社会工作是社会工作者针对服务对象的需要展开的、帮助其解决和克服困难的活动。直接服务指的是社会工作者直接面对服务对象的服务活动，在此过程中社会工作者的基本角色包括：

（1）服务提供者。社会工作服务既包括心理和精神层面的服务，也包括提供物质帮助和劳务服务，还包括政策信息的提供。由于社会工作者首先面对的是有困难的人群，所以提供物质、劳务和心理方面的服务和帮助是社会工作者的首要职责。在现代社会，社会工作者提供的不是简单的体力劳动，而常常是复合型的服务，通过这种服务尽量使受助者获得更大的帮助。

（2）治疗者。社会工作者作为治疗者有很长的历史。治疗是站在“病理学”的角度，认为服务对象出了问题、行为有偏差，因此需要帮助和矫正。治疗的目的是有系统地影响服务对象的人际互动或内在心理功能控制或减轻问题的症状。在帮助边缘群体、进行社区矫正、戒除毒瘾和网瘾等工作中，社会工作者经常扮演治疗者的角色。

（3）支持者。社会工作者不但要提供直接服务或帮助，而且要鼓励受助者在可能的情况下自强自立，克服困难，自我决策，即“助人自助”，[①]帮助他们恢复信心，增强自信，从而充分地发挥他们的潜能。因此，社会工作者应该成为服务对象积极反应的支持者、鼓励者，并应尽量创造条件使服务对象自立或自我发展。

（4）倡导者。倡导是社会工作者直接向服务对象提倡某种行为。在社会工作服务过程中，社会工作的基本原则是“案主自决”，面对困境，不是由社会工作者把受助者拉出困境，而是在为他们提供帮助的前提下，让他们自己走出困境。在服务对象必须采取新的行动才能有助于其走出困境但又对新的行动不了解时，社会工作者应该成为服务对象采取某种行为的倡导者，即向服务对象倡导某种合理行为，并指导他们以使其成功。[②]

2. 社会工作者间接服务的角色

社会工作者不但要面向服务对象提供直接服务，还要进行间接服务，即为直接服务提供支持性工作。社会工作者的间接服务角色包括：

（1）行政管理者。管理是指社会工作者对服务过程的管理和控制。社会工作是一个复杂的过程，需要对其进行科学的管理，这种管理不但对调配多种资源的社会行政工作十分重要，而且对个案工作、小组工作和社区工作也同样重要。在社会工作过程中，社会工作者应进行有效控制，并且需要对与助人相关的多种资源、信息进行协调、安排和管理，以实现该过程的高效运行。

（2）资源筹措者。社会工作专业服务是以一定资源为基础的，但是，相对于人们的需求而言，资源永远都是有限的。当一个服务目标确定以后，社会工作者就要围绕既定目标来组织和争取必要的资源。资源的概念包括物质资源和人力资源。为服务的顺利开展而争取资源是社会工作者的重要责任，社会工作者应该有能力争取到相关方面的支持，否则他们就难以开展工作。

（3）政策影响者。由于某些社会问题是由制度因素造成的，因此，对现有的政策或制度进行改变就是必要的。当社会工作者在服务过程中发现某些问题具有普遍性时，应向有关政府部门提出建议，制定、修订和完善政策。这样，可以避免社会问题的再次发生和减缓社会

---

① 宋新伟：《生命回顾理论视角下的厌学个案分析》，《现代职业教育》，2017（11）。

② 陈佳等：《学校社会工作介入农村寄宿制小学的探讨》，《赤峰学院学报（科学教育版）》，2011（09）。

问题。在这种情况下，社会工作者就扮演着政策影响者的角色。

（4）研究者。从某种意义上来说，每一个社会工作者都是研究者。社会工作者要有效地解决问题，就必须科学地评估问题，合理地设计服务方案，准确地理解服务对象的行为，这些都需要社会工作者认真地思考问题，对事实进行正确判断，这些都是要研究问题。

（三）社会工作者的基本素质

要成为一个优秀的社会工作者，必须拥有社会工作者的价值观，掌握社会工作的相关知识，具有较强的社会工作能力。其中，价值是灵魂，知识是基础，能力是手段。只有这三者都具备，才能成为一个优秀的社会工作者。

1. 社会工作者的价值观

社会工作者的价值观是社会工作者基于社会公平、平等、和谐、公正的理想和人类基本需求的满足等而奉行的一套理念。社会工作者的价值观包括人类共同意识、帮助社会弱者、乐观看待变迁、追求社会公正等。社会公平正义，就是社会各方面的利益关系得到妥善协调，人民内部矛盾和其他社会矛盾得到正确处理，社会公平和正义得到切实维护和实现。构建和谐社会，实现社会公平与正义，有必要从人类社会发展的角度，全面认识社会公正问题。社会公平正义是社会和谐发展的基本要求和目标，也是一个文明社会进步的标志。人类共同意识是人类所共有的意识和价值。人类是社会性动物，天生具有结群而居的天性，恻隐之心、同情之心、互助之意也是人类共有的意识。当某些社会成员因各种原因陷入困境时，人们就会有救助之意，这就是人类共同意识的作用。社会工作者要有强烈的人类共同意识，能够积极主动去帮助那些有困难的人。由于个人生理、心理、自然环境和社会制度等方面的原因，在社会生活中经常会有失意者和失败者。实际上，这些失意者和失败者往往并非都是个人原因造成的，有些是由条件不具备等因素造成的。社会工作者应该从人本主义的角度出发，站在社会公正的立场上帮助社会弱者，这是社会工作者应具备的价值观。社会工作者面对纷繁复杂的社会问题时，不应该怨天尤人，更不应该消极退缩，而应该以乐观的态度直面困难，用自己的努力克服困难，最终解决问题。社会工作者应坚信人的发展和社会的进步。社会公平正义反映了人们从道义上、愿望上追求利益分配合理性的价值理念。凡是有人群且有利益分配的地方，就可能产生公平正义的问题。社会工作者应倡导公平正义的理念，在社会不公现象出现时要秉持公平正义之心呼吁社会公平正义。

2. 社会工作者的知识素养

社会工作者的知识素养包括学科知识、文化知识、心理素质、政策知识、技术知识等。社会工作者在从事社会工作时，应具备良好的知识结构和层次，应从理论、政策、技术、文化等各方面来充实自己。社会工作者是否具备良好的专业知识结构和素质结构，直接关系到他们素质的发挥和整体职业素质的提高。人是生活于社会和具体的社会情境之中的，对人们所遇困难的理解，对社会问题的解决都需要具备社会学知识。在社会工作发展历史上，心理学知识是社会工作理论和方法的重要来源。管理学特别是行政管理学知识对社会工作的贡献，集中反映在社会行政之中。社会行政运用计划、组织、协调、控制等一整套行政管理方法对社会工作机构进行管理，以有效达致社会工作目标，是管理学与社会工作关系的突出体现。政策是政府制定的、涉及社会财富和公共利益分配的制度性安排。政府的政策也称公共政策，是面对公众的；社会政策或社会福利政策是针对困难群体，对其给予优惠以促进社会公正的制度安排，是社会工作得以开展的重要基础。在现代社会，几乎所有社会问题的解决都与政府的政策有关，社会工作在很大程度上是在落实社会政策。社会工作要解决的问题是多样化的，社会工作者必须掌握丰富的文化知识，包括宗教信仰、生活方式、生活习惯、婚丧嫁娶、生育死亡等相关知识。社会工作者要有效地达到助人目的，就必须掌握多种技术方面的知识。①

3. 社会工作者的能力要求

社会工作者的能力要求包括沟通与建立关系的能力、评估和计划的能力、提供服务和干预能力、组织能力、发展专业的能力等。社会工作者的能力结构主要包括：较强的文字和口头表达能力；良好的组织能力；健全的思维和谋划能力；敏锐的观察能力；很好的自制自控和灵活应变的能力；善于与他人交往的能力；掌握政策、理论的能力。

首先，沟通与建立关系的能力是社会工作者的基本能力之一。沟通是一个过程，它有起点、中间因素和终点。其包含以下要素：信息发送者、信息、编码、媒介或信道、信息接收者、解码、背景和噪音。沟通过程的起点是信息发送者，是拥有信息并试图与他人或群体分享的个人或群体；信息是发送者试图传达的观念和情感；将信息转化为各种不同的可为别人所觉察的符号或语言，这个过程就是编码；媒介是指沟通信息传达的方式；信息接收者根据自己的经验，翻译并理解信息意义，这个过程被称为解码。沟通的基本职能就是信息交流，社会工作者要获得各种有价值的信息，需在信息交流的基础上完成。社会工作者通过沟通对服务对象的行为进行有效控制。良好的沟通可以调动社会工作者的积极性，提高工作效率。沟通可以让人们互相了解彼此的情感，从而产生同情、共情等群体情绪体验。社会工作者通过沟通可以与服务对象之间保持充分的情感交流，使服务对象满足社交需要。良好的沟通对于社会工作者学习掌握新技术和运用新方法都是必要的。

其次，文化能力也是社会工作者的基本能力之一。文化分为广义的文化与狭义的文化。广义的文化是指人类在社会历史发展过程中所创造的物质财富和精神财富的总和。狭义的文化则指精神财富，包括宗教、信仰、风俗习惯、道德情操、学术思想、文学艺术、科学技术、各种制度等。广义的文化包括四个层次：一是物态文化层，由物化的知识力量构成，是人的物质生产活动及其产品的总和，是可感知的、具有物质实体的文化事物。二是制度文化层，由人类在社会实践中建立的各种社会规范构成，包括社会经济制度、婚姻制度、家族制度、政治法律制度等。三是行为文化层，以民风民俗形态出现，见于日常起居活动之中，具有鲜明的民族、地域特色。四是心态文化层，由人类社会实践和意识活动中经过长期孕育而形成的价值观念、审美情趣、思维方式等构成，是文化的核心部分。文化是民族的血脉，是人民的精神家园。党的十九大报告指出："文化是一个国家、一个民族的灵魂。文化兴国运兴，文化强民族强。没有高度的文化自信，没有文化的繁荣兴盛，就没有中华民族伟大复兴。要坚持中国特色社会主义文化发展道路，激发全民族文化创新创造活力，建设社会主义文化强国。"当今世界，文化的地位和作用更加凸显，其越来越成为民族凝聚力和创造力的重要源泉，越来越成为综合国力竞争的重要因素，越来越成为经济社会发展的重要支撑，丰富精神文化生活成为我国人民的热切愿望。随着中国特色社会主义进入新时代，随着人民的需要从物质文化需求发展到美好生活需要，随着中华民族迎来从站起来、富起来到强起来的伟大飞跃，文

① 互联网文档资源（http：//www.docin.com）.

化建设也要提升至更高层面，肩负更多的使命。在道路自信、理论自信和制度自信的背后，是我们坚定的文化自信。文化创造美好，美好需要文化。在人民日益增长的美好生活需要中，丰富的精神食粮不可或缺。社会工作者的文化能力指的是理解这些文化现象的能力。由于社会工作常常要面对困难群体，而这些群体有自己特殊的观念和生活方式，所以社会工作要有较强的文化能力，或者说对不同群体的文化有较强的敏感性。

再次，良好的心理素质是社会工作者的又一项基本能力。心理素质是人的整体素质的组成部分，是以自然素质为基础，在后天环境、教育、实践活动等因素的影响下逐步发生、发展起来的。心理素质是先天和后天的结合、情绪内核的外在表现。肖汉仕教授认为，心理素质是在遗传基础之上，在教育与环境影响下，经过主体实践训练所形成的性格品质与心理能力的综合体现。其中的心理能力包括认知能力、心理适应能力与内在动力。对内制约着主体的心理健康状况，对外与其他素质一起共同影响主体的行为表现。心理素质水平的高低应该从以下几方面进行衡量：性格品质的优劣、认知潜能的大小、心理适应能力的强弱、内在动力的大小及指向。对内体现为心理健康状况的好坏，对外影响行为表现的优劣。良好的个性：自知、自信、自强、自律、乐观、开朗、坚强、冷静、善良、合群、热情、敬业、负责、认真、勤奋等。正常的智力：感觉、知觉、记忆、思维、想象、注意力正常。较强的心理适应能力：自我意识、人际交往、心理应变、竞争协作、承受挫折、调适情绪、控制行为的能力。积极而强烈的内在动力：合理的需要、适度的动机、广泛的兴趣、适当的理想、科学的信念。健康的心态：智力正常、情绪积极、个性良好、人际和谐、行为适当、社会适应良好。适当的行为表现：符合角色、群体的社会规范、道德和法规。心理素质是人的身体、心理和社会素质之一，是先天因素与后天因素的“合金”。简单地说，心理素质是以生理素质为基础，在实践活动中通过主体与客体的相互作用而逐步发展和形成的心理潜能、能量、特点、品质与行为的综合。从心理学角度讲，心理素质包括情感、信心、意志力和韧性等。一个人的心理素质是在先天素质的基础上，经过后天的环境与教育的影响而逐步形成的。心理素质包括人的认识能力、情绪和情感品质、意志品质、气质和性格等方面。心理是人的生理结构特别是大脑结构的特殊机能，是对客观现实的反映。心理素质具有人类素质的一般特点，但也有自己的特殊性。社会工作者要同各种人打交道，要面对各种问题，必须有良好的心理素质。

最后，持续学习能力对社会工作者也十分重要。学习能力就是学习的方法与技巧，有了这样的方法与技巧，学到知识后，就形成专业知识；学到如何执行的方法与技巧，就形成执行能力。学习能力是所有能力的基础。评价学习能力的指标一般有六个：学习专注力、学习成就感、自信心、思维灵活度、独立性和反思力。社会工作者要面对和处理各种问题，就需要学习新的知识。世界上没有两件事情是完全一样的，所以处理不同的问题常常需要不同的方法和技巧。社会工作者不但要参加专业团体所要求的专业培训，而且要留意各种机会，增长自己的知识，提高自己的能力。

三、社会工作价值观

价值观是基于人的一定的思维感官而做出的认知、理解、判断或抉择，也就是人认定事物、辨别是非的一种思维或取向，从而体现出人、事、物一定的价值或作用。价值观具有稳定性和持久性、历史性与选择性、主观性的特点。价值观对动机有导向的作用，同时反映人们的认知和需求状况。价值观对人们自身行为的定向和调节起着非常重要的作用。价值观决定人的自我认识，直接影响和决定一个人的理想、信念、生活目标和追求方向的性质。价值观的作用大致体现在以下两个方面：一方面，价值观对动机有导向的作用，人们行为的动机受价值观的支配和制约，价值观对动机模式有重要影响。在同样的客观条件下，具有不同价值观的人，其动机模式不同，产生的行为也不相同，动机的目的方向受价值观的支配，只有那些经过价值判断被认为是可取的，才能转换为行为的动机，并以此为目标引导人们的行为。另一方面，价值观反映人们的认知和需求状况，是人们对客观世界及行为结果的评价和看法，因而，它从某个方面反映了人们的人生观和世界观，反映了人的主观认知世界。社会工作价值观作为一种专业价值观，是社会工作实践的灵魂，也是社会工作者的精神动力。社会工作价值观的基础是社会主流价值和社会工作专业的独特追求。一般而言，社会工作价值观，是指一整套用以支撑社会工作者进行专业实践的哲学信念。社会工作价值观以人道主义为基础，充分体现了热爱人类、服务人类、促进公平、维护正义和改善人类与社会环境关系的理想追求，激励和指导着社会工作者的具体工作。[①] 社会工作起源于西方，国际社会工作界把社会工作价值归纳为服务、社会公正、个人的尊严和价值、人类关系的重要性、诚信和能力。在操作层面，社会工作价值观可以概括为接纳、尊重、个别化、自决权和知情同意、保密、不批判。我国的社会工作价值体系是依据国情，并在吸收国际社会工作发展成果的基础上，根据构建和谐社会的需要和当前社会工作的发展特点形成的，在建设方面还要注重强调社会和谐、保持家庭和谐和稳定，这是我们社会的主流家庭观念、注重服务的"人情味"、重视道德建设、体现社会发展的要求。"社会工作价值观"具有重要作用，并主要表现在理论作用与实践作用上。在理论作用上表现为，社会工作价值观是构成专业社会工作的必要条件之一，是确定社会工作专业使命或目标的根据，同时也是专业教育的核心内容。在实践作用上表现为，社会工作价值观是社会工作者的实践动力。通过社会工作专业伦理标准这种形式，社会工作价值观可以指导社会工作者的实践，是促进社会工作者个人成长的有效力量，是维系社会期望和社会工作专业服务关系的关键。社会工作价值观影响着社会主体——人的个体价值观和世界观，一个良好的社会工作价值观能让社会个体充分发挥自己的作用，提升本身的素质，进而影响他的世界观。

具体而言，社会工作者的价值观又可通过以下五个方面来体现：

第一，对服务对象的看法。在实践中，社会工作者应将服务对象看作一个与自己有平等价值的人，是有潜力改变且有能动性的个体，社会工作者要充分相信服务对象自身所具有的优势，并在工作过程中注意倾听服务对象的声音，将他们视为合作伙伴，确立与服务对象的民主工作关系。

第二，对专业实践的看法。社会工作者应坚持专业的立场，在实践中努力提高专业服务的质量，不断学习和充实专业理论、实践、技巧和知识，提高专业实践的效率和改善服务的效果，强化专业服务的标准，以达到为他人服务的目的。

第三，对服务机构的看法。社会工作者应维护服务机构的政策、立场和管理规则，在社会服务过程中尽力做到公正合理地处理个人与机构的关系，尽自己最大的努力尽量避免在外部对服务机构进行批评。

---

①《2011 社会工作者综合能力复习纲要》，http：//www.docin.com。

第四，对公共福利的看法。在实践中，社会工作者应不断改进专业实践，提高专业服务水平，增进总的社会福利的水平。在社会福利资源分配过程中，社会工作者要注重公平正义原则。

第五，对社会发展的看法。在实践中，社会工作者对社会前途和远景始终持积极乐观的态度，他们相信社会发展的美好未来，并愿意付出持续不断的努力，通过专业实践和服务推动社会进步。①

我国的社会工作是依据我国国情，并在借鉴西方社会工作价值、理论和方法基础上逐步发展起来的。我国社会工作职业化是在党和政府直接领导和推动下开始起步的，加上传统文化对当代社会的影响，我国社会工作价值观的内容必然有自己的特色。经过40多年的改革开放，我国政治经济和社会生活各个领域都发生了巨大变化。在吸收国际社会工作发展成果的基础上，根据我国构建和谐社会的需要和当前社会工作的发展特点，在社会工作价值体系建设方面还应当注重以下内容：一是强调社会和谐。个人的价值和尊严应当建立于人们共同发展过程中平等尊重、相互支持的基础上，应体现于密切的社会关系之中。基于文化传统和社会政治制度，相对于西方社会对个人尊严自由的推崇，我们应该更加强调社会和谐。二是保持家庭和谐和稳定依然是我们社会的主流家庭观念。我国传统文化和现实的社会生活比较注重家庭的价值，因此，我国应更加强调家庭成员之间的彼此宽容、相互支持和相互依赖。三是注重服务的"人情味"。"人情味"是我国传统文化中很有特色的内容，体现了我国人民自古以来就重视社会交往中的情感支持和情感依赖。当前，在以理性和社会责任为基础的民主建设中，我们的"人情味"将会是当代人类关系特征的重要补充。社会工作关注人的感受，关注人类关系，就不能不重视"人情味"在我国社会工作价值观中的作用。四是重视道德建设。我国是礼仪之邦，特别注重道德的力量。党的十八大曾首次以"富强、民主、文明、和谐、自由、平等、公正、法治、爱国、敬业、诚信、友善"这二十四个字来高度概括社会主义核心价值观的内容。社会主义核心价值观是社会工作价值观的重要基础。五是体现社会发展的要求。经济社会协调发展是我国社会当前最重要的目标，社会工作价值观也应该对此有所反映。社会工作价值观随着经济与社会发展、社会意识形态的发展变化而适当调整。要立足本土、着眼发展才能满足不断出现的新的社会需求。

党的十九大报告中提出了新的重要理论创新成果，即新时代中国特色社会主义思想，坚持以人民为中心的发展思想是其核心内容。报告中明确新时代我国社会主要矛盾是人民日益增长的美好生活需要和不平衡不充分的发展之间的矛盾，必须坚持以人民为中心的发展思想，不断促进人的全面发展、全体人民共同富裕。报告中还提出，人民是历史的创造者，是决定党和国家前途命运的根本力量，必须坚持人民主体地位，坚持立党为公、执政为民，践行全心全意为人民服务的根本宗旨，把党的群众路线贯彻到治国理政全部活动之中，把人民对美好生活的向往作为奋斗目标。报告提出社会组织要积极参与协商民主和基层治理，要推动协商民主广泛、多层、制度化发展，统筹推进包括基层协商、社会组织协商在内的多种协商形式。加强社区治理体系建设，推动社会治理重心向基层下移，发挥社会组织作用，实现政府治理和社会调节、居民自治良性互动。应把坚持以人民为中心的发展思想，和围绕以服务为中心的工作目标有机统一起来。以党群服务平台为基础，进一步推进社区党群服务中心的体

---

①《社会工作价值观的体现》，http：//blog.sina.com。

制机制改革。实现党建工作者、居委会文员、社区各专干和社区社工的科学分工，坚持问题导向、需求导向而不是任务导向，切实形成并完善日常工作中的民意收集和问题处理机制。各类社区工作会议应以人民为中心、以服务为中心，由社区党委第一书记带头落实党群联席会议、居民议事制度，确保会议有群众、社工及社会组织代表参与，保障他们有提议、献策、监督的权力。实现“三社联动”，即推动社区党建、社会建设、社会工作有机联动。探索建立机制，突破社区党群服务中心项目的局限性，将有社区党建能力的社工尤其是党员社工吸收进党委班子、居委会班子，使优秀的社工人才留在社区、扎根社区，通过培养一批全能社工从而促使其真正纵深参与社区治理体系中。在宏观上以社区党建为目标，中观上以社会建设为抓手，微观上以社会工作为路径，让社区党委班子把握社会建设和社会工作的逻辑和方法，让社区专职工作者学习社会建设和社会工作的政策和技巧，让专业社会工作者领会社区党建和社会建设的体系和内容。以人民为中心，以服务为中心，将社会工作嵌入基层社区党群服务，通过社区党委的领导核心地位，整合体制内外各种力量，用社会工作的理论武装头脑，用社会工作的方法优化服务，把社区群众对美好生活的向往作为发展目标。①

正确认识、深刻理解中国共产党的性质、宗旨，全心全意为人民服务和实现人民美好生活需要是一脉相承、一以贯之的，是中国共产党人永远不变的追求。中国特色社会主义进入新时代，我国社会主要矛盾已经转化，为人民服务的标准和要求更高了，更需要具备过硬的本领素质和能力，更需要提供更高的品质服务内容和产品。专业社会工作发展恰恰正是始终坚守以人为本、助人自助的价值和理念，倡导尊重平等接纳的社会关系，促进社会和谐友善，构建协商共治共享机制，同时提供缓解社会矛盾及压力，提供舒心愉悦的专业心理服务，推动正常的社会关系和社会心理体系建设。社会工作专业化服务，秉持专业技巧，用科学的方法参与社区社会治理，推动解决社会发展与社会资源匹配不平衡不充分的问题，围绕人民美好生活有效调整分配资源，实现资源效能的最大化，多方联动，提质增效。因此，在继续推动专业社会工作发展的过程中，要始终坚持以人民为中心，及时满足人民的新需要，逐步实现人民美好生活的目标。进入新时代，人民在物质性需要得到满足之后，追求更高级的生活需要，提出了社会性、心理性需要，这符合社会发展规律、人的成长规律。人民期盼获得优质的教育资源和医疗卫生服务以及食品安全、社会保障、优美的居住环境条件、更加丰富的精神文化生活等，这既是我国社会发展的必然，也是我国大力发展专业社会工作的基础和动力。要同时满足和实现人民物质生活需求和精神文化需要，更好地推动人的全面发展、社会全面进步，正是专业社会工作发展的必然。②

进入新时代和社会发展交会期，我国社会发展已经完成了主要矛盾的转化，实现了人类生存必需的物质条件阶段，进入了高级需求阶段，因而需要提供更多的人身安全、社会保障、医疗、教育、就业以及社会环境等服务，实现自我价值、理想信念和平等尊重、伦理道德、艺术审美以及精神操守等的要求。为此，要从群众实际需求出发，精准施策，有效提供个性化、差异化、专业化服务，及时满足人民群众的个性需求。社会工作作为一种科学的专业服务方法，通过对社会需求的现状和趋势进行科学的预测、判断，倡导建立社会福利政策、制度以及保障体系，促进人的自助能力和社会环境改善，在人的差异化、个别化和发展性系统

①《将社会工作嵌入基层社区党群服务》，http：//blog.sina.com。

② 李仁利：《会工作人才登记教育管理处处长》，《中国社会报》，2018（02）。

服务方面予以保障。社会工作也重视发展性服务体系建设，在社会快速发展过程中提升人的适应性、协调性，增强认识自我和社会环境的能力，帮助人和社会系统的发展与成长。同时，通过已有的社会资源、社会力量的科学利用，强化社会服务功能，丰富人民的生活服务内容，提升人民的生活品质。发展性服务更加适合人民群众发展的要求，能够从根本上解决社会问题，是促进社会发展的重要手段和途径。在历史发展的交会期，社会预期和社会需求与社会供给不足的矛盾，个性、专业、多元化的服务要求与社会发展难以满足之间的矛盾，需要我们带着爱民为民的理念，主动作为，及时回应社会需求，满足社会预期。老年人、困境儿童、农村留守人员、低收入家庭和受灾群众等是社会必须给予关注和强力保障的，也是社会工作应该重点服务的对象。带着感情为不同老年人群提供生活照顾、精神慰藉、社区参与、临终关怀等赋予平等、尊重、增能理念的专业服务，这是社会工作价值观的本质要求。积极协助开展困境儿童和农村留守人员的家庭探访、精神关爱、家庭教育辅导、权益维护等专业服务，促进建立困境儿童和农村留守人员社会关爱保护体系。积极参与实施对低收入家庭的心理社会支持服务，促进基本救助服务与专业化个性化服务相补充、“救生”与“救心”“救志”相结合，既要保障生存的物质性需要，又要鼓励树立战胜困难的信心，还要培养形成摆脱困境的能力素质。积极发展救灾领域的社会工作，帮助受灾群众修复灾害创伤，重建社会关系，恢复发展生计，提升自救与互助能力，促进灾害救助与灾后恢复重建工作。加快构建社会心理服务体系，发挥社会工作在信访维稳、家事审判、禁毒和重症精神卫生健康照护等领域的专业作用，拓展社会工作专业释放和专业发展的平台和空间，在培育社会自尊自信、包容接纳、理性平和、淡定坚忍和积极向上的社会心态和心理承受能力中发挥专业作用。

新时代，社会发展进入了新的模式，只有具备新时代的新本领，才能满足社会发展的新需求。在推进政府职能转变的大背景下，充分认清社会服务的新变化、新内容，需要不断激励广大社会服务组织机构，将政府提供的公共政策服务满足不了但社会仍然需要的发展型服务，通过政府购买等方式转移给社会组织，构建政府政策服务和专业帮扶相互补充的保障运行机制，形成边界清晰、职责明确的政社联动关系。要发挥社会工作服务机构的专业作用，运用专业社会工作者植根基层、接地气、贴近居民，专业性、灵活性强，能及时回应居民服务需要等优势，满足人民美好生活的期盼要求。采取多种激励形式，实施本土社会工作者培养计划，鼓励基层民政一线人员，主动学习社会工作知识，报考社会工作职业水平资格考试，用专业力量推进民政基层改革创新，实施精准帮扶。通过运用专业社会工作理念和方法，为社区老年人、青少年儿童、残疾人、重症精神病患者等群体和失独、低保等特殊家庭搭建社会支持网络，恢复和发展社会功能，提供公共政策“延展性”和个人家庭“发展型”服务。社会工作不仅有助于延伸民政臂力，还有助于实现专业治理、系统治理，缓解社会矛盾，构建和谐邻里关系，维护社会稳定，使人民群众实实在在拥有获得感、幸福感和安全感。[①]

四、助人活动

“助人自助”是社会工作的最基本原则，社会工作期望通过其帮助，使服务对象增强其独立性，而非依赖性，以能够在日后遇到类似的生活挫折和困难时，可以独立自主地加以解决。

---

① 李仁利：《适应新时代新要求推动专业社工新发展》，《中国社会报》，2018-02-26。

“助人自助”是社会工作者致力于对求助者心灵的一种支持，帮助求救者“自救自助、自主人生”的过程，是社会工作者本着坚信求助者的领悟力、自决力和创造性，发挥自身主导作用的过程。其原则是，不求教训他人，而求开导他人，不是包办代替，而是减少求助者的依赖性，增强他们的独立性和自主性，启发他们用自己的意志，自主决策，从“由他助”转向“自助自主”，做掌握自己幸福命运的主人。助人自助，从字面上可以理解为两个意思，也可把它当成一个概念。如果从整体发展角度讲，它既体现了人与人、人与社会的相互依存关系，也反映了人类和谐发展的基础。二者是辩证统一的关系，助人，包括任何有助于社会、有助于他人的行为。随着社会经济的发展、生活水平的提高，人们会不断追求更高层次的需要。这其中就有理想的实现、自身价值体现的需求。一个人只有与社会、与他人相互作用，才能体现自己存在的价值，满足被别人尊重的心理。所以，关心他人、帮助他人、为社会做贡献，不仅能从中获得友谊、信赖，还能真正获得好评、尊重，并且从中享受人生的乐趣。[①]社工的专业价值中的“助人自助”，具体来说就是帮助那些有困难的人解决他们自己的问题。助人的过程就是社工解决问题的过程，并在工作过程中实现专业价值。社工助人并非单纯提供物质的帮助，还应致力于案主自信的恢复，帮助他们重新走上社会正轨。所以，社工助人的过程更是对案主进行心灵支持的过程。这种“助人自助”的专业特征可概括为：与其授人以鱼，不如授人以渔。在助人的过程中，充分体现了以人为本的观念，社工直接把人作为服务的对象，在帮助困难人群渡过难关的过程中社工的专业价值获得提升。由于直接服务于人，并坚信人是可以改变的，社工本身被赋予新的创意。同时，社工自觉站在案主的角度考虑问题，维护其应有权利，并唤醒民众意识，推进民主化进程；在工作过程中结合内外资源帮助案主发挥潜能，适应社会，最终达至自我超越，使案主从“由人助”转向“自助”。“助人自助”基于尊重、真诚、同理这些基本职业操守。尊重是沟通的前提，正因为具有这样的理念，社工才能在助人过程中游刃有余。应本着“有教无类”的精神，坚信案主的创造性及自决能力，坚信自身的感召力及案主的领悟力，帮助案主回归社会主流。助人活动具体来说就是帮助那些有困难的人解决他们自己的问题。作为一名社工，在帮助别人的过程中，也要反思自己生活中的一些问题，然后在以后的生活中指导自己、提升自己，让自己变得更优秀。

今天，社工已广泛分布在社会福利、社会救助、公益慈善、人民调解、信访调处、青少年服务、婚姻家庭服务等工作领域。早在20世纪20年代，厦门大学、燕京大学等一批大学率先开设了社会工作专业，培养了一批社会工作人才，出版了一批社会工作专著或译著。北京协和医院、南京鼓楼医院、上海仁济医院等一批医院设立了“社会服务部”，引进专业社会工作者，开展医疗救助、家庭随访等各类社会服务。中华人民共和国成立后，我国在大规模的院系调整中取消了社会学和社会工作专业，这个领域的教育和科研一度中断。但是，由于社会问题和服务需求还大量存在，社会工作实践并没有中断，在单位管理体制下主要依靠各单位自行解决。单位体制外人员的社会福利、社会救助服务主要由民政部门和工青妇等人民团体承担。社会工作发源于扶贫济困事业，伴随现代社会福利和社会保障制度的建立和完善而逐步兴起和发展，在发达国家已有100多年历史，已成为世界各国和地区解决社会问题、完善公共服务和社会管理的重要制度安排。有学者对各国和地区社会工作专业人员数量占总

① 杨杰，卢锦锐：《新形势下做好企业青年志愿服务活动的思考》，《中小企业管理与科技（上旬刊）》，2013（07）。

人口比例进行了专门研究，发现这个比例越高，表明这个国家社会服务体系越完善。很多发达国家十分重视社会工作教育，建立了从专科到博士学历学位相衔接的社会工作教育体系，还实行了严格的职业准入制度及相应的薪酬体系和表彰奖励制度。[①]

五、专业方法

社会工作不是社会工作者随心所欲的行为，而是一种理性行动。在这一工作中，科学的助人方法尤为重要，社会工作有一系列的专业方法。社会工作的助人方法不只是在实际工作中所使用的一般方法，还包括社会工作者群体在长期的助人实践中形成的、经过实践检验后行之有效的做法，它们作为一种知识被社会工作者共享，并有效地支持着社会工作者的实践。科学的助人方法是现代社会工作的核心组成部分，以至于有相当多的社会工作者认为社会工作的核心就是一整套助人的方法。在微观社会工作中，助人方法更凸显出其重要性。从大的角度来说，社会工作有个案工作、小组工作、社区工作等几种，它们之中的每一个又由多种具体的方法组成。专业助人方法是社会工作者的基本功，也是社会工作者区别于一般助人者的明显之处。[②]个案社会工作、小组社会工作与社区社会工作是社会工作的三大基本方法。

---

①《解读什么是“社会工作”：既是职业也是专业—暗哑沧桑的声音》，http：//blog.sina.com。

②《社会工作由哪些基本要素构成》，http：//blog.edu24ol。

第二章　社会工作综合实践能力培养制度建设

第一节　社会工作综合实践能力培养制度建设面临的难题

一、认识不到位、重视程度不够

做好社会工作是建设服务型政府的一项重要任务，当前，许多地方政府部门及其官员对社会工作与社会工作综合实践能力培养的价值和意义认识仍然不到位，存在较多的不足，如治理意识缺乏、对社工认知不足、政府职能转移模糊、监管职能缺位等，这些现象不利于社会工作的深入发展和社会工作综合实践能力的培养，也导致在实际工作中对推动社会工作综合实践能力培养重视程度不够。一些地方领导仍然没有将社会建设放到“五位一体”的大格局中去考虑，仍然存在轻视社会建设的思想倾向，导致他们在决策中对社会工作综合实践能力培养制度建设重视不够。这是影响当前社会工作综合实践能力培养制度建设最重要的人为因素。一些地方领导长期以来对社会工作综合实践能力培养的理论和方法不熟悉，其本身知识水平的局限造成了他们对社会工作综合实践能力培养的盲目性，因而妨碍了他们大力推动社会工作综合实践能力培养制度建设。还有一些地方领导长期习惯在社会治理领域采用低成本模式，而对社会工作综合实践能力培养的成本持怀疑的态度。社会工作专业化意味着社会服务高水平，需要一定的成本。既想走社会工作专业化的道路，又不想支付成本，是做不到的。社会工作综合实践能力培养的成本最终会带来更高的收益，这一预期前景的实现需要有大量的前期投入。当前，许多地方政府干部严重缺乏社会投资意识，不愿意为将来的社会发展投资，这是制约当前社会工作综合实践能力培养制度建设的一个重要因素。①

二、社会工作综合实践能力培养的力度不够

我国社会工作综合实践能力培养的力度不够是导致社会工作综合实践能力培养制度建设不畅的原因之一。我国社会工作综合实践能力培养发展的历史还不长，社会工作综合实践能力培养机构和社会工作者的实务能力还有待提高。一方面，我国高校社会工作专业的理论和实务教学能力还不够强；另一方面，与医生等专业人员一样，社会工作者也需要在大学毕业后经过多年的实践才能具有较强的实务能力，因此处于初期发展阶段的社会工作者目前总体实务能力还不够强，进而在一定程度上影响了政府和社会对它的认可和支持。

① 关信平：《论当前我国专业社会工作的制度建设》，《国家行政学院学报》，2017（10）。

三、面临社会复杂的体制选择难题

“社会”有其广义和狭义的解释。谢弗（Shaefer）认为：“当一群人居住在同一区域，和此区域外的人们过着各自独立的生活，一起参与共同的文化时，我们就说这群人组成了一个社会。”这是对“社会”广义的解释。比尔斯和格伦内斯特（Billis & Glennerster）认为，在现代社会里，社会组织的结构形态一般被分为“国家”“市场”和“社会”三大部门。于是也就有了关于“社会”较为狭义的解释——“社会部门”。社会工作综合实践能力培养的制度建设目前面临社会复杂的体制选择难题，主要是在公办体制和民办体制之间的选择问题。过去我国专业技术类的职业大多数都在公办的体制下。经济体制改革后，企业的用工制度有了较大的变化，但专业技术岗位一般也是比较稳定的。而我国专业性社会服务的提供过去一直是以事业单位为主，如公立医院、公立学校等。[①]在事业单位中专业技术性岗位一般都是相当稳定和制度化的岗位体系与职称体系。尽管后来事业单位的人事制度有所改革，但专业技术性岗位及其薪酬和晋升制度仍然是相当稳定的。在公共政策研究中，“政策过程”是一个常常被提起的概念。石凯和胡伟提出：“公共政策是政府对全体社会价值的权威性分配，其过程实质是国家与社会政治关系的体现。当社会在政策过程中高度自主时，这种政治关系主要表现为社会中心主义范式；反之，这种政治关系主要表现为国家中心主义范式。”我国新建立和发展的社会工作机构没有沿用国有事业单位的体制，而主要采用民办社会工作机构、社区社会工作岗位、企事业单位内设部门和岗位三种模式相结合的体制。然而，这三种模式都缺乏制度化的基础和要求。民办社会工作机构没有像事业单位那样具体纳入国家和地方社会发展规划和政府财政预算体系中，因此难以根据其提供社会工作服务的需要而获得稳定的财政拨款，并且难以建立相应的晋升和职称体系。我国城乡社区过去一直是按照居民自治的组织体系建构的，其工作人员都是非职业性的。目前城市社区逐渐形成了提供基层公共服务的职业体系，但对其工作人员的专业化要求并不高，待遇水平也偏低，因此从体制基础和资源条件看都难以支撑专业化社会工作的制度建设。在企事业单位内设部门和岗位的模式虽然可以依托企事业单位人事制度和资源条件，但在缺乏国家标准化要求的情况下，企事业单位是否设立和如何设立社会工作机构并进行社会工作综合实践能力培养就取决于其领导的认识和态度，因而导致各个单位在建立社会工作机构并进行社会工作综合实践能力培养的做法上差异很大。[②]

四、制度建设的效果不明显

当前民办机构体制下政府购买服务对促进社会工作综合实践能力培养的制度建设的效果仍不明显。政府目前的政策路线是以政府购买服务的方式让民办机构等社会力量来承担政府的公共服务。从理论上看，政府向社会力量购买服务的体制是可以替代事业单位体制的，但要达到这一目标需要有相应的制度建构。目前，不少地方政府仍未将向社会力量购买服务作为公共服务运行的基本模式之一，而是将其看成临时性、局部性或补充性的公共服务提供方

① 关信平：《论当前我国专业社会工作的制度建设》，《国家行政学院学报》，2017（10）。
② 关信平：《论当前我国专业社会工作的制度建设》，《国家行政学院学报》，2017（10）。

式，尚未根据社会服务的需要将政府向社会力量购买服务纳入地方社会服务规划和地方常规性财政预算，因而导致政府向社会力量购买服务资源投入不足和不稳定。此外，目前各地政府向社会力量购买服务多采用“项目制”，而不是按机构或岗位的常规性拨款。项目制有其一定的优点，但有两个方面的弊病：一是政府购买服务项目的周期一般较短，因而很难作为社会服务机构稳定的资源保障，社会服务机构在没有稳定的资源预期的情况下，很难对其自身的基础能力建设和长期发展做出规划。二是许多政府购买服务项目的资金中并不包含对机构长期性能力建设的支持，并且难以满足社会服务机构专业岗位建设的需要，因此对社会服务机构专业化能力的形成及其长期发展作用不大。政府之所以坚持要以项目制的方式去购买服务，其基本的逻辑是认为社会上已经存在能够达到相关服务标准的社会服务机构，并且他们自身已经具备生存和发展的能力，政府只要花钱向它们购买服务即可达到政府向社会提供公共服务的目标。但是，目前我国的社会工作综合实践能力培养机构服务能力还相对较弱，他们在完成政府购买服务项目任务的同时，还需要投入大量的资源去持续性地改善基础条件和提高专业能力。并且，社会工作综合实践能力培养的服务内容和对象特点决定着它只能以无偿或低偿服务为主，因此必须要有稳定的外部资金支持才能维持其生存、发展和能力提升。而目前以项目制为主的政府购买服务方式很难对其长期发展起到重要的支持作用。

五、社会工作理论研究严重滞后于实务活动的开展

21 世纪以来，尽管我国的社会工作发展取得了长足的进步，在社会工作实务方面也取得了一定的成绩，但我国社会工作本土化的理论研究与价值理念、实务模式、知识体系的研究仍然比较薄弱。2006 年 10 月，中共十六届六中全会通过的《中共中央关于构建社会主义和谐社会若干重大问题的决定》，做出“建设宏大的社会工作人才队伍”的战略部署之后，中国社会工作如雨后春笋般地发展起来了。但作为一个新兴的职业和专业，我国社会工作在当前的发展过程中还面临着许多困境，充满着许多严峻的挑战。这些挑战是我国在社会工作起步阶段不得不要面对的现实问题，对此我们必须保持清晰的认识。一些社会工作者认为社会工作主要不是一个理论研究问题，而是一个实务层面的操作问题。因此，在社会工作综合实践能力培养上，往往只注重操作层面上实务能力的提高，忽视对理论的学习和研究。因此，社会工作理论学习与实务训练的比例已经严重失调了。在高校从事社会工作专业教学与研究的人员，一心一意把精力投入到社会工作理论研究中的不多，社会工作理论研究成果也很少。如果一门学科没有自己独立的理论研究，没有建立起专业化的理论和知识体系，就不能巩固其在学科体系中的地位。我国社会工作这种理论研究滞后于实务活动发展的状况，既是因为社会工作理论与实务体系自身不够完善，也是由于其彼此之间自一开始就存在着明显的分割与脱离，在推进社会工作实务活动的同时，没有更多地关注理论研究的问题。虽然社会工作应该重视实践操作性，但它的理论模式、价值理念等却是指导社会工作服务的灵魂。如果长期不能形成自己的专业理论体系，那么社会工作实务的交流就只能流于形式，并多半停留在经验介绍层面，这样就大大降低了社会工作的学术含量和理论成分。这不仅使得适合我国本土的社会工作理论模式难以在更大范围内得到推广，而且也会导致我国社会工作的实务活动的失效和专业发展举步维艰。

六、社会工作专业教育与实务能力培养之间脱节

目前，尽管我国有 200 多所高校在提供从职业教育到研究生教育等不同层次的社会工作专业教育与培训，但从学生的社会工作综合实践能力来看，每年培养的数以万计的社会工作专业人才中，其社会工作综合实践能力难以满足社会工作机构对实务能力的需要。其中一个非常重要的因素就是学生缺乏一个有效的社会工作综合实践能力培养环节。这一方面是因为高校目前的师资队伍本身存在问题，大量的社会工作教师是从其他专业刚刚转行过来的，不仅缺乏社会工作理论素养，也缺乏对社会工作实践环节的基本了解。在这种情况下，对学生的社会工作综合实践能力培养只能是纸上谈兵，甚至有些连纸上谈兵都难以做到。另一方面是因为专业的社会工作实务机构数量有限，难以为社会工作专业学生提供真实有效的社会工作综合实践能力培养场所并进行督导，许多学校社会工作专业的学生只能到一些非社会工作机构去从事一些与专业能力培养无关的实践活动。比如，许多高校社会工作专业学生在毕业实习时认为能到社区中去就是专业对口了，学生到了社区以后，却多半从事的是传统的社区工作，很难谈得上专业社会工作方法与技巧的运用，学生的社会工作综合实践能力培养难以落实。许多社会工作机构反映，高校的社会工作专业毕业生到机构以后，其实务能力几乎是零，许多应该在专业教育阶段完成的任务都推迟到实务机构去完成了。社会工作专业教育与社会工作综合实践能力培养的脱节不仅使学生毕业以后难以适应新的工作环境，而且也加重了社会工作实务机构的负担。

七、社会工作发展中政府主导有余而民间参与相对不足

社会工作作为一种社会福利的传输体系，国家与政府一直以来就在其中扮演着非常重要的角色，有些领域甚至成了“社会福利服务的唯一供给者”。由于当代中国社会工作的重建与发展首先得益于政府的重视和推动，因此从社会工作专业化、职业化、制度化建设到社会工作社会化、组织化、本土化的培育，整个过程都彰显了政府的意图，而民间组织的参与却显得相对不足，影响力也十分有限。从目前的情况来看，各种民间社会工作机构在较长一段时间内还会对政府产生较大的依赖，虽然这种依赖相对处于初创阶段的中国专业化社会工作来说有积极的拉动作用，但同时也应该看到，如果我们的民间社会工作机构长期在政府的扶持和主导下发展的话，其结果不仅会使社会工作提供模式变得越来越单一，而且也会大大消解民间组织发育的动力和社会参与的活力。实际上，当今世界各国的公共服务供给主体已经越来越趋于多元化了，社会工作与社会福利服务正逐步过渡到了由个人、非营利组织、企业、民间社会机构和政府部门等多种主体来共同承担，甚至部分国家的政府已将社会工作服务的供给主体完全转移到了民间机构，以减轻政府的工作压力，提高社会工作服务的灵活性和效率。因此，在当前社会工作发展中，如何平衡好政府部门主导与民间机构参与的关系显得非常重要，它直接关系到中国社会工作的持续发展和有效运作。

八、国家整体性推进战略与地区差别化发展现实之间存在矛盾

自从中央提出“当前及今后一个时期内，造就一支规模宏大、结构合理、素质优良的社会工作人才队伍，是构建社会主义和谐社会、推进社会管理体制和政府公共服务模式改革创新的重要课题”以后，从中央到地方各级党政机关都越来越重视社会工作人才队伍的培养。从某种意义上说，社会工作人才队伍建设成了当前一个全国性的重要战略。尤其在中央有关部门的直接推动下，人事、财政、教育、民政、卫生、劳保等诸多政府部门，以及工、青、妇组织都先后行动起来，以不同的方式积极投入全国各条战线的社会工作整体性推进之中。许多地方成立了专门机构来长期负责领导社会工作人才队伍建设。但社会工作人才的培育并不是一蹴而就的，社会工作发展在总体上也需要整合较多的资源和发展条件，而目前中国各地资源和发展条件都存在着较大的差别，如何在整体推进社会工作人才队伍建设的同时关照到各地的实际情况应该成为我们当前考虑的重点。就目前的情况来看，我们看到许多地方都在不顾自身发展条件和能力盲目地开发社会工作专业和职业，社会工作泛化、异化趋势明显，致使不同地区的社会工作发展无论是服务手段还是实务模式都严重趋同，社会工作职业发展的层次性、多样性、差异性体现严重不足，似乎全国的社会工作者都在同一时间重复做同样的事情，具有自身特色的社会工作发展模式明显缺乏。

九、社会工作的专业认同与公众认同之间存在较大差异

随着我国社会工作推进力度的不断加大，作为职业社会工作者，经过几年的专业实践和职业熏陶以后，应该说绝大部分社会工作者的专业认同感在不断增强，职业兴趣也在与日俱增，甚至有相当一部分社工把社会工作作为自己终生追求的事业。但遗憾的是，尽管职业化、专业化的社会工作在中国轰轰烈烈地开展一段时间了，党和政府也在国家层面整体推进这项工作，但社会公众对社会工作职业性质和专业特征的认识依然是比较模糊的。即使社会工作者有着强烈的专业认同，也并没有带来公众相应的社会认同，究其原因，社会公众目前还普遍缺乏对社会工作知识的基本了解。例如，许多地方已经建立起了社会工作专业机构，却苦于找不到主动上门要求服务的对象，社会公众不是不知道这些社会工作机构的存在，而是不相信其能够提供有效的服务。因此，公众目前还没有对社会工作建立起普遍的职业信任和社会认同，这将在很长一段时间内制约中国社会工作的深入发展，社会工作文化氛围的培育已势在必行。

十、职业社工培养中价值理念与实务技巧错位

作为社会工作的灵魂与核心，社会工作价值理念不仅规范了社会工作的目标和意义，而且规范了社会工作机构、社会工作者的行为和态度。可以说，社会工作价值理念对社会工作的目标、理念、工作态度和工作方法都具有指向性和规范性作用。然而，在职业社会工作者培养中，长期以来，存在着一种“技术唯上”思想，他们认为价值理念只是停留在观念的层

面上，只对社会工作者本人产生重要影响，而要真正做到服务于案主就必须首先掌握社会工作的实务技巧。这种只注重社会工作实务技巧而轻视其价值理念的认识是非常危险的，可能导致的直接后果就是部分职业社工丧失基本的价值准则和专业伦理精神，这种人即使有再好的社会工作技巧，也无法长期坚持做好社会工作服务。实际上，社会工作价值理念与实务技巧之间的矛盾只是表面的，他们共存于社会工作的服务活动之中，单纯的“价值理念”和“实务技巧”都不能构成一个完整的社会工作过程。社会工作实务技巧是社会工作专业价值和独特伦理的一种具体化和操作化，是具体实施社会工作的服务方式、程序与步骤，它们共存于社会工作服务过程之中。职业社工培养中价值理念与实务技巧之间错位，只会导致社会工作的生命力丧失。从某种意义上说，处于起步阶段的中国社会工作，其价值理念的培育比实务技巧的训练更为重要。

十一、在全球化共识中培育本土化的社工模式还面临许多困难

在全球化趋势的影响下，任何国家的社会工作教育发展都不可能脱离和外界的联系。制定全球统一的社会工作专业标准体系、整合国际社会工作资源和突出专业机构在全球专业建设之中的职能已变得尤为重要。但同时，在社会工作不断面临全球化冲击所带来的话语体系和知识结构变迁的过程中，又仍然要强调各国自身发展的本土特色，强调本土专业实践中的文化敏感性和社会工作者在不同区域的实践中自身融入的重要性。对当今中国来说，其社会工作的发展实际上是在广义的文化情境和具体的文化场域中得以发育和发挥效应的。我们既不能摆脱社会工作全球化共识的影响，也不能完全盲目照搬国外的服务模式和方法，从而丧失培育社会工作本土化模式的能力。因此，如何在全球化共识中培育出本土化的社工模式将是中国社会工作面临的一项长期任务。社会工作从引入中国开始就带有西方社会的烙印，可以说，现代社会工作的知识体系主要是外来的，但我们的服务对象和环境却永远是本土的。“全球化思考，本土化行动”也是中国社会工作发展的基本准则。中国社会工作的本土化要充分考虑到中国的传统文化特色（比如差序格局、顺天应物、贵和尚中等），社会工作者应认真研究中国传统文化因素影响下的助人活动，在社会工作全球化共识之中培育出符合当代中国社会发展需要的社会工作模式。

十二、城市社会工作与农村社会工作发展严重不平衡

当前，中国社会工作的开展主要是在大城市及沿海经济比较发达的地区进行，而在广大农村地区开展的社会工作服务非常有限。从理论上讲，中国农村的综合发展远远落后于城市，农民面临的生存压力和各种困境更大，各种社会需求也更多，更需要社会工作的介入。但事实上，无论是政府部门还是社会工作机构，目光投射更多的都是在城市而不是农村。仅有的少数农村社会工作服务项目也多半局限在传统的扶贫济困、救助防灾的层面，缺乏长期的规划和制度性保障。在服务模式上，也多半采取问题诊断式的服务，预防及发展式的专业社会工作服务在农村社区还很少开展。在社会工作人才队伍建设上，专门在农村从事社会工作服务的机构和人员屈指可数，绝大多数地方的农村社会工作都处于空白状态。当然，随着我国城乡一体化战略的推进，农村和城市在社会保障、社会福利供给等方面的鸿沟将会逐步被跨

越，农民像市民一样将会有越来越多的社会工作服务需求。在大力推进城市社会工作人才队伍建设的同时，如何建设一支更为有效、精干的农村社会工作人才队伍将成为我们考虑的事情。可以说，开展农村社会工作对继续深化农村社区建设、健全农村社会服务体系、促进城乡协调发展具有非常重要的战略意义。①

十三、大量社会工作服务缺乏有效的督导与评估

社会工作督导与评估作为一种专业的社会工作方法或程序，是有效开展社会工作服务的重要保证。督导和评估目的在于通过对社会工作者服务内容、方式、程序、效果等一系列的督促、指导和考核，提高其专业熟练程度，增强社会工作者的服务能力，提高社会工作服务质量，以切实保障服务对象的权益。由于中国专业化社会工作起步较晚，社会工作者本身无论在数量还是质量上都达不到应有的水平，在这种背景下，社会工作服务更加需要有效的督导与评估。督导和评估人员一般是由受过专业教育并有丰富实践经验的资深社会工作者来担任。在社会工作比较发达的国家，社会工作机构内普遍设有社会工作督导机构及社会工作督导、评估职位，其主要任务就是对本地区的社会工作机构的行政领导、管理体制、工作方法、经费来源及收支情况，社会工作人员的业务水平、职业道德、执行和贯彻各项社会工作的规章制度、工作作风等进行监督、指导和评估。而在中国，当前大量的社会工作服务缺乏有效督导和评估，许多社会工作者盲目地借鉴欧美等地的服务模式展开各种社会工作服务，不仅服务过程缺乏监督，而且服务效果也无从得知。有些机构虽然也建立了自己的督导和评估队伍，但其水平也基本上与社会工作者处于同一个层次，很难真正实施有效的督导和评估。因此，如何培养与中国本土社会工作处境相适应的督导与评估队伍，已成为当前影响中国社会工作专业化发展的重要问题之一。②

十四、社会工作者机构本位与案主本位的关系还难以理清

在当前社会工作运行的机制中，社会工作者常常面临着“对督导负责还是对案主负责”的困境，其实质在于社会工作者的立场和态度究竟是机构本位还是案主本位。从当前的情况来看，社会工作机构为了监督社会工作者服务的质量与效率，对社会工作者有明确的任务规定，社会工作者的个人利益一般都是从机构中获得的，因此，与其服务的社会工作机构有着天然的联系。此外，社会工作者在为案主提供服务之前，一般需要向机构或督导提交开展个案、小组工作服务的申请，只有在机构或督导批准的情况下才能进行服务。这样一来，社会工作者为了完成任务，常常采取对机构或督导负责，而不是以案主的需要为中心的方式。实际上社会工作作为一项专业性的助人工作，应该具有救济、治疗、预防、发展的功能，不论其关注的中心是案主的问题，还是发现案主的力量、挖掘案主的潜能、推动案主发展，其服务对象始终是案主。换言之，对案主负责应该是社会工作者的基本品性和伦理要求。然而，

① 文军：《在理论追求中提升社会工作的专业品质》，《社会建设》，2018（01）。
② 徐选国：《我国民办社工组织评估指标体系研究》，中国青年政治学院硕士论文，2012。

由于当前我国职业化、专业化社会工作起步不久，社会工作者的来源相对单一，大量社会工作者的利益诉求与其所服务的机构是一致的，当服务的案主与机构之间发生矛盾甚至冲突、专业伦理与现实利益表现为不一致时，社会工作者就很容易陷入两难困境，尤其在专业伦理精神缺失的情况下，社会工作者很容易倒向机构而忽略案主的根本利益，从而导致社会公众对社会工作普遍失去信心。[①]

总之，处于发展中的中国职业化、专业化社会工作，无论是宏观的制度建设层面还是具体的服务实施层面都面临着许多挑战。这些挑战大部分都是阶段性的，是与中国社会工作发展的特殊处境和时代背景息息相关的。随着中国社会经济的快速发展，社会工作的重要性也会越来越得以凸现。中国社会工作的发展需要中国社会工作同仁共同努力，以更大的决心和信心迎接挑战，实现中国社会工作的良性发展。

第二节　社会工作综合实践能力培养制度建设的原则与作用

一、社会工作综合实践能力培养制度建设的原则

（一）接纳服务对象

接纳服务对象是指社会工作者对服务对象的价值观与个人背景特征等的一种包容，也是专业社会工作者对社会大众统一的态度，是建立专业助人关系的重要前提。在专业服务过程中，社会工作者要从内心接纳服务对象，将他们看作工作过程中的重要伙伴，对服务对象的价值偏好、习惯、信仰等都应保持宽容与尊重的态度，绝不因为服务对象的生理、心理、种族、民族、性别、年龄、职业、社会地位、信仰等因素对他们有任何歧视，更不能因为上述原因而拒绝为服务对象提供社会服务。在社会工作实践过程中，社会工作者首先要通过初步的接触与沟通等专业活动与服务对象建立相互信任的关系，从而开展进一步的服务工作。社会工作是以帮助社会中有困难和有需要的人，通过提供必要的资源或服务，来提升他们的自信心和能力，从而帮助其实现自立自强。社会工作还要致力于通过制度建设和政策改革，来推动社会进步，促进社会发展，实现平等和公正。社会工作的实践既注重个人的需要与服务，也关注社会层面的改革与政策变革。[②]

（二）尊重与包容服务对象

对于社会工作者来说，无论在哪一阶段的服务过程中，都应该真诚地对待服务对象，对其采取宽容和尊重的态度，积极接纳和包容他们的各种问题。尊重的含义不仅在于对服务对象保持符合社会文化习俗的礼节和称谓，更重要的是要认识服务对象自身的生命价值和其他基本权利，充分保障获得基本的资源和可靠的专业服务的权利，帮助他们解决困难，满足他

① 文军：《当代中国社会工作发展面临的十大挑战》，《社会科学》，2009（07）。

②《2013 社会工作综合能力考试复习资料》，http：//wenku.baidu.c.

们生存和发展的需要。对社会工作专业来说，尊重不仅是一种思想上的认知，还是一种行动上的实践。在服务过程中，社会工作者不应将自身的价值观强加于服务对象，更不应指责和批判服务对象的言行，也不能向服务对象发泄自己的负面情绪。社会工作者可以和服务对象共同分享与服务内容有关的个人感受和经验，以及社会工作专业对有关问题的看法，并提供尽力解决问题的建议，但社会工作者不得直接或间接迫使服务对象接受自己提出的意见或建议。

（三）关注服务对象的个体差异

社会工作的目标就是通过专业服务和干预，帮助服务对象改善自我的能力，提升他们自我生存和发展的潜能。因此，社会工作者要将助人、满足困难人群需要和解决实际问题等放在第一位，在服务过程中践行专业承诺。每个人都应当有权利和机会发展个性，社会工作者应当尊重服务对象的个体差异，不应当使用一般的服务方法回应他们的独特需要，要充分考虑到服务对象在性别、年龄、职业、社会地位或残疾状况等方面存在的价值差异。尊重个性化需求，充分挖掘个人潜能是社会进步的标志之一。不过，不同的社会工作方法在应用个别化原则时应有所区别。个案工作方法最强调个别化原则，而小组工作和社区工作方法则相对关注服务对象的共性需求。

（四）保障服务对象的知情决定权利

在社会工作实践中，社会工作者要与服务对象保持良好的沟通，社会工作者有义务向服务对象提供必要的信息。服务对象有权利在充分知情的前提下选择服务的内容、方式并在事关服务对象利益的决策中发挥主导作用。如果服务对象没有能力进行选择和决策，社会工作者应根据法律或有关规定由他人代行选择和决策权利。自决权是个人尊严的体现，除非万不得已，即便是社会工作者出于好意，一般也不主张由社会工作者代替服务对象做决定。

（五）保护服务对象的隐私

社会工作者应当保护服务对象的隐私。未经服务对象同意或允许，社会工作者不得向第三方透露涉及服务对象个人资料和其他可能危害服务对象权益的隐私信息。在特别情况下必须透露有关信息，社会工作者应向有关部门报告，并告知服务对象有限度公开隐私信息的必要性及采取相关保护措施。在紧急情形下必须打破保密原则而来不及报告时，社会工作者事后应当保全证据并补办手续，以记录必要的工作程序。[①]

二、社会工作综合实践能力培养制度建设的作用

（一）保护服务对象的权益

社会工作的主要目的是帮助有需要的人实现人与环境之间的和谐发展，促进受各种问题困扰的人的社会功能的完善。在社会工作介入和服务的过程中，社会工作者在价值观和职业伦理的指引下，最大限度地承担关心人、服务人和促进人的全面发展的责任，进而在各方面

---

①《2013 年陕西初级社会工作者考试综合能力习题及答案》，http：//wenku.baidu.c.。

保护服务对象的权益。比如：基本需要的满足，免受贫穷的影响和暴力的伤害，促进人际沟通与交往，扩大就业与社会参与机会等。[①]

（二）促进专业健康发展

社会工作始终要围绕人的需求与权利，通过专业服务实践不断履行专业伦理，以专业干预和服务活动来改善人的社会功能，促进人与环境的良性互动，进而提升社会工作专业的影响力。通过价值观与伦理守则的指引与规范，社会工作者在最大程度上维护了专业形象，保护了专业组织与服务机构的信誉。同时，通过不断学习和研究推进专业理论与实践方法的创新，促进社会工作知识的更新，进而推动社会工作专业的健康发展。

（三）促进社会服务机构的能力建设

社会工作离不开专业服务机构。基于共同的服务宗旨与专业使命，社会工作者与服务机构形成了紧密的伙伴关系。在社会服务机构内，机构领导者和普通社会工作者在价值观和专业伦理的指导下，不断改善服务对象与服务机构的关系，通过专业的、利他的服务活动帮助有需要的人解决各种问题与困难。与此同时，在社会服务机构的运行过程中，正是由于社会工作者的价值观及其实践反思，进而不断完善专业实践的伦理规定，服务机构的服务能力才得以加强。

（四）维护社会公平正义

社会工作是一种帮助人解决困难，协调人与人之间、人与环境之间关系的专业服务活动，它与人的问题和需要息息相关。社会工作者应该本着为服务对象着想和谦和的态度，真诚地对待服务对象的问题和需要，及时地回应，并通过专业服务来满足服务对象的需要。[②]社会工作的实践建立在专业的工作关系基础上，要求社会工作者与服务对象相互理解与合作，形成有效的工作关系，共同面对问题，共同寻找问题的解决途径和方法。在服务过程中，社会工作者要充分尊重服务对象的意愿和想法，主动询问服务对象对问题的看法，尽量减少自己的主观判断。在对服务对象的需要满足和问题解决策略上，社会工作者要试图与服务对象建立良好的沟通，尊重服务对象个人的意见和决定，以避免因个人的主观独断和偏见造成对服务对象的伤害。在社会福利服务政策和服务推行过程中，社会工作者作为政府的代表或被委派推行服务，要尽可能站在服务对象的立场上，多倾听他们的真实想法和意见，尽可能提升服务的效果。社会工作是社会福利事业的重要内容，也是促进和谐社会建设的主要手段。在社会工作过程中，专业社会工作者要将和谐和发展作为服务与管理的重要价值观。在宏观层面，社会工作的核心使命是促进社会公平正义。社会工作者在实践中应始终坚持以乐观和积极的态度看待世界与人生，不断通过专业实践来增进社会福祉。[③]

---

① 宋爽：《社会工作参与扶贫攻坚的要求及介入空间》，《社会福利（理论版）》，2016（10）。

②《2013 社会工作综合能力考试复习资料》，http：//wenku.baidu.c。

③ 互联网文档资源，http：//wenku.baidu.c。

第三节　社会工作综合实践能力培养制度建设的基本目标和主要任务

一、社会工作综合实践能力培养制度建设的基本目标

新时代加强社会工作综合实践能力培养制度建设的基本目标应该着眼于在法制化的基础上构建我国制度化的社会工作综合实践能力培养服务体系，建立社会工作运行的制度体系，将社会工作纳入国家社会服务制度体系之中。社会工作综合实践能力培养制度建设的基本目标是要保障社会工作综合实践能力培养能够提供高质量的社会工作服务，以满足我国当前全面建成小康社会和下一步全面建设社会主义现代化国家新征程中人民对高质量社会工作服务的需要，以及维护社会公平和社会稳定、提高社会治理的需要。为达此目标，不仅要建立社会工作综合实践能力培养服务体系，而且要通过成熟的制度来保障社会工作综合实践能力培养运行和发展所必需的资源条件，并且保障社会工作综合实践能力培养者职业的稳定性。此外，社会工作制度建设的一个重要而具体的目标是加强和加快社会工作法制化建设，通过相关的法律法规去规范社会工作综合实践能力培养基本的制度体系，从而使社会工作综合实践能力培养成为一种基本的社会服务制度。[①]

二、当前我国社会工作制度建设的主要任务

在中国特色社会主义新时代，随着我国社会主要矛盾的变化，发展的内涵和重点、理念和方式、环境和条件、水平和要求与过去有很大不同。当前我国加强社会工作制度建设有以下几个方面的主要任务。

首先，在国家层面上要进一步明确我国发展社会工作的战略方向。进一步明确发展社会工作的战略目标，确定以制度建设为基础的社会工作建设任务，并以此来推动社会工作制度化建设。

其次，应该加快以法制为保障、以财政和规划为基础、以岗位设置为中心、以人才培养为支撑的社会工作综合实践能力培养制度体系建设。当前加强社会工作制度建设的主要任务，一是要加快社会工作立法工作，尽快制定社会工作相关法律。二是要在法制的基础上编制国家和地方的社会工作事业发展规划，并按照规划要求编制社会工作事业的财政预算和开展其他方面的建设。三是根据实际需要和规划而设置社会工作综合实践能力培养岗位。社会工作综合实践能力培养岗位可以设置在社区、社会服务组织和其他企事业单位中，并且根据社会工作综合实践能力培养岗位服务对象和内容的性质纳入政府购买服务的制度体系中。四是按照专业化和政府公共服务的要求对社会工作综合实践能力培养岗位制定必要的服务标准，并建立相应的考核评估制度。五是按照专业技术类职业的标准建立健全对社会工作综合实践能

---

① 关信平：《论当前我国专业社会工作的制度建设》，《国家行政学院学报》，2017（10）。

力培养者激励保障制度，包括薪酬制度、职称和晋升制度，以及其他奖励制度。六是根据社会工作岗位发展的需要，进一步加强和优化社会工作人才培养制度，包括高校的社会工作教育制度、社会工作者职业水平评价制度、社会工作综合实践能力培养者注册制度等。

最后，应该继续探索适合我国国情的社会工作综合实践能力培养体制。本着有利于社会工作事业健康发展的原则来设立社会工作综合实践能力培养体制，既要促使社会工作综合实践能力培养建立高效率的运行体系，又要营造良好的社会工作事业发展环境。具体来讲，一是要协调好社会工作综合实践能力培养在传统体制与新型社会组织体制中的建立和运行。既要鼓励“体制内”的单位及工青妇残等组织积极设立社会工作岗位，促进社会工作综合实践能力培养的发展，又要为“体制外”的社会组织设立社会工作综合实践能力培养岗位和发展社会工作综合实践能力培养服务提供必要的条件。在当前尤其应该进一步促进民办社会工作机构的发展，认真帮助解决阻碍民办社会工作机构发展的各种障碍，使民办机构能够获得与“体制内”的组织体系同等的发展机会。二是应该积极探索优化政府与社会之间的合作，一方面应积极推动政府支持非营利组织的制度体系，另一方面可以在发展社会工作综合实践能力培养领域中积极探索公共部门与市场部门合作的“PPP 模式”，以便更加广泛地调动资源，并提高社会工作综合实践能力培养运行的效率。三是进一步优化社区和社会组织，以及企业和事业单位之间共同促进社会工作发展的“二社二业联动”模式，以社区为平台，建立社区组织和社会组织之间分工合作的制度体系，并进一步促进在企业单位和事业单位中建立社会工作岗位，形成“社区社会工作”“专业机构社会工作”和“企事业单位社会工作”三种社会工作运行模式的分工、协调与合作，并在此基础上形成全科式社会工作与专科式社会工作的分工、协调与合作，不断提高社会工作综合实践能力培养的服务质量和水平，更好地满足不同类型居民的各种需要。①

案例：

探究式教学在“社会工作综合实践能力培养教程”课程教学中的应用

探究能力是大学生一种重要的学习能力，探究式教学模式是学生主动学习能力的重要体现。随着时代的进步，“社会工作综合实践能力培养教程”的传统教学模式越来越显现出不足，已经不能满足学生多层次发展的需要，不利于学生社会工作综合实践能力的培养。运用探究式教学法，着力提升社会工作综合实践能力培养教程课程的吸引力，把该教程打造成学生感兴趣的课程，事关学生对社会工作综合实践能力培养教程课程知识的理解与掌握。高质量的教学能激发学生学习课程的热情，启迪学习思维，增强探索社会工作综合实践能力的自觉性。因此，在社会工作综合实践能力培养教程课程教学中探索探究式教学模式势在必行。

一、探究式教学的特性

探究式教学是一种注重调动学生学习积极性的课堂教学法。探究式教学要求学生在学习过程中，通过自己的阅读、讨论、观察与思考，自觉地探索一些案例和问题，在教师的指导下，找到一种解决问题的办法。探究式教学的理论基础主要是要求学生在学习过程中主动探索问题、分析问题和解决问题。学生在学习过程中解决问题的方法和步骤来源于对探究目标

---

① 关信平：《论当前我国专业社会工作的制度建设》，《国家行政学院学报》，2017（10）。

对象属性的充分理解，这就要求学生具有一定的探究事物发展的能力，探究式教学注重帮助学生培养从现象中寻找规律、建构认知模式和总结学习方法的能力。因此，教师在探究式教学过程中，要注意学生学习主动性和问题分析能力的培养。总体来说，探究式教学具有教学目标的层次性、组织形式的协作性、学生学习的思考性、教学评价的多维性和教学结果的反思性等特点。负责"社会工作综合实践能力培养教程"课程教学的教师要潜心育人，不断提高自己的素质，切实提升课程的吸引力，把社会工作综合实践能力培养教程作为重点课程纳入学校规划进行重点建设。"社会工作综合实践能力培养教程"课程教学的关键在教师，教师要着力提升该课程教学的吸引力，把该课程打造成学生感兴趣的课程，这事关社会工作综合实践能力培养教程课程教学任务和目标的实现。要让学生肯听、爱听该课，教师自己得先有水平、有魅力。要运用新技术使教学更生动，让课程更有吸引力，把知识性和理论性真正上升为对学生有引领和指导作用。负责社会工作综合实践能力培养教程课程教学的教师要不断提高授课质量和水平。课堂教学既要激情四射，像一团火焰点燃大学生；又要蕴含社会工作综合实践能力培养教程的理论，让学生知理明事。教师不仅要有深厚的理论功底，而且要有精湛的教学艺术。

探究式教学围绕问题展开，通过创设特定的情境，有效激发学生自主探究的欲望。因此，探究式教学不仅使大学生能够主动地接受知识，而且能够主动地参与到课堂教学活动中。主动参与不仅可以使大学生扎实地掌握所学课程的内容，而且能自觉地发现、总结学习规律，进而感受学习的乐趣并在学习中挖掘自身的潜力。探究式教学强调大学生在学习过程中的主体作用的发挥，是一种通过先进的教学手段调动大学生学习知识的主观能动性，使大学生成为教学活动的积极参与者和实践者的教学方法。

目前，探究式教学包括标准的探究式教学与在传统教学方法中增加探究式元素两种方式。标准的探究式教学通过一套标准化的操作流程促使教师与学生在学习过程中进行沟通和互动，这种教学过程通常要求教学活动形式灵活多样。而在传统教学方法中增加探究式元素这种方式，教师是引导者，主要任务是启发诱导，学生是探究者，主要任务是通过自己的探究，发现新事物。教师要注重在课堂教学基础上加入一些探究式教学元素来提高教学效果，这种方式需要灵活运用多种教学方法，教师在引导学生发现问题与解决问题过程中，可适当加以点拨，要把握探究的方向，不能让学生漫无边际地探究。

二、"社会工作综合实践能力培养教程"课程探究式教学的设计原则

（一）灵活性原则

在"社会工作综合实践能力培养教程"课程教学过程中，要善于运用科学方法设计课程各章节的主要教学内容，再要求学生根据自己的兴趣设计待探究的主题。为了鼓励学生积极参与，在期末评定成绩时可根据学生完成情况给予一定的加分。在学生具体探究某一问题完成后，教师要及时进行点评，使其他学生从中受到启迪。在实施探究式教学过程中，教师要有目的地引导学生在社会工作实际问题探究中，提高学生解决社会工作实际问题的能力，并在探究过程中体会和运用多种方法。

（二）部分探究与全部探究相结合的原则

问题是一切科学研究活动的出发点，也是开启任何一门具体科学的钥匙。没有问题，就谈不上解释问题和解决问题。"社会工作综合实践能力培养教程"课程探究式教学设计，就是

要根据部分探究与全部探究相结合的原则，创造条件，选择一些合适的问题让学生进行科学探究。由于探究内容和课堂教学时间、任务的限制，在课程教学过程中具体设计探究活动时，教师要用系统的观念进行有针对性的设计，层层推进，系统安排。提升社会工作综合实践能力培养教程课程的吸引力，要在习近平新时代中国特色社会主义思想的指导下，把课堂教学活动和实践教学活动有效结合起来，让学生关心社会、了解社会。课程教学要与中华优秀传统文化的创造性转化和创新性发展相结合，挖掘中华优秀传统文化中的社会工作综合实践能力培养元素，让学生积极参与到社会工作实践中，激发他们的学习和探究热情。

（三）主体性原则

主体性原则是指在整个“社会工作综合实践能力培养教程”课程探究式教学过程中要充分尊重学生的主体地位，发挥全体学生的主观能动性，充分考虑学生的个性和共性，提高社会工作综合实践能力培养教程课程探究式教学的质量。教师是探究式教学活动的设计者、引导者与组织者，教师应努力寻找学生与教学内容之间的最佳结合点，研究学生的思维方式和他们解决问题的思维习惯，了解学生的思维特点和感兴趣的内容，从而在安排课程探究式教学内容和调整讲课方式时能更好地适应学生的特点，力求在此基础上进行创新。

（四）面向全体学生，主动发展的原则

在整个“社会工作综合实践能力培养教程”课程探究式教学过程中，教师应要求学生主动构建新知识，积极参与问题的讨论，并不断对自身的学习进行反思，改进学习策略。要认真探索适应学生需求的讲授方法，并通过引入大量鲜活的实践案例，满足学生对社会工作综合实践能力培养教程课程的期待。教师要重视课前调研，有针对性地设计教学专题，摸索一套“在教学中发现问题—从学生学习的实际出发进行科研—以科研促进教学—在教学中用科研成果解决实际问题”的教学方法。教师要把对社会工作综合实践能力培养教程重要理论的讲授，转化为适合学生特点的表达，以教师提问、学生主题发言，或正反方辩论、案例讨论等方式，尽可能让更多学生参与进来，真正让学生抬头、聆听、动笔、动脑并听得有趣、学得有效。在课程探究式教学设计中，教师在确定具体教学目标时，要注重知识与技能、过程与方法、情感态度与价值观三个维度的教学目标。教学目标应面向全体学生，尊重学生个体差异，充分发挥每一个学生的最大潜能，从而满足不同水平学生发展的需要，实现“社会工作综合实践能力培养教程”课程的教学目标。

（五）科学性和教育性的原则

“社会工作综合实践能力培养教程”课程探究式教学过程中，创造性教学活动的设计要以科学性作为保障以保证本课程探究式教学的质量。科学性是指课程探究式教学过程中探究活动的目标与内容是科学的，采用的教学形式和教学方法等是符合学生的认知结构和认知规律的。教育性原则是指课程探究式教学过程中探究活动要有教育意义。科学性和教育性的原则要求在“社会工作综合实践能力培养教程”课程探究式教学过程中探究活动要有明确的方向和教育目的，把思想性和科学性统一起来。

三、探究式教学在“社会工作综合实践能力培养教程”课程教学中的应用

（一）明确教学目标

“社会工作综合实践能力培养教程”课程探究式教学要求教师在备课阶段明确教学目标，以确保探究式教学活动的顺利开展。教师在探究式教学过程中，既要考虑该课程的教学要求

和教学原则，又要注重学生探究式教学活动的参与度。教师在课程探究式教学过程中应明确教学目标，根据学生的实际情况和认知水平，确定好探究式教学方向。只有具备明确的教学目标，才能有针对性地展开探究性学习活动，突破教学难点，达到教学目的。

（二）激发学生主动学习的兴趣，锻炼学生的综合能力

探究式教学是以探究问题为中心的课堂教学，是学生在教师的指导下，为解决某个具体问题进行探讨，辨明真伪，以获取知识的方法。授课重点应放在如何引导学生积极参与探究问题，激发学生积极思考、发散思维，积极提问和质疑，活跃课堂气氛等方面。实践表明，探究式教学在提高学生学习社会工作综合实践能力培养教程相关知识的主动性、提高课堂教学效果等方面具有非常重要的作用。

（三）培养学生的团队协作精神及实践能力

如何依据学生的个体差异进行恰当分组，是探究式教学中不可忽视的问题之一。在“社会工作综合实践能力培养教程”课程探究式教学过程中，教师应针对学生的专业特点，布置学习任务，组织学生分组，要求学生就所要探究的问题分工协作。社会工作综合实践能力培养教程课程探究式教学关键不在于形式，而在于教师是否愿意并且能够营造良好的教学环境，以引导学生积极参与其中。社会工作综合实践能力培养教程课程探究式教学是一种培养学生团队协作精神及实践能力的有效手段。团队协作有利于提高学生查阅文献能力、综合分析能力、口头表达能力和主动学习能力。

（四）针对问题展开思考，培养学生探究能力

“社会工作综合实践能力培养教程”是一门理论性与应用性很强的课程，具有一定的抽象性。仅凭教师对教材的讲解和习题的练习，学生无法理解并掌握知识。教师可以将学生带入实际生活中，营造探究性学习氛围，在探究中对社会工作综合实践能力培养教程相关知识进行分析，使学生获得情感体验，将抽象知识转化为形象的认识，提高学生对社会工作综合实践能力培养教程相关知识的认知、理解与应用。要通过问题情境的创设，激发学生已有的知识经验，使学生从社会工作综合实践能力培养教程的理论出发，增强对社会工作实践的探究体验，以提高他们的社会工作综合实践能力和运用能力。

（五）完善教学激励评价机制

“社会工作综合实践能力培养教程”课程探究式教学，能够优化课程教学结构，促使学生在探究过程中养成良好的学习习惯。社会工作综合实践能力培养教程课程探究式教学还能够丰富课堂教学内容，提升课程教学的质量。在社会工作综合实践能力培养教程课程探究式教学过程中，教师要注重对学生进行综合性评价，对学生的课堂表现和学习态度等方面进行全面考察，用鼓励的眼神和认可的目光对待学生，使学生建立对社会工作综合实践能力培养教程课程学习的自信心，以最大的热情投入该课程的学习中。

第三章　社会工作综合实践核心能力的构成与培养

社会工作既是一门应用型学科也是一种职业。在实际的专业和职业活动中，需要社会工作者具有较强的处理问题与解决问题的社会工作综合实践核心能力。社会工作者社会工作综合实践核心能力不仅可以为社会成员提供专业性的公共服务，获取公众信任，而且有利于形成社会工作的专业认同和社会工作从业者的社会地位。

第一节　社会工作综合实践核心能力的构成

一、社会工作综合实践核心能力的界定

核心能力概念是在 1990 年由美国著名管理学者普拉哈德（C. K. Prahalad）和哈默尔（GaryHamel）提出的，他们在《哈佛商业评论》上发表《公司核心竞争力》一文。1994 年，他们的专著《竞争大未来——企业发展战略》出版后，核心竞争力的研究与探讨在西方掀起了高潮。对于核心竞争力的研究主要分为组织核心竞争力和个人核心竞争力研究两个方面。关于社会工作的核心能力研究，国内理论和实务界则更多的是从社会工作的本土化、专业化、职业化以及社会工作者队伍整体的发展趋向进行研究，从整体上研究社会工作的核心竞争力的较少。孙亚华等人认为社会工作者核心竞争力包括社工道德力、社工专业力、社工创造力。周献德等认为社会工作者所具有的核心竞争力主要表现为助人职业化、独特的职业伦理、系统的工作方法体系和专业成长机制四个大方面。借鉴已有的研究成果，结合研究者长期的社会工作专业教育和实务活动，本书认为社会工作核心能力是社会工作者处于优势地位具备的，其他非专业人员无法在短期靠简单模仿获得的，从事社会工作所必需的各种专业素养和实务操作技能。这种素养和技能的养成往往是与社会工作的专业教育紧密联系在一起的。①

二、社会工作综合实践核心能力的内容

社会工作涉及的问题、服务对象、工作场所、介入模式和工作技巧等相对复杂，社会工作者所具备的核心能力应突出其专业性和职业性，并具有中国本土化取向。综合而言，专业

① 尹广文:《社会工作核心能力培养和专业教育研究》,《湖南工程学院学报(社会科学版)》, 2015(03)。

价值理念、专业知识体系、专业方法技巧构成了社会工作核心能力的主体。

（一）专业价值理念

社会工作价值观是社会工作者所持有的助人观念，包括对助人活动的看法、对自己及受助者的看法。社会工作价值观是社会工作实践的灵魂，是社会工作者的精神动力。高登斯坦把社会工作者描述成为“价值注满的个人”。列维说：“社会工作是一个以价值为本的专业。”社会工作专业使命的终极意义在于服务、尊重和正义。在具体的专业实践中，既要注重服务的人性化，也要注重环境的改善，既要关注个体，也要看重整体社会的公平正义。因此，社会工作的专业价值理念构成了社会工作核心能力的基石。作为一个理想的社会工作者，价值是其生命意义的全部。在精神上，他是被价值所武装和充满的；在行为上，他是为价值所指导的和驱动的。“武装”和“指导”意味着价值的意识层次，这些价值意识最终构成了社会工作的价值观念。

（二）专业知识体系

社会工作专业知识体系是社会工作者在长期的理论和实践中所形成的专业特有的知识、理论、实务模式等。它是关于社会工作理念、社会工作实践的系统化观点。现代社会工作是一项高度专业化的活动，它的基本特征之一就是其大部分的实践过程和工作技巧都是建立在一定的系统知识体系基础之上，而非仅仅依赖于社会工作者个人的经验与悟性。学习和了解社会工作专业知识和理论，是现代社会工作者必须接受的专业训练项目之一。从学科专业发展来看，社会工作从产生之日起其理论知识就受到哲学、社会学、心理学、管理学、经济学、教育学、伦理学等学科的影响，其看待问题的视角和解释问题的方法是多学科性的，因此要求具体的社会工作者具有各学科背景并掌握各学科的基本理论知识；从服务对象来看，社会工作既针对个体，也针对群体、组织和社区乃至整个社会，涵盖了社会生活的各个领域，包括社会福利、社会救助、扶贫济困、慈善事业、社区建设、婚姻家庭、精神卫生、残障康复、教育辅导、就业援助、职工帮扶、犯罪预防、禁毒戒毒、矫治帮扶、应急处置、群众文化等，这就要求社会工作者具备各方面的专业知识和能力素养，以处理不同案主和各个领域的问题；从认知和解释问题的学科理论和解释视角来看，精神分析理论、认知行为理论等微观、中观、宏观层面的内生性或支持性理论知识，从不同的层面和视角对服务对象的问题进行阐释，使社会工作形成了独特的理论优势和解释能力；从研究方法上来看，社会工作既关注微观层面的具体的特殊的个体的关注，也关注宏观层面的组织、社区和社会的整体性资源分配及由此而产生的公平和正义，既关注个体与个体、个体与群体、个体与社会、群体与社会的关注，也关注组织内部、社区整体和宏观社会，同时以问题为导向，采取预防、诊断、治疗的介入模式，关注具体介入程序和方法方式的特性。因此，社会工作专业知识体系作为社会工作专业体系的一部分，它的形成与发展不仅使社会工作专业体系更加完整，还使社会工作专业服务实践更能适应社会需求。社会工作专业知识体系不但是社会工作专业知识产生与发展的重要标志，而且为社会工作实践提供了方法和原则，构成了社会工作核心能力的一个重要部分。[①]

---

① 尹广文：《社会工作核心能力培养和专业教育研究》，《湖南工程学院学报（社会科学版）》，2015（3）。

（三）专业方法技巧

社会工作是一种理性行动，社会工作者为了最有效地达到助人目的，就必须使用专业的方法和技巧。这也是社会工作区别于志愿者、行政服务人员及普通民众之处。例如，2017 年 6 月，民政部、财政部、国务院扶贫办联合印发了《关于支持社会工作专业力量参与脱贫攻坚的指导意见》（以下简称《意见》），对社会工作参与脱贫攻坚有了明确的规定。①在社会工作中，个案、小组、社区工作是社会工作三种重要方法，在每一种方法中又有不同的工作模式和工作技巧，它们共同构成了社会工作的方法体系。个案工作是社会工作者对个体及其家庭提供服务和介入的一种专业方法，主要体现为一对一地解决问题。小组工作是在个案工作的基础上，鉴于社会工作资源的有限性和服务群体在某些问题上的相似性，运用小组动力学理论对群体展开具体的服务，通过群体之间的互动和相互影响，以解决群体成员社会心理功能方面的问题。社区工作则是在社区的整体层面，针对社区群体的需求和社区本身的发展，专业的社会工作者运用相关的工作理论和方法技巧，经过一系列具体活动和工作过程实现社区整体的发展，满足居民群体的需求。

第二节　社会工作综合实践核心能力的培养

社会工作综合实践核心能力来源于社会工作综合实践核心竞争力，是社会工作者对自身的要求。从社会工作综合实践培养方面来说，社会工作综合实践核心能力是社会工作者通过接受学校教育培养以及自身努力而获得的各项基本素质和能力，主要包括学习能力、应用能力和创新能力。社会工作综合实践核心能力是社会工作者在长期的学习和实践过程中所形成的独特能力，这种能力是他在执行岗位任务时所发挥出的别人无法模仿的具有持续优势和较强知识特征的能力。

一、目前社会工作综合实践核心能力培养存在的问题

（一）专业课程不能满足学生学习专业知识的需求

理论知识是对专业课程进行高度概括和抽象的知识体系，是具有系统性和普遍意义的知识。一般情况下，专业理论知识的掌握情况涉及专业课程体系的安排情况以及教师水平情况、教学方法等方面。通过对社会工作专业学生专业理论知识掌握情况的调查发现，大多学生认为学校开设的专业课程不能满足自己对专业知识的学习需求。学生对这个问题的否定式回答比例很高，这说明学生对专业知识的需求和期望较高，学校开设的专业必修课、专业限选课、专业选修课不能满足学生的知识需求。主要原因是学校开设的这些课程都是统一的，是根据

① 刘红霞，杨灿君：《社会工作参与脱贫攻坚的优势及可行路径研究》，《中国社会工作》，2018（22）。

专业的需要开设的，而不是根据学生兴趣开设的，难以满足所有学生的爱好和需求。学生对互动研讨式、现场实习等新型教学方式较喜欢，而对讲授式传统教学方法满意度较低，因此，专业课教师要探索新型的教学方法，调动学生的兴趣。但是传统的讲授式教学方法不能丢弃，因为讲授式教学方法能够让学生学到的知识更多、更巩固。

（二）社会需求与专业教育相脱节

近年来随着我国高校不断扩招，大学生数量激增，社会工作专业教育与社会需要脱节，导致学生动手能力较差，质量降低。在适应社会需求方面，很多学生能力不足。随着我国经济、科技的迅速发展，社会对社工人才的需求多样化，教育机会均等、终身继续教育理念的普及和高等教育大众化的逐步实现，单一的社会工作人才培养目标逐渐显现出与社会需求脱节的状况。社会急需一大批接受过专业背景知识训练、有较强实践能力的专业人才。虽然我国大量的学校都设有社工专业，但是很多人毕业之后却加入了其他职业，有的在加入社工队伍之后不久便改行。社工人才流失严重，这里虽然有待遇等因素的影响，但专业教育不适应、竞争力缺乏是一个不容忽视的问题。

（三）专业课程体系设置不明晰

社会工作专业长期以来是被置于社会学或管理学等学科范围内进行发展的，这使得社会工作专业处于边缘地位，导致在专业招生、资源配置、教学科研、就业等方面都存在困难。同时，在课程设置体系方面，理论课程与实践课程教学不平衡的矛盾，通才教育和专才教育之间的矛盾，课程体系建构的技术学取向范式和社会工作多元化视角的冲突等，都极大地影响了社会工作专业教育的特色化和社会工作专业从业人才的竞争力。

（四）实务教学不够系统，专业实践安排不够规范

我国至今尚没有规范化的实践教学大纲，没有可执行的标准，也没有形成制度化的实践教学模式。实践教学的每个阶段都应该对学生提出明确的任务，学校与实习机构应根据教学任务制定合约规则，明确相关要求。此外，社会工作专业实习的效果在很大程度上取决于专业教师的督导，而目前有实务经验的社工督导较为缺乏，因而学生得不到有效指导。[①]

二、社会工作综合实践核心能力培养的对策

（一）结合实际设计人才培养目标，着力改变专业教育脱离实际的现状

为了更好地适应新时代对社会工作人才的需求，必须结合实际设计人才培养目标，优化社会工作综合实践核心能力培养方案的设计。通过召开社会工作专业专家座谈会，对社会工作人才培养目标进行深入分析，改进社会工作人才培养中相对薄弱的实践环节，提高教师的教学基本功和专业技能，提升教师的专业素养，进一步充实教学器材设备，在实训教学内容、实训教学方式上进一步做出修改。合理、完善的社会工作人才培养质量保障体系是社会工作

① 黄少宽:《对社会工作专业实践教学的改革与创新的思考》,《中国社会工作》, 2018(10): 31-32。

人才培养目标得以实现的前提条件。进入新时代，需要对社会工作人才培养目标进行重新定位，应以专业教育为依托，保持社会工作人才培养目标与社会需求一致。在制定社会工作人才培养目标时，应紧密结合社会需要，以满足多样性的社会需求。在制定社会工作人才培养方案时，应强调知识与能力的结合，应注重对实践环节的要求，强调与社会融合。课程体系设置上充分突出实践环节的重要性，课程教学中强化实践教育思想。

（二）构筑完善的课程体系，尝试新的教学手段

专业课程主要包括专业必修课、专业限选课以及专业选修课等，这是根据专业方向和专业类别来划分的，主要目的是让学生获得从事社工职业所需的实际技能和知识。不管哪种课程体系都要突出过程系统化的课程，让学生对社工专业知识的学习由浅入深、由粗入精，循序渐进。在教学中要注重实用导向，调动学生学习的兴趣，以项目教学、任务驱动、案例分析等教学形式设计教学，通过讨论式、互动式等教学模式培养学生自主学习的能力，把核心能力的培养融入相关课程中。在课程内容、教学形式及管理方式上探索突破。努力从宏观上把握社工专业课程教学的方向，在内容和细节上精心策划，力求培训的实效性。以“转变教育观念、关注课堂教学、寻找研究问题、提升科研能力”为主旨，注重教师的教学实践能力提高和教育实践智慧的提升，充分挖掘和分享优秀教师的实践智慧，真正发挥专任教师的示范引领作用，做到既有教师的理论引领，又有学生的自主探究；既有静态的理论学习，又有动态的实践活动，使学生能够开放式地展示自己的优势资源并与他人分享，针对存在的问题而交流，不断纳他人之长、优势互补，使个人的理念在多维思想的交织中不断升华。精心营造求真务实、严谨有效、以人为本的研修氛围，精心打造高水准、多角度、全方位的引领平台，通过教师的教学行为、成长经历、人本精神等，让学生眼光变得开放而敏锐，对未来的社工职业有所期待。

（三）完善校内外实训基地建设

学生专业实践的形式包括校内集中性实践和校外实习，集中性实践应坚持让学生发挥学习主动性，开设学生有兴趣的实习课程，把教师教学的形式转变为以学生为主的形式，挖掘学生探究性、创造性的潜能，通过实训让学生认识自己，发挥自己的优势。校外实习是一种仿社会、仿工作环境的学习，学生应根据社工专业寻找相似程度较高的工作，通过老带新的形式了解单位运作模式、工作内容。坚持有利于人才培养目标的实习，坚持提高教学质量的原则，建设一批以实践教学为主、以经营性生产为辅的基地，能够让学生在学习课程的过程中在实训室进行锻炼，在需要外出时能够到单位进行实习。

（四）以社会需求为导向，以能力养成为本位，强化核心竞争力

以社会需求为导向，强化核心能力养成。社会工作的产生和兴起本身就是对社会问题的回应，大量的社会问题和社会矛盾急需专业的人才队伍进行介入和解决，这为社会工作专业的大发展提供了较好的机会。社会工作专业教育应以社会需求为导向，以解决社会问题为目标，以提升社会工作从业者的实务能力为核心，强化社会工作教育教学的专业价值理念培养，建立系统的专业知识理论体系，形成实务操作性很强的专业方法技能。塑造专业权威，强化

专业认同。专业认同是某一个专业的合法性基础，专业认同度越高，意味着该专业生存和发展的空间越大，专业发育就越成熟，制度性障碍就越小。从微观层面上看，专业认同程度会直接影响学生学习某一专业知识和技能的积极性、主动性和创造性。在社会工作专业教育中需要广大教育工作者加强理论和实务研究，形成较为明确的专业教育体系，打造专业特质。逐步完善职业体系建设，尽快建立人才培养评价使用和激励机制，合理设置岗位，确定薪酬和福利待遇标准，拓展职位流动空间和渠道。正确开展舆论引导，客观展示社会工作专业特质和职业特征。

（五）注重实务实践取向，强化实务操作能力培养

社会工作学生专业核心能力的培养，最终依赖于实践中问题的解决。社会工作的实践教育是社会工作专业教育的重点环节，是形成社会工作核心能力的关键。在教学过程中，应理论与实践结合，积极引进专业教师，聘请既有理论又有工作经验的社会工作者担任兼职教师或实习督导老师。还可采取向社会开放的方法，按照“双方需要，优势互补，互惠互利，共同发展”的原则，积极开拓校外资源，建立稳固、多元的实习基地，使得学生在具体实践操作中提升核心能力。

（六）打造社会工作专业特色，加强综合实践能力训练

社会工作专业应该在专业社会需求调研的基础上，针对自身办学已积累的经验和资源，在具体专业发展和市场需求分析中，逐步凝练方向，形成专业品牌特色。通过校地、校企、校校合作的方式，建设一批具备先进教学条件设施和有效运行管理模式的校外实习实训基地、校企合作人才培养基地、产学研合作基地、创业示范基地等。建立多个校外实习实训教学、创新创业教育基地，确保专业实习实训和创新创业教育需要。通过与地方政府、知名企业、事业单位、社会团体等建立良好稳固的合作关系，加大投入，加强建设，改善条件，改进管理，为社会工作专业大学生创新创业教育提供必要条件，提高社会工作专业大学生的创新创业能力。

（七）完善实践教学质量的评估与管理

规范管理是实践教学质量的重要保障，也为检验和评估实践教学的效果提供重要依据。要探索建立具有社会工作特点的实践教学评价指标体系、评价手段和方法，构建系统和动态的教学质量监控体系。同时，要注重实践教学过程中的质量监控和教学成果评估。通过学生交流、向实习机构了解、问卷调查、检查学生实习报告和督导教师的日志等多种方式，对学生社会实践情况进行督查，以保证实践教学质量。①

（八）组建优秀的教师团队

在专家团队的组建上，可以打破院校、机构局限，充分利用校内外的优秀教学资源，结合社会工作人才培养的实际，精心遴选授课专家，组建了一支由校内外专家、一线教师和学

---

① 黄少宽:《对社会工作专业实践教学的改革与创新的思考》,《中国社会工作》, 2018(10): 31-32。

校管理者为重要力量的师资团队，他们中既有潜心研究社会工作人才培养的研究人员，又有来自教育教学一线的专任教师。为了进一步突出实践性，可以提高选聘教学一线、教研一线专家的比例。在社会工作人才培养中，专家们渊博的学识、幽默的谈吐、全新的教育观念、精湛的教育艺术能启迪学生，可对学生产生深远的影响。

案例：

S村脱贫攻坚调查报告

（2018年6月）

近年来，在党的十八大、十九大精神的指引下，在S村全体村民的大力支持下，县委驻S村扶贫工作队与村支两委一班人把群众的盼头烙在心底，把使命扛在肩上，把任务攥在手上，做到脱真贫、真脱贫，全村脱贫攻坚工作取得了较好成效。2017年S村综合贫困发生率降至0.78%，贫困人口错退率、漏评率均为零，群众认可度达98%，已经顺利通过省、市实地核查和第三方评估验收。

一、S村基本情况介绍

1. 贫困村情况。S村位于中方县北部，距泸阳镇15千米（距怀化市区27千米），由原双山村、S村、中村三村合并而成。全村共有48个村民小组，1516户5348人，是中方县人口最多的贫困村和第二大行政村；村土地面积20.61平方千米，其中耕地面积5948亩（一亩≈667平方米）；村集体经济年收入5万元；现有村支两委成员7名，中共党员168名。

2. 贫困户情况。全村共有建档立卡贫困户143户534人，其中已脱贫129户492人（2015年17户67人，2016年14户60人，2017年98户365人），未脱贫14户43人（计划2018年脱贫8户27人，2019年脱贫3户7人，2020年脱贫3户8人），综合贫困发生率0.78%，低保户82户176人，残疾人102人，2017年大病重症31户32人，累计完成危房改造61户，异地搬迁18户。

二、所做的工作及成效

几年来，S村始终坚持抓党建促脱贫，不断优化基层组织战斗力、强化干部执行力、提升精准脱贫力、增强发展原动力、激发群众内驱力。紧紧围绕“两个确保、两个完善”的村出列和“一超过、两不愁、三保障”的户脱贫标准，精准识别、精准施策、精准发力，坚决打赢脱贫攻坚战。

1. 强化组织保障，筑牢“战斗堡垒”。一是加强党的领导。后盾单位县供销社党支部与S村结对成立联合党总支，由县供销社主任担任联合党支部书记，统筹脱贫攻坚工作，由县委驻村工作队队长兼任村党支部第一书记。二是严肃党内政治生活。加强和规范支部主题党日活动，通过召开“真扶贫、扶真贫”党员大会、党员脱贫攻坚座谈会、农村党员冬春训（学习扶贫政策、重温入党誓词）等活动凝心聚力。三是强化阵地建设。筹资60万元，建成高标准的集党务+村务+社会服务+电商服务为一体的农村综合服务平台。市县委组织部专门给S村增拨了9万元党建专项工作经费。四是强化“四支队伍”管理。由县级领导联系S村，后盾单位“一把手”任驻村帮扶“第一责任人”，后盾单位副职任驻村帮扶指导员；抽派5名机关干部开展驻村帮扶；59名机关党员干部与143户贫困户进行结对帮扶。严格执行乡镇驻村干部到村签到和驻村工作队员 GPS 定位管理制度。

2. 对标规定动作，夯实各项基础。在贫困村退出方面，S 村实现了“两个确保、两个完善”。“两个确保”方面：S 村贫困发生率仅为 0.78%，投资 40 万元入股光伏发电项目，2017 年村集体经济收入达到 5 万元。“两个完善”方面：基础设施实现基本完善——投入 1000 万元硬化组级公路 29 条 25.20 千米，实现了到组公路全部水泥硬化；打水井 27 口，受益 2700 人，解决了村民安全饮水问题；完成农村电网改造，全村全部拉通 4G 网络；投入 15 万元实施农村清洁工程；投入 10 万元实施村主干道亮化工程；修桥 3 座共 95 万元、沿溪护栏 4 个共 4.6 万元。公共服务基本完善——修建了农村综合服务平台，有党务和村务公开栏，有 2 个文化广场和 2 支文艺演出队；有 1 个中心卫生院和 2 个村级卫生室；有乡村汽车站 1 所，每天有直达怀化市区的节能巴士；还有银行、电信、有线电视等部门和综合市场。贫困人口退出方面：“一超过、两不愁、三保障”均已实现。2017 年我们为全村 143 户贫困户每户发放两套衣服（团市委捐赠），价值共 5 万元。特别是在“三保障”方面，基本医疗有保障——家庭成员参加城乡基本医疗保险率为 100%，并享受其他医疗保障政策，89 人享受医疗扶贫；义务教育有保障——S 村有初级中学、中心小学、幼儿园各 1 所（学生 600 多人），义务教育辍学率为零，有 156 人享受教育扶贫（其中雨露计划 18 人，大学生奖励 4 人），2018 年扶贫工作队为全村 90 名贫困学生争取了爱心书包文具；住房安全有保障——实施危房改造 61 户，异地搬迁 18 户，均已全部入住到位。

3. 突出党建引领，推进“四跟四走”。完善“四跟四走”产业扶贫机制，大力推行“党支部+扶贫产业+贫困户”扶贫模式，鼓励引导村支“两委”干部、党员创办领办专业合作社 2 个，新益农养殖专业合作社、益民立体养殖专业合作社去年起已实现分红，让全村 203 户 599 人受益。坚持扶贫和扶志扶智相结合，引导贫困户积极参与扶贫产业发展，实现稳定脱贫，受益 143 户 534 人（人均 1000 元）。坚持金融扶贫，大力扶持贫困户发展产业，解决贫困群众贷款难问题，共为 38 户贫困户发放小额贷款 198.9 万元。在村支“两委”干部和党员的示范带动下，S 村产业发展呈现出蓬勃发展的良好生机，已涌现出绿满园绿化有限公司、佳宏建材有限公司、双山万亩油茶基地（第一期 3500 亩已经产生经济效益）等一批初具规模的企业，安排村民就业 400 余人。据统计，S 村 2017 年人均纯收入已达到 4810 元。

4. 改进工作作风，提升群众认可度。一是在精准识别上着力，通过增强认可度提升满意度。认真开展好贫困对象动态管理工作。坚持实事求是，一个标准、一把尺子量到底。二是在政策兑现上着力，通过加大执行力提升满意度。对所有安排到村、到点、到户、到人的扶贫政策及其他惠民政策进行全面梳理，分类别列出清单，切实把政策落实到位，做到对象精准、程序合规、资金兑付到位及时。三是在挂包帮扶上着力，通过提高亲和力提升满意度。“四支队伍”分成三个片区，深入开展“夜访农家、遍访农户”活动和多次召开非贫困户座谈会，面对面商量对策，真心实意解决实际问题；及时答复群众反映的问题，及时疏解群众情绪，以实实在在的工作作风赢得老百姓点赞。今年 5 月在全村评选了 12 户遵纪守法、尊老爱幼、勤劳致富、文明清洁户，并在全体村民大会上进行表彰，产生了很好的激励引导作用。

三、存在的问题

1. 工作队和村支两委在带动产业发展方面的胆子还不够大、点子不够多、措施不够硬、效果不太明显。

2. 个别贫困户依赖思想较为严重，缺乏内生发展动力。

3. 个别非贫困户心态不太平衡，有争当贫困户的现象。

四、后续帮扶措施

1. 脱贫不脱政策（摘帽不摘责任、摘帽不摘政策、摘帽不摘帮扶、摘帽不摘监管）。

2. 加大劳动力转移就业。

3. 加大宣传教育和扶智扶志相结合，消除贫困户的“等靠要”思想。

4. 大力发展产业，打造“一村一品”，扩大油茶和葡萄种植规模，实现稳定增收。

第四章　社会工作综合实践能力培养的小组工作方法

人类是群体性的生物，每个人都生活在不同的群体中，都有社会化的需求，脱离群体我们无法进行正常的社会活动，无法正常生活。小组工作正是群体生活的一种表现方式，个人通过在小组中与他人合作、分享增加经验，可以发挥个人潜能，促进自我改变。

第一节　小组工作的概念、类型与理论基础

一、小组工作的概念

小组社会工作是由 social group work 翻译而来，我们一般简称为小组工作。小组工作是社会工作专业实务方法之一，随着时代的变迁，社会的进步，小组工作的内容和形式也不断地变化。因此对于小组工作的概念，学者从不同的角度提出了不同的看法。以下是有关小组工作的几个概念。

1959 年，美国社会工作教育委员会发表墨菲（M.Murphy）的“课程研究”指出：“小组工作是社会工作的方法之一，它通过有目的的小组经验来增进人们的社会功能。”

克那普卡（G.Konopka）将小组工作定义为：“小组工作是社会工作方法之一，它通过有目的的小组经验，协助个人增强其社会功能，以及更有效地处理个人、小组或社区问题。”

特雷克（H.Trecker）认为：“小组工作是一种方法，它由知识、认知、原则和技巧所组成，通过个人所在社区机构中的各类小组，借助小组工作者的协助，引导小组组员在小组活动中的互动，促使组员彼此建立关系，并以个人能力与需求为基础，获得成长的经验，旨在达成个人、小组和社区发展的目标。”[①]

美国社会小组工作专家威尔逊指出：“小组工作是一种过程和方法，工作者通过小组的影响，有计划地领导小组中的互动过程，以达成民主社会的理想目标。”[②]

柯义尔也曾提出：“小组共和个案工作、社区工作一样，是基本的社会工作方法。它运用小组工作经验的社会关系，促使个人成长和发展，培养具有社会意识的公民，以实行民主社会的理想。”[③]

布朗指出：“小组工作给人们互助提供了环境，这是一个帮助小组和个人成长的方法，它

---

① 刘梦：《小组工作》，高等教育出版社，2013 年 01 月。

② 万江红：《小组工作》，中国人民大学出版社，2016 年 02 月。

③ 万江红：《小组工作》，中国人民大学出版社，2016 年 02 月。

会影响个人、小组、组织和社区，并促使他们解决不同层面的问题。"①

诺森的定义是，"小组工作旨在帮忙组员运用小组应对和解决社会心理功能方面的问题，预防可能出现的问题。"②

由此可见，不同学者对小组工作的定义既有不同，又有共同之处。综合以上的观点，我们将小组工作定义为：小组工作是社会工作的方法之一，它以利他主义为指导，运用科学的理论知识，在小组工作者的带领下，组员通过相互支持和分享互动促进组员在行为、态度等方面的改变，促进组员潜能的开发，从而达到社会功能的恢复和问题的解决的目标，实现社会的公平正义。

二、小组工作的类型

小组工作的种类非常复杂，依据不同的分类标准，可以将小组工作分成多种类型。美国小组工作协会将小组分为指导/心理教育、咨询/人际问题解决、心理治疗/人格重塑、任务/工作小组四类。常见的分类标准和小组类型有以下几种。

1．按小组的形成方式分类

根据小组的形成方式，可以将小组分为组成小组和自然小组。组成小组是通过外部的影响和干预而组建起来的，一般具有较强的结构性和目的性，比如教育小组、兴趣小组、任务小组等。自然小组是人们自然而然聚集在一起而形成的小组，即人们由于一些自然事件、成员之间的相互吸引或者情感需求等原因组成的小组，这类小组一般具有较低的组织结构，比如家庭、朋辈小组等。

2．按组员的参与意愿分类

根据组员的参与意愿和动机，可以将小组分为自愿小组和非自愿小组。自愿小组的成员都是主动和自愿参加小组的，比如志愿小组、爱心小组等。非自愿小组的成员不是主动和自愿参加小组，往往是被强制组织起来，被动地参与小组，比如戒毒小组。

3．按小组的结构分类

根据小组的组织结构，可以将小组划分为正式小组和非正式小组。正式小组有正式的小组结构，小组成员具有确定的角色和地位，一般情况下，正式小组有特定的目标指导和规范组员行为，任务小组、教育小组都属于这类小组。非正式小组不具备正式的结构，一般情况下，小组没有明确的小组目标，组员之间的互动更多地以交往和满足个人需求为目的，比如街头玩伴群体、同学小组等。

4．按组员间的界限分类

根据组员之间的界限和进出小组的自由度，可以将小组分为封闭小组和开放小组。封闭小组是指从小组开始到小组结束，小组成员固定不变，不增加也不减少。一般具有深入互动关系的小组和特殊的治疗小组都是封闭小组，比如家暴妇女互助小组。开放小组在小组开展

---

① 刘梦：《小组工作》，高等教育出版社，2013年01月.

② 刘梦：《小组工作》，高等教育出版社，2013年01月.

过程中，任何的组员可以进入或离开，组员稳定性较差。社会目标模式下的小组，通常为开放小组。

5．按小组的目的分类

根据小组的性质和目的，可以将小组分为教育小组、兴趣小组、成长小组、社会化小组、治疗小组、任务小组、自助-互助小组、意识提升小组和社会行动小组。教育小组是通过小组的方式向组员传授与其学习和生活相关的知识、技巧，以帮助他们更好地适应社会生活。教育小组在学校、医院、社区中心等机构使用较多，比如给老年人开展的慢性病预防的小组，就是典型的教育小组。兴趣小组是指通过小组培养和发展组员的各种兴趣爱好和能力，陶冶情操，比如绘画小组、美食烹饪小组等。成长小组是指通过小组互动，对组员人际关系、价值观、情感等内容的探讨，促进小组成员在思想、情感和行为等方面的觉醒和反思，从而获得成长。成长小组多应用于青少年群体，比如大学生自我认识和成长小组。社会化小组通过游戏、角色扮演等方式协助组员改变其行为和态度，发展符合社会规范和社会期待的行为和态度，增强人际交往和社会适应能力，比如人际关系提升小组、自信心提升小组等。治疗小组是通过小组互动，帮助“问题”组员改变其反社会或非正常的行为，或排除情绪、人格等方面的障碍，促进社会功能的恢复，比如戒毒小组、青少年偏差行为修正小组等就是典型的治疗小组。任务小组具有明确的小组任务，组员为完成某个或者多个目标而走到一起。常见的任务小组有艾滋病公共宣传小组、环保小组等。自助-互助小组由具有相同或相似问题的成员组成，他们以自身资源和彼此作为支撑，通过组员的互动和支持共同解决问题，达到行为或态度的改变。最典型的自助小组是美国匿名酗酒者协会。意识提升小组的主要目的是提升组员的个人意识。组员通过参与小组活动，增强他们对自己以及社会环境的整体意识，促进改变，比如单亲母亲自强小组。社会行动小组是小组成员通过整合小组和环境的资源和力量，维护小组和社会的整体利益，促进社会的改变。这类小组更多是为了维护社会集体利益，而非解决个人问题，比如环境保护小组。

三、小组工作的理论基础

任何一种工作方法都需要一定的理论指导，小组工作也不例外。小组工作深受相关社会科学的影响，借用了社会学、心理学、人类学、教育学、政治学、伦理学等学科的理论和研究成果，也在此基础上发展出小组工作的理论。对小组工作的发展具有重要贡献的理论主要包括需要理论、小组动力学理论、社会学习理论、镜中自我理论和交流分析理论，尤其是小组动力学理论对小组工作的发展具有重要的意义。

（一）需要理论

对小组工作影响较大的需要理论主要是马斯洛的需要层次理论和舒茨的人际需要理论。

1．马斯洛的需要层次理论

马斯洛认为，人的需要可以从低级到高级分成五个等级，包括生理需要、安全需要、归属和爱的需要、尊重的需要以及自我实现的需要。生理需要是指人们对食物、水分、空气、睡眠、性的需要，这是人们最基本的需要。安全需要表现为人们希望稳定、安全、受到保护、有秩序、避免恐惧等。归属和爱的需要指一个人与他人建立情感联系，归属某个群体等。尊重的需要包括自尊和受到别人的尊重，自我实现的需要指人们追求自己能力或者潜能的发挥和完善的需要。

2．舒茨的人际需要理论

舒茨的人际需要理论主要是阐述人际关系的形成、取向类型以及小组聚餐过程的特征。该理论有利于小组工作者了解成员的行为和成员之间的互动关系。理论主要包括几个方面。

第一，每个人都有三种基本的人际需要：包容需要、支配需要、感情需要。包容需要指与他人接触、交往以及隶属小组的需要；支配需要是指控制别人或被别人控制的需要；感情需要是爱别人或被别人爱的需要。

第二，需要满足方式具有相对的继承性和连续性。童年期人的需要是否得到满足以及满足所形成的行为适应方式，影响并决定个体在成人期对待他人的方式。

第三，基本人际取向。舒茨根据三种需要的强度和表达的主动性，界定了六种基本人际取向，包括主动包容型、被动包容型、主动支配型、被动支配型、主动感情型和被动感情型。

舒茨认为，包容需要、支配需要和情感需要，这三种基本的人际需要决定了个体在人际交往中所采用的行为，以及如何描述、解释和预测他人行为。三种基本需要的形成与个体的早期成长经验密切相关。

包容需要指个体想要与人接触、交往，隶属于某个群体，与他人建立并维持一种满意的相互关系的需要。在个体的成长过程中，若是社会交往的经历过少，父母与孩子之间缺乏正常的交往，儿童与同龄伙伴也缺乏适量的交往，那么，儿童的包容需要就没有得到满足，他们就会与他人形成否定的相互关系，产生焦虑，于是就倾向于形成低社会行为，在行为表现上倾向于内部言语，倾向于摆脱相互作用而与人保持距离，拒绝参加群体活动。如果个体在早期的成长经历中社会交往过多，包容需要得到了过分的满足的话，他们又会形成超社会行为，在人际交往中，会过分地寻求与人接触、寻求他人的注意，过分地热衷于参加群体活动。相反，如果个体在早期能够与父母或他人进行有效的适当的交往，他们就不会产生焦虑，他们就会形成理想的社会行为，这样的个体会依照具体的情境来决定自己的行为，决定自己是否应该参加或参与群体活动，形成适当的社会行为。

支配需要指个体控制别人或被别人控制的需要，是个体在权力关系上与他人建立或维持满意人际关系的需要。个体在早期生活经历中，若是成长于既有要求又有自由度的民主气氛环境里，就会形成既乐于顺从又可以支配的民主型行为倾向，他们能够顺利解决人际关系中与控制有关的问题，能够根据实际情况适当地确定自己的地位和权力范围。而如果个体早期生活在高度控制或控制不充分的情境里，他们就倾向于形成专制型的或是服从型的行为方式。专制型行为方式的个体，表现为倾向于控制别人，但却反对别人控制自己，他们喜欢拥有最高统治地位，喜欢为别人做出决定。服从型行为方式的个体，表现为过分顺从、依赖别人，完全拒绝支配别人，不愿意对任何事情或他人负责任，在与他人进行交往时，这种人甘愿当配角。

情感需要指个体爱别人或被别人爱的需要，是个体在人际交往中建立并维持与他人亲密的情感联系的需要。当个体在早期经验中没有获得爱的满足时，个体就会倾向于形成低个人行为，他们表面上对人友好，但在个人的情感世界深处，却与他人保持距离，总是避免亲密的人际关系。若个体在早期经历中，被过于溺爱，他就会形成超个人行为，这些个体在行为表现上，强烈地寻求爱，并总是在任何方面都试图与他人建立和保持情感联系，过分希望自己与别人有亲密的关系。而在早期生活中经历了适当的关心和爱的个体，则能形成理想的个人行为，他们总能适当地对待自己和他人，能适量地表现自己的情感和接受别人的情感，又不会产生爱的缺失感，他们自信自己会讨人喜爱，而且能够依据具体情况与别人保持一定的距离，也可以与他人建立亲密的关系。

（二）社会学习理论

社会学习理论的代表人物是美国社会心理学家班杜拉。该理论建立在行为主义理论的基础上，强调人的行为、思想等不仅受直接经验的影响，还受到间接经验的影响，观察是学习的主要方法和过程。在学习过程中，认知非常重要，人在学习过程中具有特别的自我调节的过程。

（三）镜中自我理论

镜中自我理论是由美国社会心理学家库利提出的。库利认为，个人自我概念是在与人交往的过程中形成的。个体通过感知他人对自己的反应和评价，从而建立起自我意识、自我形象和自我评价。他人犹如一面镜子，个人正是从他人这面镜子中发现自我。

（四）小组动力学理论

小组动力学理论是由心理学家勒温创立的。小组动力学研究的内容包括小组的形成、维持、发展，小组内部的人际关系，小组与个体的关系，小组的内在动力，小组间的冲突，领导方式对小组的影响，小组行为等。勒温强调小组是一个动力整体，应该把小组的每个部分放在整体中进行研究。

第二节　小组工作的特点、功能与主要模式

一、小组工作的特点

虽然学者对于小组工作的理解有所不同，但是从不同学者对小组工作的定义中可以发现，小组工作具有以下几大特点。

第一，作为社会工作的方法之一，小组工作是由工作者和组员一起组成的互助体系，在这个互助系统中，会有多层互动关系，包括组员之间互动、组员与工作者互动以及小组和外部环境的互动等，通过互动，增强小组凝聚力，提高组员解决问题的能力，促进组员潜能的开发，从而促进组员的成长和进步。

第二，小组工作具有明确的目标。任何小组的成立都是以达成共同的目标作为前提，在目标确定以后，工作者通过专业的方法和技巧，引导组员参与小组过程和小组决策，促成小组目标的实现。

第三，小组工作既是工作过程，又是工作方法和手段。在小组互动过程中，工作者和组员以小组活动为载体，增强工作者和组员之间以及组员之间的联系、分享、支持等，从而促进组员的行为和态度的改变，促进组员问题的解决以及小组目标的达成，改善组员的社会功能。

第四，小组具有互助性。在小组过程中，通过工作者的组织和引导，组员和工作者以及组员之间能够进行较为积极的、有效的小组互动，通过互动促进组员合作、支持，组员的利他性和自我价值感能够被充分调动出来，从而产生小组互助，而互助能够给小组成员提供解决难题的重要动力。

二、小组工作的功能

小组工作同社会工作的功能基本相同，但也存在一些特殊的表现。关于小组工作的功能有很多研究，西方和我国许多学者都提出了自己的看法。比如崔克尔在其著作《小组社会工作：原则与实务》指出，不同年龄阶段的个体可以通过小组工作帮助自己：第一，追求兴趣与学习技能；第二，获得同辈群体接纳并取得相应的地位；第三，成为较大团体和有影响力集团的成员；第四，从父母或其他人的监护之下获得成长与独立；第五，适应和学习同异性相处；第六，通过参与过程成为社区的一员；第七，拥有乐趣、休闲与社交情趣；第八，获得友谊和同伴。

到目前为止，采用较多的是克雷恩在《有效的小组工作：原则与方法导论》中提出的小组工作八个方面的功能。以下根据我们的认识和理解，分别加以阐述。[①]

1. 康复（rehabilitation）

康复是针对治疗取向的小组而言，帮助有问题的组员将其情绪、行为、态度和价值观恢复原来状态的过程。在治疗小组中，通过工作者设计一些目的明确的活动，运用相关专业技巧和方法，帮助组员解决行为、心理、情绪、态度和认知方面的问题，使其恢复到正常状态。

2. 能力建设（capacity building）

能力建设是指在小组过程中，工作者通过教育、技能培训等方式，帮助组员获得意识、自信心以及技能的提升，从而促进组员在小组中的成长和发展，能力建设不是治疗的过程。因此，此时的小组并非治疗小组，而是为了组员的成长和能力提高创造一个良好的环境，协助组员在互动过程中学习、反思和成长。

3. 矫正（correction）

矫正是指协助违反社会秩序、道德规范或侵犯他人利益的“问题”组员在小组工作中加以改正的过程。小组的矫正功能一般体现在对部分不符合社会规范的行为和价值观矫正的过程中，特别是针对在认知和行为层面存在严重的反社会倾向的组员，通过专业的工作方法，帮助组员反思自己的行为和价值观存在的问题，学习并巩固符合社会规范和期待的行为和价值观。

---

① 刘梦：《小组工作》，高等教育出版社，2013 年 01 月。

4. 社会化（socialization）

社会化是指协助小组组员学习社会规范和人际关系技巧、积极适应社会的过程。人的一生会面临多次再社会化的过程，会遇到众多适应社会规范和人际关系处理的问题，因而小组工作的一个重要功能就是帮助组员在小组情境中，学习和适应社会规范，学习人际关系处理的技巧，解决相关问题，促进组员顺利的再社会化。

5. 预防（prevention）

预防是指对可能发生的问题进行预测，提供有利的环境满足人们的需求，并协助人们培养和提高处理突发事件和抵御危机的能力。小组的预防功能主要是通过小组的学习和经验分享来实现的，通过组员之间的互动，学习彼此应对可能发生的问题的解决办法，同时促进组员之间信任关系的建立，为组员提供支持和帮助。

6. 社会运动（social action）

社会运动是指通过协助组员进行社会参与，学会领导、服从、参与、决策等方法，改变社会环境，并承担社会责任。小组工作不仅关注个人层面、组员层面的需求，还需要关注社区和整个社会问题的解决。在社会目标模式的小组中，小组需调动组员，参加社会行动，促进社会环境甚至社会政策的改变。在此过程中，小组会协助学习相关的参与和领导社会行动的技巧，通过参加社会行动，提高组员的社会责任感。

7. 问题解决（problem solving）

在小组中，运用小组的力量协助组员完成任务、做出决策并解决问题，是小组的主要功能之一。通过小组活动过程，工作者协助组员认识自己的问题，然后通过民主决策，找到问题解决的方法。在参与小组的过程中，组员学会解决问题的方法，这是小组工作最容易体现的功能。

8. 社会价值（social values）

鼓励组员通过自身的努力实现其社会价值。通过小组活动过程中组员互助以及参与社会行动，组员较容易获得成就感和自我实现感，可以借此提高自信心，从而实现其社会价值。

三、小组工作的主要模式

小组工作作为社会工作的方法之一，从不同的介入层面（宏观和微观），形成了不同的介入模式。每一种模式的小组工作具有不同的介入领域、实施原则和方法，因而其理论基础也不相同。小组工作的理论来源分两类：一是外接理论，这是指从其他相关学科移植过来的理论，包括社会学、心理学、管理学、教育学等；二是实务理论，这是小组工作在实践发展过程中积累和形成的理论。本部分以小组工作的四种模式为基础，系统阐述每一种模式的内容和理论基础。

（一）社会目标模式

社会目标模式源于小组工作的早期实践，早期的学者柯意尔、克那普卡、凯瑟、克根等人提出了这个模式的主要概念和观点。社会目标模式与社区工作有较多相似之处，通过组员的积极参与、意识提升和任务完成，培养组员的社会责任感、社会意识和社会良知，从而促进社会的进步。这一模式在政治小组和组织小组中运用比较普遍。

1. 理论基础

社会目标模式小组工作源于小组工作的早期实践，随着后来的发展，吸取多学科的知识，主要在社区层面开展，小组成员的参与目标主要是社会变迁。社会目标模式的小组理论比较复杂，这里尝试进行梳理。

（1）系统功能理论。系统功能理论认为，整个社会就是一个大的系统，同时这个系统又可以分为不同层次的子系统，系统内部各组成部分是相互连接、相互影响的，并各自发挥其作用，以保持系统内部的平衡，使整个系统稳定地向前发展。每个系统都有界限，界限内彼此互动以维持系统的稳定，同时系统的界限又是开放的，和其他系统之间进行能量的渗透。系统具备四个特征：第一，目的性。每一个系统都必须有一个总目标，总目标又可以分为很多子目标或者成为目标群。在系统中，各项工作的开展必须围绕总目标展开。第二，整体性。系统的整体大于部分之和，即系统的功能不是各个部分的简单相加，系统内各组成部分相互配合所产生的整体功能大于各部分功能之和。同时系统中任何部分一旦离开整体，就会失去它的系统功能。第三，层次性。系统是有层次的，每一个系统可以分成多个纵向的层次，同时又有横向联系。第四，动态性。系统不是一成不变的，而是随着环境不断变化的。只有根据环境的变化不断地调整系统的目标、原则、方法等，才能与环境相适应，从而不断发展进步。

（2）社会变迁理论。社会变迁是指社会结构和社会过程的质变和量变。在社会变迁的过程中，人们的社会结构、社会关系会影响到社会的发展，人们与社会的发展是一个社会过程，包含两个层面：一个层面是社会互动的过程；第二个层面是制度化，社会行为的互动必然导致关系和制度的变迁，互动过程实际上就是制度化的过程。社会行为的互动关系推动着社会结构和社会过程的变迁。社会目标模式下的小组工作就是通过社会行为的互动，推动社会制度的完善和改革。

2. 主要内容

（1）目标。何洁云等学者认为，社会目标模式的总目标是培养小组成员的社区归属感，实现社会整合。具体包括三个方面：发展和提高小组成员的社会意识和潜能，以及实现社会变迁的责任心；发展小组成员的社会能力，提高其应对环境的能力，增强其自尊心和社会能力；培养当地社区领袖，使其有能力和意识推动社会变迁。

（2）小组。此模式下的小组通过社会目标的实现，培养组员的社会意识和社会责任感，推动社会变迁。主要依据是如果组员能够在工作者的影响下找出小组的共同目标，并且将目标付诸实践，那么组员可以实现自我发展和完善。

（3）组员。社会工作认可每一个心理健康的社会成员都有参与社会主流活动的权利，因此，小组工作的成员参与具有民主性和公平性，此模式鼓励所有公民参加进来，同时尊重组员的来去自由。小组成员由于共同的理想信念走到一起，可以求同存异。

（4）工作者。此模式下，小组工作者是有影响力的人物。但是随着小组过程的推进，工作者又扮演者不同的角色。包括倡导者、使能者、资源提供者或榜样等。

3. 对模式的评价

社会目标模式的优势主要是符合社会工作最初追求的社会公平和社会关怀的理念，将个人问题的解决与社会结构、社会环境联系起来，注重公民参与问题解决。局限是过分依赖意识形态，理论基础的薄弱，系统性不足，同时此模式过分注重组织的力量，忽视了个人的独特需要。

（二）互惠理论

互惠模式，又叫互助模式。此模式的主张者是施瓦茨，他认为在助人的过程中要注重个人与他人、社会的关系。

1. 理论基础

互惠模式注重小组成员之间的互动关系，所以它的理论基础主要包括系统理论、场域理论和符号互动理论。

（1）系统理论。系统理论中人与环境关系的观点对互惠模式的贡献较大。佩恩认为，每一个系统都会有三个可供选择的助人生活系统：非正式和自然系统，比如朋友、家庭、同事等；正式的系统，比如社区等；社会系统，比如医院、学校等。这些系统是个体所面临的环境系统，每个人一生都要与这些环境系统互动，既受环境系统的影响，又对其产生能动作用。

（2）场域理论。场域理论主要的代表是考夫卡的“行为环境论”和勒温的“生活空间论”。场域理论认为，个体的所有行为都会被行为发生的场域所影响，而场域并非单指物理环境，也包括他人的行为以及其他相关因素。考夫卡的“行为环境论”将环境分成地理环境和行为环境，其中行为环境是意想中的环境。个体的行为产生于行为环境中，也叫心理物理场，心理学就是研究行为与心理物理场的因果关系。勒温的“生活空间论”认为，生活空间主要包含三层含义：第一，构成生活的要素是人和环境，环境只有和人的心理目标相结合，生活空间才成立；第二，生活空间具有动力的作用，表现为吸引力和排斥力，这种动力作用驱使一个人克服排斥力，沿着吸引力方向，朝着心理目标前进；第三，生活空间的动力作用逐级展开，行为者越过一个个带壁的领域，最后实现目标。“此时此地”的概念说明行为或心理只受当前情景的影响，主要是当前的活动决定的，不受过去或未来事件的影响，因而场域论强调此时此地的期待、自我评价和记忆等因素对个体的重要影响。

（3）符号互动理论。符号互动理论主张从人们互动着的个体的日常环境去研究人类群体生活。早期代表是库利、托马斯，集大成者是米德。米德认为，个人的社会行为是其所属群体中规范内化的结果，其社会行为主义强调社会相互作用于个人行为的关系，他把社会相互作用视为联结个人与社会的“媒介过程”，个人行为具有相互性和守护星。

2. 主要内容

（1）目标。此模式是基于人与他人以及环境之间的关系而实施的。在整个小组过程中，个人一直被他人塑造，同时也一直在塑造别人。此模式的目标是使小组成员在社会归属和相互依存中得到满足，要在小组成员之间、小组之间和有关的社会系统之间，达到互助和开放。通过小组和环境的互相影响，小组和社会的功能都将得到增强。

（2）小组。小组有一个共同的目标并且是一个互助的系统，是解决问题的必要条件。小组成员之间的关系是相互帮助、相互依赖。决定由整个小组做出。通过小组，个人和社会功能得到培育和协调。此模式认为，个人必须通过坚强并合适的群体生活才能获得健康全面的发展。

（3）组员。在互惠模式下，组员将自己的需求感与小组集体任务的社会需求发生关联。组员在小组中达成共同的目标，组员和组员以及工作者之间分享和追求共同决策。组员公共彼此联系达成共识，获得帮助，组员的地位是平等的。

（4）工作者。互惠模式下的工作者主要通过促成组员互动、相互帮助而完成特定的目标，并使他们更好地适应社会。因此小组工作者的角色是小组成员、小组以及社会之间的协调者，通过提供信息等方式促进小组互动和发展，帮助组员协商使问题得到解决。

3. 对模式的评价

互惠模式关注小组成员的需求和潜能开发，能够积极利用小组成员之间的互动互助促使组员个体的改变，突出社会工作“助人自助”的宗旨。小组工作的目标由小组成员通过互动和讨论而来，有利于发挥和提高成员的主观能动性和自决意识。但是在小组过程中，工作者的权力不够，因而工作者难以用自己的权力去影响小组过程。

（三）治疗模式

治疗模式又叫预防与康复模式，主要是将治疗个人作为小组工作的目标，利用小组的经验来解决个人的问题，促进个人康复，获得更好的社会功能。

1. 理论基础

治疗模式的理论基础与个案工作的理论比较接近，吸纳了精神分析理论、认知行为和人本主义等重要理论。

（1）精神分析理论

弗洛伊德将人的心理结构分成意识、潜意识和无意识三个部分。个体的人格系统分为本我、自我和超我三个系统，个体只有保持本我、自我和超我三个系统相对平衡，人格才能健康发展。此外，弗洛伊德还认为个体幼年或童年的经验对其成年后很有很大的影响，成年时期的很多问题都是由于年幼时未被满足的需要、或未解决的心理创伤导致的，因此人们可以运用有效的心理治疗技术来消除过去经验的影响。

（2）人类行为发展理论

人类行为是指人们为了适应社会环境和满足自身需要所采取的活动或方式。人类行为既有正常行为，也有偏差行为。人类行为理论分成两类，一是从心理学视角出发，研究人类行为发展的阶段、特征和相关性的个人行为发展理论；二是从社会学视角出发，探寻人类行为发展过程中人际之间相互作用的小组生活发展理论。

2. 主要内容

（1）目标。治疗模式的小组工作的目标是以治疗个人，通过帮助个人达到个人心理、社会、文化的适应。此模式关注如何运用小组工作来改变人的功能丧失与行为偏差，协助个人社会功能的恢复和行为的矫正。

（2）小组。治疗模式的小组是促进组员改变的工具，也是治疗的环境。因此，小组不是自发形成的，组员也不是任意选择的。小组工作者需要对成员个人状况进行评估，然后才能整合个人的需求使其得到满足，从而形成小组。

（3）组员。治疗小组的组员通常具有较为严重的情绪问题、行为障碍、人格问题、精神异常或有社会偏差行为，所以，治疗小组的成员在进组前都需要进行评估。治疗小组的成员一般需要矫治性的治疗，而不仅仅是发展性和预防性的帮助。

（4）工作者。小组治疗的工作者一般是临床心理学家、精神医学家或临床社会工作者。不同理论取向的工作者在小组中具有不同的功能。

3. 对模式的评价

治疗模式注重强调“为案主”工作，而不是“和案主一起工作”，强调专家的专业性和权威性的特点，以及工作者的影响力，比较忽视案主和工作者的平等地位，以及案主潜能的发挥。强调“医患关系”，而非平等的合作关系。

（四）发展模式

发展模式又称过程模式，最先由波士顿大学的伯恩斯坦提出。发展模式认为，小组是一个生命有机体，拥有一个生长、成熟、衰亡的运动过程，每一运动阶段都有其特定的目标和任务。

1. 理论基础

发展模式的理论基础主要有发展心理学、社会关系和社会结构理论以及小组动力学组成。发展心理学强调个人具有成长的可能性和潜能。社会结构理论关注小组的现状，以及小组组员之间的互动功能。小组动力学理论重视组员关系，强调通过解决小组矛盾使组员获得成长。

2. 主要内容

（1）目标。发展模式的目标包括：帮助组员宣泄不良情绪，以促进个人完成社会行为；通过小组互动，为组员提供支持，通过表达、成就感和小组的认同，提高自尊等。发展模式适用于有问题的人群、面临危机的人群以及寻求更大的自我发展的人群。

（2）工作者。在发展模式中，工作者扮演者非常重要的角色。小组成立以后，工作者必须与组员就小组的目标、功能和结构达成一致意见，工作者的工作主要在以下三个领域：小组目标的实现、人际关系、个人的自我实现。

（3）适用人群。发展模式的核心原则之一是促进人的发展，因此它适合各类人群，既可以是救助性的，帮助服务对象解决问题，促进成长，从而适应社会变化，也可以是锦上添花的，为个人、群体和社区进一步发展提供空间和可能性。

3. 对模式的评价

发展模式的小组最大优点是能够广泛应用于不同状况的小组，在小组过程中，组员不会被贴上任何标签，组员没有压力。但是它强调的成长是一个难以测量的概念，因而被批评缺乏科学性。

第三节　小组工作的过程

小组工作是一个动态发展的过程。小组工作的发展需要经过工作准备阶段、工作开始阶段、中期转折阶段、后期成熟阶段和结束阶段。

一、工作准备阶段

准备阶段的工作分成几方面的内容，要进行需求评估、确定小组目标，小组组员选择，还要设计小组方案等。

（一）需求评估

一般情况下，在小组的第一次聚会之前工作者就已经有了成立小组的想法。这种想法或需求可能由工作者、机构主管、社区居民或成员提出，提出的原因大部分是由于存在的问题和成员的需求。

一般运用小组工作的方法帮助案主是基于对案主的需求评估而决定的。在需求评估的过程中会出现两种情况，一是机构要求开小组，社会工作者也受过专业训练，认为小组工作方法是最有效的助人方法。另一种情况是关注案主的需求，通过与案主建立信任关系，评估他们的真实需要，在此基础上制定介入计划。

（二）确定小组目标

工作者找到案主的真实需要，确定目标就是“水到渠成”的过程。工作者必须将小组的目标概念化，思考小组可以协助组员达到什么目标，机构的目标是什么，工作者的目标是什么等。一些学者将小组目标进一步细化，将小组目标分成五个方面：协议目标、沟通目标、过程目标、实质目标和需求目标。

确定小组目标是小组准备过程中非常重要的环节，只有目标清晰，工作才能有方向。同时目标确定是一个过程，目标也会随着小组过程的推进而不断变化和修正，这样才能更好地帮助案主。

（三）小组组员选择

在小组组员选择阶段，工作者需要进行小组组合、组员的筛选以及聚会前的准备。

1．小组组合

在组成小组时，工作者必须确定几个方面的要素。第一，小组的组合条件。一般情况下，小组组员需要有相似的个人目标，组员的组合最好是问题具有同质性，需求的层次相当，避免异质性太大。同时还要考虑小组组员的专长、特征、技能、经验对小组过程的影响。工作者还要考虑组员的年龄、性别、民族、居住地等因素。第二，对小组结构的控制。在小组的组合中，工作者对小组的互动结构和物质结构进行适度的控制，同时要明白小组结构随着小组的性质和目的的改变而改变。第三，对组员的开放程度。根据小组的性质和目的，工作者必须选择小组是封闭还是开放的问题。第四，组员加入小组的志愿程度、小组的规模、空间和时间等都是小组组合时应该考虑的问题。

2．组员的筛选

组员的招募方式主要有三种：一是通过宣传手段，组员自愿报名；二是工作者经由个案辅导，建议有共同需求的案主报名参加；三是相关辅导人员转介而来。

组员招募工作结束后需要对招募的组员进行筛选，因为并非所有的成员都适合小组的方式。在筛选的过程要全面了解潜在成员的个人情况，向潜在组员宣传小组，使其了解小组目标，对不适合参加的成员进行适当处理，进行转案或采取其他帮助的方法。

3．聚会前的准备

经过组员的筛选和会谈，组员基本确定以后，工作者还需要做好几个方面的工作：第一，工作者对于聚会的时间、地点应该尽可能考虑周全；第二，工作者合理安排人事分工；第三，提前通知组员参加聚会的相关事宜；第四，工作者要在聚会前要做好实施方案，并有备选方案。

（四）设计小组方案

在开展小组活动之前，工作者需要制订小组计划书，这是非常必要的工作。小组计划书需要得到机构的支持和批准，并且还要得到资金的资助。撰写小组计划书有利于工作者对小组理念、理论、目的等有更清晰的认识，方便工作者在每节活动前做好充分准备。

二、工作开始阶段

经过小组前期的准备，小组正式进入实施阶段。小组工作的不同阶段，组员具有不同的心理和行为特征，组员需要开展的工作也不相同，承担的角色也不相同。因而工作者需要全面掌握小组各阶段的特点，以便更好地协助小组和组员获得成长。

（一）小组首次聚会时的特点和工作

1．组员特点

在首次聚会时，工作者仍然属于基本角色，处于中心位置，小组成员只会注意自己，较少与组员互动。成员具有以下特征：

第一，充满矛盾的心情和情感。这时的组员对小组处于既兴奋又焦虑的两难境地，既想和组员交流，又有一些顾忌，存在害怕和担心心理。

第二，依赖工作者。组员往往把小组工作者看成权威以及和其他组员联系的媒介，一切以工作者为中心，遇到问题都希望得到工作者的建议和帮助，对工作者过度依赖。

第三，试探。组员会试探性地对其他组员和工作者提出问题，理解其他组员的基本情况和小组的相关问题。

2．工作者的工作

在小组工作的初期，需要通过营造安全信任的气氛，提高小组的凝聚力和吸引小组成员参与小组活动。因而小组工作者可以通过寻找相似性、促进彼此交谈、消除彼此的顾虑等方式来促进组员之间的了解和熟悉，同时工作者要表现出同理、真诚和接纳的态度，向组员解释工作的角色等。

（二）规范形成时的特点和工作

1．组员特点

通过首次聚会以及后面的互动，小组的规范逐渐形成，组员互动也更加顺畅。这个时期组员特点也比较明显。

第一，小组规范产生。小组规范的产生意味着小组成员可以依据大家认可的小组规范在小组内进行适当的沟通与互动，能够依据规范制约组员的行为。

第二，小组结构出现。这是小组的沟通结构、自然结构、权力结构、领导结构和角色结构基本形成。

第三，小组成员开始形成基本统一的小组目标。

2．工作者的工作

工作者在这一阶段工作的地位处于轴承的位置，角色可变。而主要的工作包括对小组规范进行评估和管理，支持和鼓励组员积极参与小组互动。同时，要考虑组员此时的需求和心理，以及小组活动的相关问题。

三、中期转折阶段

1．组员特点

在小组转折期，小组结构会发生变化，小组冲突出现，这时候组员呈现新的特点。

第一，组员的自我意识和权力意识增强。随着组员之间彼此熟悉起来，部分组员开始希望用权力控制和影响他人，因而会出现小组冲突。组内开始出现一些特殊的组员，比如贬低他人、否定或讥讽他人的组员，沉默的组员，以及组内的替罪羔羊和牺牲者。

第二，组员开始对质工作者。经过小组前期的交流和活动，组员开始明确自己在小组中的角色和地位，慢慢表现出自我。从而出现组员对质工作者的情况，组员会就“小组的目标”“小组的主体”等问题对质工作者。

第三，次小组的出现。在小组发展过程中，由于组员权力的争夺、冲突的出现以及处理，组员内部开始分化，部分具有相同特点或者观点等同质性的组员容易形成次小组，

2．工作者的工作

第一，给予接纳和包容。对于小组中出现的冲突，工作者不需要过分紧张和在意，这是很正常的现象，是小组自然整合的过程。有时候小组的冲突可以任其自生自灭，不干预反而有利于冲突的解决，当然有些冲突发生时需要及时干预和解决。因此，工作者需要给予足够的接纳和包容。

第二，澄清小组的目标和任务。小组冲突往往是在达成小组目标的过程中产生的，有时候是因为解决问题的方式不一样，有时候是因为组员的表达方式不同，有时候是对小组的目标有疑惑等。但不论产生问题的原因是什么，都应该及时澄清小组的目标和任务，督促组员尽快达成小组目标。同时协助组员了解冲突产生的原因，并且直面它，使之得到解决。

第三，分享并稳定小组。工作者需要对小组冲突负责，敢于面对冲突，不回避问题。可以通过将体验到的他人的感受和情绪分享出来，从而使组员更好地理解他人，从而有利于问题的解决。此外，工作者需要稳定小组，协调矛盾的处理。工作者应该顾全大局，表现出超高的协调能力。

四、后期成熟阶段

经过冲突期后，小组工作进入和谐的成熟期。这是组员期待的过程，也是组员努力的结果。

1. 组员特点

第一，组员之间的沟通更加顺畅。经过冲突期，组员对彼此的性格特征、表达方式等都有了一定的理解，因此组员能更好地理解组员对问题的态度和反应。组员之间交流的内容也变得深入而广泛，能够彼此分享感受、问题和想法。整体上，组员之间的交流更加和谐顺畅。

第二，小组默契增加，形成一套处理问题的方法。此时小组的规范已经比较完善并对组员具有约束力，小组形成固定的管理模式，管理工作有序开展。与此同时，组员之间默契增加，能够彼此理解和尊重。

第三，小组权力稳定，组员互助和进步。此时的小组领导者和次小组都能够很好地被小组接受，没有权力和控制争夺。组员对工作者的依赖性减少，一些组员能够承担小组领导的工作，组员之间相互协助，彼此支持，将组内收获转化成行动，达成目标。组员愿意学习新技能，并与其他组员分享改变的成果。

2. 工作者的工作

在小组成熟期，小组凝聚力强，工作者由中心位置变为边缘位置，由主导角色逐渐转变为催化和协调的角色。因此工作者主要承担的工作包括协助组员进一步进行自我认识，鼓励组员彼此尊重和关心，鼓励组员相互帮助，在适当的时机给组员忠告，为组员达成目标提供相关的信息，为完成小组目标给组员提供支持等。

五、结束阶段

小组工作进入后期就是结束阶段，有非常重要的功能，同样不可忽视。工作者需要协助组员对小组的工作进行总结、评估，认识组员的进步并加以巩固，为以后制定计划并做好其他准备。

1. 组员特点

第一，积极和消极两种情绪兼有可能产生。部分组员通过小组活动的体验，个人目标完成，自我功能提高，有足够的能力去面对以后生活中的问题，希望能够用小组的收获去面对自己未来的生活，并且充满希望。同时，也有部分组员虽然也有所收获，达成目标，但是面对分离，依依不舍，因为对未来充满担心和害怕，甚至会出现一些逃避和行为倒退的现象。

第二，小组结构松散，凝聚力下降。在小组后期，组员开始将注意力分布在小组以外的其他事物上，小组的影响力和小组规范的约束力对小组成员逐渐减弱，组员之间的联系变得松散，小组结构逐渐消失，互动频率和强度降低。小组成员更多为适应以后的生活做准备，也有个别组员害怕小组结束带来伤感，因而采取“自卫”行为，减少对小组的投入。

2. 工作者的工作

进入小组的结束阶段，工作者需要完成以下四个方面的工作。

第一，评估小组目标的达成情况。评估小组目标的达成情况，小组的成效、小组的动力等，既是对本次小组工作的总结，也为以后的小组提供参考。

第二，了解和处理组员对小组结束的情绪和感受。在最后结束阶段了解组员的情绪和感受，并对其中的消极情绪进行处理，积极地应对小组的离别和结束。

第三，巩固组员已经习得的技巧。如果将组内收获应用到小组结束之后的生活，使得组员实现“自助”，是助人者最关心的事。巩固组员已经习得的技巧，并带领其进行模拟练习，使其能够更好地适应离组生活。

第四，安排组后的跟进工作。小组结束后，部分组员需要协助其制定离组后的计划，部分组员需要提供进一步服务等，这些都需要工作者提供相关信息和资源，做好妥善安排。

第四节　小组工作的技巧

小组工作技巧是社会工作实务的技术之一。随着小组工作的发展，小组工作技巧不断丰富并完善。在整个小组工作的过程中，从最开始的建立关系，到最后的成效评估，都需运用小组工作技巧。

一、沟通技巧

沟通是小组工作的基本技巧之一。沟通是促进小组工作进行的重要动力和因素，是组员互动的基础。良好的沟通机制能够使冲突得到解决，从而更好地达成小组目标。一般来说，小组工作者开展实务过程中，需掌握与组员沟通以及促进和干预小组两个方面的技巧。

（一）与组员沟通的技巧

1．气氛的营造

气氛的营造主要是指工作者在小组初期要以热情、友善的语言向小组组员传递温暖、关怀、真诚等信息，使组员对工作者及小组产生信任，从而营造一个安全、放松的小组气氛。

2．专注与倾听

专注和倾听是指工作者在和组员交流的过程中，既要认真倾听组员的发言，同时也要关注所有组员的表情、神态以及其他细微动作。同时，工作者要通过一系列语言和非语言的专注，鼓励组员表达情绪和感受。另外，工作者要认真倾听组员表达的意见，尤其是一些预料之外的内容，从而有助于真正理解组员的感受和想法。

3．积极回应

工作者在组员发言结束后，要通过语言和神态向发言者表明对发言内容的重视和了解，并且认真感受发言者的用意和感受。通过复述组员表述的内容和揭示其发言背后的情感和意义来表达对发言者的理解和重视。

4．澄清

澄清是指使用某些方法使组员陈述的内容更加具有条理性和逻辑性，以便于工作者和其他组员更好地理解，同时帮助发言的组员更好理解自己的想法。澄清时工作者要采用非批判的态度，可以通过开放式的提问，引导组员进一步陈述，从而获取更多信息；另外可以邀请其他组员帮助澄清，这不仅可以澄清发言组员的内容和感受，同时有利于提高组员的参与度，促进组员之间的沟通和理解。

5．进行小结

小组工作过程中部分组员的发言内容可能是散乱的、模糊的，可能是多主题交叉的，因此，为了将散乱的信息进行归类，工作者要及时地帮助小组进行小结，通过精辟和简要的语言，对重要的观点和内容进行复述，使其具有条理性和逻辑性。

6．自我表露

工作者在适当的情况下，可以将自身的经历、感受、体会等传达给组员，传递真诚，使组员感觉到被信任。通过信任关系的建构，一方面向组员展示组内交流的内容和深度，另一方面鼓励组员积极表达自己的感受、需求和问题。从而更好地促进工作者和组员在问题及需求方面达成共识。

7．提供信息

在教育性的小组中，有时工作者需要扮演“专家”角色，为小组提供某些特定主题的信息，从而帮助组员更好地理解主题并促进小组流程顺利进行。

（二）促进和干预组员沟通的技巧

1．引导组员互动

在小组初期，工作者需要通过一些方法来引导组员互动，这里包括适当地提醒组员相互倾听，鼓励组员相互表达感受、学会接纳他人，帮助组员相互理解并促进组员之间的相互回馈。此外可以通过寻找组员共同点、设定小组互动界限等方式引导组员之间的互动。

2．促进组员融合

对于组员之间的差异性，工作者需要进行简洁、有条理的处理。通过综合的方式，使组员明白自己谈话的内容前后之间的关系，从而更清楚地了解自己的想法和感受；通过摘要的方式，将小组进程中的核心问题和重点指出来，使组员更好地了解小组所处的阶段；通过分类，将组员关心的问题和事情分解成比较容易处理的单位。

3．进行对质

对质主要是工作者在适当的情境下，对于组员言行不一致、前后矛盾的行为，以及组员试图逃避困境等做出挑战，带领组员以及整个小组对组员的弱点、盲点、内心冲突和矛盾等做出直接的接触。但对质是出于助人目的，为了使组员和小组更好地认识自己、面对自己，促进组员更好地达成个人目标。

二、小组讨论的技巧

在小组工作进程中，小组目标确定、小组活动方案设计、小组问题的解决以及目标的达成都需要用到讨论的技巧。小组讨论有助于促进组员参与小组活动，激发对小组的兴趣。

（一）小组讨论的事前准备

1．选择恰当的主题，注意讨论主题的措辞

在进行讨论之前，需先对讨论的主题进行确认，需要充分考虑小组发展的阶段、小组的性质、小组的目标以及组员能力等方面。在小组讨论中，讨论的问题具有多样性，因而在讨论不同主题时工作者的措辞也会有所不同。事实性、政策性的问题，所用的语言相对肯定，态度会比较肯定。倡导性、价值性的问题，所用的语言一般需更具有情感和感染力，能够吸引组员的注意力。

2．选择讨论的形式

小组讨论形式多样，可以采用公开讨论、座谈会形式，也可以是咨询会形式。亦可根据小组人数的多少，采用分组讨论形式等。

3．安排活动的环境，准备讨论方案

在小组讨论前，工作者需要对讨论环境进行考察和规划，包括场地的位置、座位的编排、温度、灯光、音响、场地大小以及外在环境对活动场地的影响等多方面。尽力确保讨论环境安全、舒适，以利于组员更好地开展活动。对于小组讨论的内容，工作者要提前做好方案，这包括讨论的目标、讨论的素材、讨论场地设施的准备，以及讨论时间的分配、重要问题和次要问题的时间分配。

（二）主持小组讨论

1．开场的技巧

在小组讨论开始前，工作者应先进行自我介绍，并介绍讨论的主要内容，还要介绍其他参与者，或者鼓励参与者通过其他方式相互认识。如果组员彼此相互熟悉，工作者需要引导出讨论的主题，并给予组员适当的鼓励。此外，工作者可以就讨论的背景、讨论目标以及讨论方式等介绍给组员。

2．了解的技巧

了解技巧是指在小组讨论过程中，工作者需要对组员的语言、情绪、肢体动作、神态等进行认真倾听和观察，以便更好地了解组员。这需要工作者做到以下方面：认真倾听组员的发言，同时观察组员的情绪、行为，并给予适当的鼓励和支持；恰当地运用小组动力，将自己对小组的感受反馈给组员，使组员对小组所处的阶段有更明确的认识；营造安全的小组气氛，协助每位组员能够真实地表达自我，并且勇于接受讨论中存在的不足。

3．提问的技巧

在小组讨论中，为了更好地了解组员的想法和情绪，需要适当地采用提问技巧。常用的提问有五种类型：第一，封闭式的提问，如“对不对”；第二，深究回答型的提问，工作者可以采用“描述”“告诉”等词提问；第三，重新定向型提问，如“刚刚小王提出了他的看法，其他组员对他的观点是怎么想的呢？”第四，反馈和阐述型提问，如“我们刚才经过了激烈的讨论，谁能对我们的讨论进行总结？”第五，开放式提问，运用“怎么样”“为什么”“是什么”等词提问。工作者需要根据不同情况使用相应的提问技巧和方法。

4．鼓励的技巧

在小组中，总会有个别相对内向或者发言较少的组员，工作者要对这部分组员给予更多的支持和鼓励，不是逼迫其发言，而是通过眼神的肯定，是他们获得发言的勇气。在他们发言结束后，工作者可复述其内容，以表示对他们的鼓励，树立他们的信心。

5．限制的技巧

在小组讨论中，部分组员由于过分积极而出现垄断小组讨论现象，个别组员可能出现发言主题有偏差，或者脱离小组讨论主题现象，工作者此时需要采用限制的技巧来处理小组及组员的行为。限制不是生硬地打断，而是采用询问其他善于发言的组员或者其他未发言的组员，及时切断话题，或者在开始讨论前，限定发言时间，或者调整发言顺序等方式来限制。

6．沉默的技巧

适当的沉默能够促使组员更好地处理小组面对的情境。沉默技巧主要包括两个方面：选择合适的时机在小组内形成真空，使组员自己进行判断；在接受意见和建议后，可由组员自己进行判断。

7．中立的技巧

在小组转折期，经常会出现组员观点不一的情况而发生争论，而争论的组员都希望工作者可以支持自己的观点。此时，工作者需保持中立，避免与组员进行争论，更不能偏袒任何一方，也不判断组员的意见；仅提供问题，不给予答案；只陈述事实，分析利弊，不进行判断，随时保持中立。

8．摘述的技巧

工作者需要在适当的时候进行摘述，如讨论阶段结束；讨论主题被岔开；变更讨论主题；组员讨论时间过长；组员发言过于复杂；组员意见不一致讨论时间过久等。社工的摘要发言需要简单扼要，并征求组员意见，以确认摘要的正确性。

9．引导和结束讨论的技巧

在小组讨论中，有时候组员讨论气氛热烈但是偏离主题，这时工作者需要给予适当的引导，提示讨论的方向和重点，或者强调讨论的程序，促进讨论的顺利进行。小组讨论的最后阶段工作者要对组员提出的不同问题进行归纳，对大家提出的意见和建议加以整理，形成结论，或者引发组员思考。

三、小组活动设计技巧

小组活动是小组工作的核心与灵魂，小组工作目标的达成、小组进程的推进、组员的成长和改变都是通过小组活动来实现的，因而掌握小组活动设计变得尤为重要。在设计小组活动时，工作者应该掌握以下四点。

（一）紧扣小组目标

小组活动是实现小组工作目标的中介性工具，因而工作者在设计小组活动时，最先考虑的是小组工作的目标。根据小组工作的最终目标，以及各阶段的具体目标，设计与目标相适应的系列小组活动。比如，在小组工作的初期，为了促进组员相互熟悉，缓解紧张情绪，通常需要设计自我介绍、相互介绍、寻找共同点以及开展相关破冰游戏的活动，从而营造轻松和谐的小组气氛。在小组的转折期，需要设计角色扮演、情景模拟、角色冲突等情景剧，引导组员互相理解和包容，换位思考从而化解矛盾和冲突。在最后阶段，可以设计情景模拟帮助组员巩固收获，定制计划为离组做准备等。但是不管在哪个阶段，设计何种类型活动，都必须注意这些活动之间的内在逻辑，并与小组的最终目标紧紧相扣。

（二）考虑组员的特征及能力

工作者设计小组活动时，要充分考虑每一位组员的生理、心理、年龄、性别、情绪、教育程度等个体特征，认知和掌握组员的社会关系背景及文化背景，了解其大致的成长经历和经历的主要问题。通过综合考虑，设计出具有针对性且符合组员能力和个性的小组活动。只有这样，组员在参与小组活动的过程才不会觉得吃力或者无趣，也更容易达成组员目标。

（三）小组活动的基本要素

任何一个小组活动的设计都必须包含以下基本要素：小组活动的目标，包括总目标和具体目标；小组活动的参与者特征，包括年龄、性别、职业、文化背景等；小组活动的规模，即参加小组的人数；小组活动的时间安排，包括一次活动的时间长短，小组活动的频率，小组需要经历的总时段以及活动安排的具体时间点；组员角色扮演和角色互换；小组活动的环境设计，包括场地、设施等；小组组员的宣传和招募方式；小组活动的资源供应与经费预算，小组活动的预期结果；小组活动可能出现的意外情况以及应对方案，评估方法等。

（四）经验分享环节

一般情况下，每个小组活动环节都可以设计经验分享的环节，预留一定时间使组员分享彼此的经验，鼓励组员表达参加小组活动的感受，讨论彼此的成长经验，总结收获。此外，经验分享亦可作为工作者评估小组目标达成的方法之一。

案例：

社会工作小组工作方法在大学生创新创业教育中的运用研究

社会工作小组工作方法是社会工作的一种专业方法。特雷克（Trecker）对小组工作做了详尽而准确的解释：“小组工作是一种方法，它是由知识、了解、原则、技巧所组成。透过个人在社区机构中的各类小组，借助小组工作者的协助，引导小组成员在小组活动中互动，促使组员彼此建立关系，并以个人能力与需求为基础，获得成长的经验，旨在达成个人、小组、社区发展的目标。”[①]社会工作小组工作方法是指将有相同或者相似的需求的成员聚集在一起，在小组工作者的协助下，通过有目的活动安排，满足成员的普遍需求，增长成员的能力，帮助成员更好地克服生活中的困难，达成个人、小组、社区发展的目标。

一、社会工作小组工作方法在大学生创新创业教育中运用的可行性分析

（一）社会工作小组工作方法与大学生创新创业教育的相似性和相容性

以人为本是社会工作小组工作和大学生创新创业教育共同的出发点。作为社会工作三大基本方法之一，小组工作是以“助人自助”“以人为本”为基本理念，遵循接纳、自决、保密、非批判、个别化的实务原则。大学生创新创业教育在早期更多是以心理辅导的形式进行，而随着受助者主体意识的日益增强，以人为本也成为大学生创新创业教育的基本理念，他们需要更多的聆听和关注，他们面对的不仅仅是身体的变化，还有心理的变化，工作者在进行大学生创新创业教育小组计划时需要更多地了解他们，以平等包容的心态面对他们。由此可见，社会工作小组工作和大学生创新创业教育都有强调平等的原则，在开展工作时都遵循人本思想并把人的差异性作为工作的前提，注重发挥人的潜能，培养人的能力，使人能够“自助”。社会工作小组工作方法与大学生创新创业教育的相似性和相容性为社会工作小组工作方法介入大学生创新创业教育提供了可能。

（二）社会工作小组工作方法对大学生创新创业群体的包容性

社会工作小组工作的服务对象即小组成员是有着共同的目标或利益的一群人，这其中的目标或利益包括促进社会交往、强化个人能力、发展潜能、改变反社会行为、治疗创伤、发展兴趣等。社会工作小组工作服务的对象主要是大学生创新创业群体，他们有着相似的状态，也有着共同的需求，需要排解创新创业中的烦恼，需要调整适应城市生活的态度。故而，他们可以组成一个类似成长小组或互助小组形式的小组。总之，大学生创新创业群体可以作为小组成员参与小组工作，通过小组工作方法进行人性化关怀，从这个层面上来说，小组工作方法在大学生创新创业教育中的运用不仅可行，而且是雪中送炭。

（三）社会工作小组工作方法与大学生创新创业教育的服务目标一致但层次有高低

社会工作小组工作者的目的在于根据个人的能力与需求采取相应的方法促进个人成长，使个人与他人、团体与社会之间达到适应，促使个人有社会改良动机，同时让每个人认识到自己的权利、能力和独特性。[②]小组的目的在于对他们进行身心的系统的照护，帮助他们排解创新创业的烦恼。二者相较而言，小组工作的服务目标包含了大学生创新创业教育的服务目标，即让小组成员能够更好地创新创业，而且小组工作对于服务对象有着更高层次的目标，不仅是排解烦恼，还有帮助小组成员发现自己创新创业的能力，获得自信，使小组成员在离开小组后还能够保持一种良好的创新创业状态，这是小组工作的深层次目标，也是小组工作介入大学生创新创业教育的独特优势。

（四）社会工作小组工作方法与大学生创新创业教育的服务方法的一致性和差异性

社会工作小组工作和大学生创新创业教育在服务方法上具有一致性，二者都很注重实践，二者的服务方法都是在长期的实践探索中积累并掌握的，这些方法有很多的共通之处，社会工作小组工作的谈话、沟通的技巧、表达的技巧、领导的技巧、安慰鼓励的技巧都和大学生

① 何佳赢：《论“小组工作”对大学生就业指导的作用》，《兵团教育学院学报》，2009-10-15。

② 周昌祥：《低保福利依赖及其对策研究》，《中共福建省委党校学报》，2006-05-10。

创新创业教育有一定的相通性。当然，由于分属的学科不同，社会工作小组工作和大学生创新创业教育还是有一定的差异性。社会工作小组工作更注重个体在团体中的成长，通过团体活动提升个体的能力，而大学生创新创业既有团体的，也有个体的，更多强调对个体进行专门的服务。社会工作小组工作和大学生创新创业的一致性和差异性促成了社会工作小组工作介入大学生创新创业，在介入过程中可以相互借鉴，丰富彼此的理论。这种相互借鉴为社会工作小组工作介入大学生创新创业教育提供了内在依据。

二、社会工作小组工作方法介入大学生创新创业教育的案例及分析

马斯洛需求层次理论把需求分成生理需求（Physiological needs）、安全需求（Safety needs）、爱和归属感（Love and belonging，亦称为社交需求）、尊重（Esteem）和自我实现（Self-actualization）五类，依次由较低层次到较高层次排列。在自我实现需求之后，还有自我超越需求（Self-Transcendence needs）。[①]大学生在创新创业中也有各种需求，当他们在创新创业中的需求不能从学校、家庭中获取的时候，需要借助中间力量——社会工作者，为他们的创新创业提供专业的辅导与关怀。

（一）小组组建

通过社区学校或企业，社工得到大学生创新创业的基本信息和资料。通过观察与访谈了解大学生在创新创业中的状况及需求，确定小组目标，进行招募组建大学生创新创业教育小组。

（二）项目描述

小组名称：大学生创新创业教育小组。

小组目标：

1. 总体目标：通过开展小组活动，加强大学生之间的互动，促进他们社会参与度，增强信心，排解创新创业的烦恼，树立正确的创新创业观。推广小组工作在大学生创新创业教育服务领域的知名度与接受度。

2. 分目标：（1）管理并积极整合周边各种资源，将大学生创新创业所需的资源与现有的各种资源有效连接。（2）加强大学生与学校或单位之间的交流，促进其相互了解，帮助构建一个自助和互助的网络。（3）提高大学生参与相关活动的积极性，增强其创新创业能力。（4）将小组工作引入大学生创新创业教育中，运用科学的工作方法提高大学生创新创业的服务水平，推动大学生创新创业与小组工作的共同发展。[②]

小组性质：大学生创新创业互助性成长小组。

活动节数：六节。

第一节：建立小组关系，小组成员互相认识并熟悉；

第二节：成员互动并分享各自的身心状态；

第三节：帮助大学生调整自己的角色意识，认识到创新创业的意义；

第四节：举办活动丰富生活，使他们认识到创新创业的价值；

第五节：对活动的总结及效果的评估，小组结束。

活动时间：一个半月。

活动地点：社区活动室。

---

① 田波：《从“公错”与“私罪”浅析招商引资乱象》，《法制博览（中旬刊）》，2014-11-15。

② 董静宜：《小组工作在城市社区养老服务中的运用研究》，《兰州大学硕士论文》，2013-05-01。

活动人数：15 人。

小组成员：

1. 组员招募：通过在学校或社区宣传，大学生自愿报名参加。

2. 小组成员特征：20～25 岁，大学生。

风险预估：

1. 参与度低，小组内容设计与大学生创新创业的需求不合。在小组准备阶段开始，工作人员就需要对小组成员进行不同阶段的评估，根据他们的需求和关注点调整小组活动的内容和进行方式。并在小组活动过程中，运用观察和倾听等工作技巧了解他们在参加小组活动中的状态。

2. 组员情绪不佳。在描述大学生创新创业烦恼时，可能有的组员回忆起自己的痛苦经历，导致情绪不佳。这可能导致其他组员受到其感染而情绪低落。此时，社会工作者应该及时在旁边引导，还可以邀请那些比较积极乐观的组员在旁协助鼓励其思想向正面转化。

3. 社会工作者自身经验缺乏，导致小组失控。社会工作者应该在前期做足充分的准备，包括对资料的充分了解、对自身技能的发挥等做好预估。在活动过程中，工作者也要注重积极引导、充分发挥自己优势的方面，以免使场面向自己难以控制的方面发展。①

（三）项目实施

第一节：缘来是你

小组目的：让组员了解小组成立的目的和意义；树立小组形象，让组员对小组产生认同感；小组成员彼此认识并熟悉。详细活动记录如表 4-1 所示。

活动时间：周日下午 3:00～4:00。

活动地点：社区活动中心。

表 4-1　活动记录

活动名称	活动内容	活动目的	时间
自我介绍	工作人员进行自我介绍，并介绍小组的目的与意义以及小组的各阶段工作安排；组员互相做自我介绍，并表达对小组的初步感受以及自己的需求	组员初步互相认识；组员初步了解小组并产生认同感	15 分钟
第一印象	每位组员对其他组员进行简单评价，描述第一印象	组员间进一步认识和了解	10 分钟
你旁边是谁	组员轮流介绍自己左边和右边的组员	加强小组成员间的认识，奠定小组成员间感情	10 分钟
我会画画	小组成员画出自己的形象，可以是动物植物或者其他什么	加强小组成员间了解，综合小组成员间印象	20 分钟
分享感受	小组成员分享第一次小组活动的感受，表达自己对以后小组活动的期望；约定下次小组时间	了解组员对本次活动的感受，对本次活动做总结，为下次活动做准备	15 分钟

过程评估总结：第一次小组活动目标比较简单，主要是小组成员互相认识，帮助成员了解小组工作。总体来说小组活动比较成功，但是也存在疑点遗憾：由于对成员之间了解不充

① 董静宜：《小组工作在城市社区养老服务中的运用研究》，兰州大学硕士论文，2013-05-01。

分，现场出现多次冷场；在具体实务中，很难准确地将小组的理论运用到实践中。

第二节：大学生创新创业经历分享

小组目的：成员之间互相交流分享各自创新创业经历以及如何面对困难，一方面可以深化成员之间的进一步了解并增加小组的凝聚力；另一方面成员之间通过分享可以抒发内心的情绪，增强创新创业信心。详细活动记录如表 4-2 所示。

活动时间：周六下午 3:00～4:20。

活动地点：活动中心。

表 4-2　活动记录

活动名称	活动内容	活动目的	时间
小保健运动	工作人员带领组员进行简单的保健运动	帮助组员放松，调解小组气氛，方便接下来活动开展	10 分钟
我知道	社工向组员提问：你平时的兴趣爱好是什么，你喜欢和什么样人做朋友	帮助组员找到与自己志趣相投的伙伴，加强小组联系	15 分钟
分享你我	每位组员分别介绍自己在创新创业中的烦恼和自己如何面对的	组员相互了解彼此现状和面对的问题	20 分钟
讨论会	每位组员提出自己最近遇到的问题或者困惑，大家相互讨论如何解决	组员间相互学习解决困难的方法，学会分享	25 分钟
总结	组员们讨论本次活动的收获和不足	加强组员间联系，为下次活动做准备	10 分钟

过程评估总结：本次活动的主要目的是促进小组成员之间的分享交流，小组目标完成得很好，组员有表示很少与他人交流创新创业问题，通过这次的小组活动对自己的创新创业有了更全面的认识，也缓解了自己的心理压力。存在的问题主要是工作者自身的专业素养不足，活动中有发生场面失控的现象。另外也有组员情绪不佳，不过因为事先有做预估，所以很好地引导了组员的状态正常化。

第三节：我就是我

小组目的：通过成员自我评价和其他组员的评价让大学生找出自己的认知偏差。及时调整自己的角色意识，让组员今后可以用正确的心态对待自己的创新创业。详细活动记录如表 4-3 所示。

表 4-3　活动记录

活动名称	活动内容	活动目的	活动时间
才艺展示	社工带头表演一个节目，引导组员展示自己才艺	活跃气氛，放松心情，提高小组的凝聚力	20 分钟
我就是我	每位组员说出自己的优点和缺点，讲述自己对创新创业的看法	加深组员间的相互了解，促进组员间交流	20 分钟
讨论	组员说出自己对其他人的看法，相互比较，讨论正确的思维方法	帮助组员拥有正确的思维，理性看待自己的创新创业	20 分钟
总结	社工对本次活动进行总结，总结组员的偏差思维，强调正确思维的重要性	帮助组员正确地看待自己，以正确的态度面对创新创业	20 分钟

活动时间：周五下午 5:00～6:20。

活动地点：活动中心。

过程评估总结：本次活动主要是帮助小组成员正确地看待自己的创新创业，能够正确认识到自己创新创业的现状。本次活动取得了较好的成效，不少组员反应通过活动，能够更好地认识到自己的优缺点，表示以后会正确地看待自己的创新创业。存在的问题主要是有组员不愿意谈及自己小组成员的失败经历，这时候需要的是社工强调“保密”原则，并引导小组成员说出。

第四节：小组总结

小组目的：带领组员回顾并总结整个小组过程，帮助组员认识自身的能力。肯定小组的意义并向组员解释小组未来发展的方向。详细活动记录如表 4-4 所示。

活动时间：周日下午 3:00～4:00。

活动地点：社区活动室。

表 4-4 活动记录

活动名称	活动内容	活动目标	活动时间
选出“人气王”	组员投票选出小组活动中最受大家欢迎的组员	让组员学会发现别人的长处。由“人气王”继续跟进小组的后续发展	10 分钟
小组总结	工作者和小组成员一起回忆并总结四次小组活动，由组员对工作者提建议	总结小组工作，强化小组学习所得	20 分钟
神秘礼物	小组成员通过抽签获得其他组员事先准备好的小礼物	深化小组成员之间的联系，为本次小组留下纪念品。	10 分钟
总结	每位小组成员总结参与小组的感受，社工做最后的总结，鼓励大家勇敢面对自己创新创业的困惑，以平常心面对	帮助组员强化自身能力，为小组成员日后的良好发展奠定基础	20 分钟

过程评估与总结：最后一次小组活动主要是对之前的小组活动的总结。在活动中小组成员都表达了自己对小组的感受和意见，并表示在以后的创新创业中会以积极的态度面对自己的创新创业过程。

（四）活动评估

在本次小组工作介入大学生创新创业案例中，预期目标都得到了较好的实现。首先是活动的内容基本上按照社工的设计方案进行，在具体的进行中，工作者较好地扮演了引导者的角色。对个人而言，通过小组活动，组员都能够很好地认识到自身的长处与不足，学会了如何面对自身创新创业的危机，能够较坦然地面对创新创业中的困惑，以积极的心态面对创新创业。对团体而言，通过小组活动，使组员之间建立了较为深入的联系，在以后的创新创业过程中能够相互帮助。

当然，本次活动中也暴露了一些在小组工作介入大学生创新创业中需要面对和克服的问题。首先是对大学生创新创业需求的评估不够精准。在本次活动中，由于工作者对于小组成员的评估不够完整，使小组活动产生了冷场，有些成员难以很好地融入小组中。其次是工作者自身的专业素养不足，在具体活动中有时难以将小组工作的理论很好地融入小组活动中，使小组活动的效果达成得不够充分。再次，由于小组工作自身的局限性，如果想取得比较好的效果，就需要限制小组成员的数量，这不利于小组工作在大学生创新创业教育中的推广。最后，小组工作的长期开展需要耗费较大的资源，而短期的小组工作的效果很难持久。

三、社会工作小组工作方法在大学生创新创业教育中运用的建议

（一）注重对小组成员的需求分析

马斯洛需求层次理论将安全和生理方面的需求作为人生存的基本需求。而归属与爱的需求、尊重需求和自我实现的需求是为了追求发展的高级需求。马斯洛认为当人满足了基本需求后就会产生高级需求，这种需求是人为了自己生存得更好，获得发展而产生的需求。[①]在大学生创新创业教育中，基本需求和高级需求都需要得到足够的关注，一方面要了解成长的烦恼，另一方面他们有需要得到尊重和认可的需求。这需要工作者做充分的准备，通过访谈，结合相关资料对他们的需求做全面详细的评估，制定相应的活动方案，尽量满足服务对象的需求。

（二）加强小组工作者自身的专业素养

大学生创新创业教育小组属于成长互助型小组，在开展大学生创新创业教育活动时，需要小组工作者对小组工作有深入的了解，包括对于小组工作理论和实践的深刻认识，更包括学会如何更好地将小组工作的理论融入实践中。针对大学生创新创业教育小组的特殊性，小组工作者需要对互助型、成长型小组相关理论方法有更深入的了解。我国目前的小组工作发展尚不完善，所以在提升专业素养方面需要小组工作者重视对自身服务的总结，对国外社会工作服务的借鉴与融合。

（三）要正视小组工作自身的局限性，努力寻求突破

社会工作小组工作作为社会工作三大方法之一，主要是通过小组互动达到个人的成长和社会目标的完成。而小组活动中不得不面对的是对于小组成员的限制，以及如何使小组产生持续性的影响。面对这些问题，小组工作者需要做的是加强小组工作理念的推广，让更多的人了解小组工作，学会用小组工作方法解决自己的问题。在具体实践中，小组工作者应注重加强小组成员间的联系，使在小组工作者离开小组后，小组依然存在，小组的影响随着小组的存在而存在，甚至扩大。

（四）在大学生创新创业教育小组工作中要注重坚持一系列小组工作的原则

社会工作小组工作的原则包括认可每个人的独特个性和行为的多样性、建立有目的的助人关系、适当地修正小组过程、明智地运用制约、有区别地运作小组工作方案、对小组活动进行保密等。社会工作小组工作介入大学生创新创业教育要取得长期持久的影响必须使组员有自我认知的能力，由于小组成员的特殊性，所以需要区别化对待，并进行保密，只有这样，才能使组员能够以积极的态度参与小组工作，在小组活动中表达出自己的真实情感，获得更深刻的体验。

（五）工作者在大学生创新创业教育小组工作中要很好地认识到自己的定位

作为倾听者、引导者，工作者要学会以下技能：要以真诚的态度面对组员，并营造安全舒适的氛围使组员能全面探讨自身的问题；要学会安慰，通过对组员的遭遇表示适当的同情和关系，缓解案主内心的防备；要懂得如何创造和维持专业关系，而专业关系如何结束，何

① 董静宜:《小组工作在城市社区养老服务中的运用研究》，兰州大学硕士论文，2013-05-01。

时结束都需要事先的确定，让案主有所准备；要善于用创造性的方式去解决案主的问题，在小组中每个成员的问题都有自身的独特性，工作者要因人而异制定相应的工作方法；要注重交流与分享，小组的一个很重要的作用就是可以通过成员间的交流与分析来解决成员的问题。针对当前大学生创新创业教育中存在的问题。相关的小组工作理论得到了运用，大部分组员都在本次小组活动收获颇丰，对以后的生活有了积极的想法。虽然此次活动中因为种种原因遇到了一些问题和挑战，但总体来说该研究结论与研究假设相符，即小组工作介入到大学生创新创业教育是可行的。

随着社会的发展，大学生创新创业得到越来越多人的重视。社会工作小组工作介入大学生创新创业教育既是小组工作自身特色决定的，也是随时代发展多学科融合的趋势而体现的。大学生创新创业教育服务在我国正在加速发展，同时社会工作也在我国进入高速发展期，相信在社会工作理论和实践的有效结合下，社会工作小组工作介入大学生创新创业教育一定会有一个很好的前景。

第五章　社会工作综合实践能力培养的社区工作方法

第一节　社区工作概述

随着社会生产力快速发展、科学技术的进步以及产业结构的调整，以农业为主的传统农村社区向以工业和服务业等非农产业为主的城市社区逐渐转变。在资本主义的发展过程中，大量剩余劳动力涌入城市，在推动经济发展和城市建设的同时，也带来了许多城市问题。尤其是1929—1933年的世界经济大危机首先在美国爆发，极大刺激和推动了国家政府对经济和社会事务的干预，社区工作应运而生。

我国没有经历过工业革命，尤其在中华人民共和国成立初期，城市化发展受政策影响较大，城市化进程相对缓慢，社区工作发展不充分。改革开放后，我国经济腾飞，随着城市化进程加快，一些社会问题也凸显出来，国家开始注重社会工作专业的发展与专业社会工作人才的培养。自2003年我国人才工作会议召开以来，社会工作人才队伍建设成绩显著，在社会救助、社会福利、社区建设、社区矫治、困难群体服务等多个领域开展了专业服务。2013年，党的十八届三中全会中提出“全面深化改革的总目标是完善和发展中国特色社会主义制度，推进国家治理体系和治理能力现代化”，将社区建设与社区营造作为工作重点，推动了社区工作的发展进程。2015—2018年，“社会工作”被连续四年写入我国政府工作报告，从“发展”到“支持”再到“促进”专业社会工作，我国社会工作迎来新的发展阶段。

一、社区的含义

社区，作为社会发展的产物，发端于德国社会学家滕尼斯，后由中国学者在翻译滕尼斯著作 *Community and Society* 中的“community”一词而来，被学者普遍引用并流传下来。早在社区概念形成之前，社区就已出现。随着农业社会的发展，人们以农耕为主要生产活动，需要定居于某一地区，村落便成为一种社区。当今经济文化迅速发展，人们的聚集地逐渐扩大，城镇社区随之增多。而工业发展带来的城市化使得社区成为当今社会结构中必不可少的单元之一，社区也在社会变迁中发挥着重要影响力。自21世纪以来，随着电子信息产业的快速发展，网络的普及使社区被赋予新的含义。互联网渗透于人类社会中，促进社会发展的同时向人们展现了其极大的影响力，虚拟社区也逐渐成为人们关注的重点。

（一）社区的概念

当前关于“社区”的含义诸多，在不同的历史阶段、社会环境和文化背景下，社会学家对“社区”概念的界定也不尽相同，是一个与社会变迁和人类生产生活方式变化密不可分的概念，反映了人类社会的发展过程。

美国社会学家帕克认为，“社区的基本特点可以概括如下：它有一群按地域组织起来的人群；这些人程度不同地深深扎根在他们所生息的那块土地上；社区中的每一个人都生活在一种相互依赖的关系之中。”[①]美国社会学家罗吉斯和伯德格在《乡村社会变迁》中认为，社区是一个由彼此联系，具有共同利益或纽带，从属于共同地域的一群人组成，成员间联系建立在地域基础之上。

费孝通在社区研究中指出：“以全盘社会结构的格式作为研究对象，这对象并不能是概然性的，必须是具体的社区，因为联系着各个社会制度的是人们的生活，人们的生活有时空的坐落，这就是社区。每一个社区有它一套社会结构、各制度配合的方式。”[②]

国内外学者关于社区的定义众说纷纭。社会学各流派学者在自己流派的基础上发表自己对社区的见解，有的学者认为，“社区”概念与群体、社会生产生活密切相关，有的学者则强调社会互动或地域性，也有学者是以人际关系群组和社会网络来定义社区的。根据诸位学者给出的定义，我们可以尝试将社区界定为，在某一特定地域内，人们有着日常互动和共同文化甚至情感依赖的生活共同体。

（二）社区的基本要素

尽管不同社会学家给社区的定义不尽相同，但总的来说都具有以下几个基本要素。

1. 人口

人是社区构成的主体，没有人的社会不能称之为社会，同样，以人的活动为主体的社区也离不开人。社区中的人不是没有联系的个体，而是基于一定数量且相互联系的群体。当人们在某一个地区聚集，从事各类社会活动时，直接或间接的社会互动使人与人之间产生了各种各样的联系。人口的规模、特征也会影响社区的类型以及一些社会特征。如按人口规模的不同可以划分为大、中、小型社区，按人口主要从事的社会生产活动不同可分为学校社区、企业社区、工业社区等。

2. 地域

早在先秦时期，为了感谢土地滋养万物，带给人类生存所需的食物，人们普遍立社祭祀。随着人类社会的发展，“社”逐渐成为地方基层单位，人们以“社”为单位开展各类活动。无论“社”的功能发生何种变化，其对一定地理区域的要求并没有发生本质上的改变。因而，早在社区概念形成之前，这种重要的人类生活现象就已存在，人类总是合群而居，人们的生产发展活动离不开一定的地域。从这个意义上说，社区是农业社会发展的产物，社区的地域位置和特点影响着其间人们的生活方式，反过来人们的生产活动也影响着社区的发展。地域型社区一般分为农村社区、集镇社区和城市社区。

3. 文化规则

社区文化是社区的人口特点、地域特征、社会经济生活等事务的体现，是地方居民长期的物质与精神活动的表现，也是特定区域内各种文化的融合。社区文化包括道德规范、生活

---

① 张敦福编：《现代社会学教程》，高等教育出版社，2014年版，第222页。

② 费孝通：《乡土中国》，三联出版社，1985年版，第94页。

方式、风俗习惯、历史传统与价值观念等。文化既是一个社区长足发展的内在要素，也是一个社区区别于其他社区或组织结构的内在条件。社区文化约束着生活在共同体内的社区成员，社区成员遵从着该社区的约定俗成的行为规范，社区成员的归属感与认同感也是在此基础上建立起来的，而良好的归属感与认同感有利于社区建设与社区成员之间的社会交往。

4. 社会组织

随着劳动分工和社会生产的发展，人们因社会生产和社会生活聚集在一起。除短期的流动之外，每个人都从属于某一特定的社会组织。社会组织可以是正式组织，如政府、企业、学校、医院等，也可以是非正式组织，如家庭、自发性群众组织等。以社会组织为纽带，社区中充满了正式或非正式关系，这些关系将社区成员联系起来，构成了社区中的日常互动。

5. 公共设施

公共设施是指由政府或社会组织提供的、属于社会公众使用的公共建筑或设备。从管理学与经济学的角度来看，公共设施是政府提供的公共产品。从社会学的角度来看，它是满足人们公共需求和公共空间选择的设施，前者包括社会参与、安全需求，后者包括公共卫生设施、公共行政设施、公共交通设施、公共文化设施等。公共设施是社区运行的基本条件，是社区成员生产生活的基本保证，是社区开展活动的基础和保障。

需要注意的是，社会工作中所指的社区不同于街道马路分割的居民区，也不完全等同于我国因基层建设与治理需要而设立的社区、党群服务中心所管辖的范围。社区的概念从未在人口数量、地理区域范围、文化类型等要素上进行过明确划分。

二、社区工作的含义及特点

（一）社区工作的含义

社区工作被普遍认为是社会工作实践的一个基本方面。社会工作者需要了解服务对象的生活环境、资源与文化背景，以及存在的问题；社区是一个社会服务网络，可以满足成员生理及心理上的基本需要；社区是一个赋权基地，社区工作是一种保障及争取集体共同利益的手法，并间接影响国家政策。

社区工作有广义和狭义之分。广义的社区工作是指在社区内开展的以促进社区建设、提高社区福利、社区与社会协调发展为目的的社会服务或社会管理。在此含义下，任何人或组织，包括政府、企事业单位、各种社会组织等，只要在社区内从事助人活动和服务，都可视为社区工作。狭义的社区工作，即社区社会工作，特指专业社会工作机构以及社会工作者，通过组织社区成员参与集体行动去界定社区需要，应用社区工作的理论、方法和技能，合力解决社区问题，改善居民生活环境及生活质量的各种专项服务。

本书涉及的社区工作内容，是基于狭义社区工作含义之上的。社区工作是社会工作专业主要工作方法之一，是继个案、小组工作之后的第三大社会工作方法。它以整个社区及社区中的居民为服务对象，是一种社会工作的专业介入方法，一项有计划的行动，一种服务方式。除解决社区问题外，还有培养社区成员对所在社区的认同感与归属感，满足社区成员基本需求、社区的需要，促进社区精神文明建设和社区发展的功能，以达到社会治理与社会安定的目的。

（二）社区工作的特点

1. 从社区工作的内涵来解读社区工作的特点

（1）社区工作的性质是服务，助人活动；

（2）手段是社会工作方法；

（3）空间是社区；

（4）服务对象是社区全体成员，重点服务对象是社区中的特殊困难群体；

（5）目标是兼顾社区发展和人的发展，以人的发展为重心及最终关怀。

2. 与个案、小组社会工作相比，社区工作的特点

（1）分析问题的视角更加趋于结构取向。社区工作认为问题的产生并不完全是个人自身的原因，而是与社区周围的环境、社会制度及整个社会密切相关。

（2）介入问题的层面更为宏观。社区工作方法认为解决问题的责任不应完全放在个人身上，政府、社区均有责任提供资源，以协助处理和解决问题。因此，社区工作较多涉及社会政策分析和社会制度的改变。注重资源和权力的分配公正。

（3）具有政治性。社区工作的工作内容会涉及政治范畴，因为从广义上来看，凡关系到资源和权力分配都可视为政治。

（4）富有批判和反思精神。社区工作的工作理念与方法要求社区工作者时常用批评的眼光去分析社会不公正现象，为弱势群体争取权益。工作时与工作后的反思可以帮助社区工作者不断发现自己的不足，以便不断改进自身工作。

三、社区工作的价值观

价值观指社会成员用来评价行为、事物以及从各种可能的目标中选择自己合意目标的标准。社区工作价值观是社区工作实践的方向和核心信念，也是社区工作者投身于社区工作的主要动力和评判工作成效的主要标准。

（一）以集体取向的人的价值和尊严

人的尊严与价值强调重视人性、尊重人权，并使之转化成具体的利益。根据联合国对人权的定义，人的基本权利包括三大类：一是公民的政治权，即人有人身自由和参与政治活动的权利，人民有权利参与决定、批评公共政策，并有言论、结社与集会的自由；二是经济、社会和文化权，即每个人都应享有最基本的生活条件，政府有责任维持一个社会的安定，使经济可以自由发展；三是某些特殊的社会群体的人权，即维护和保障那些弱势人群的合法权益。

社区工作以社区为介入单位，关注的始终是社区共同体和人的处境。通过社区工作来实现人的价值与尊严，以及社区的发展与社会和谐。价值目标是实现集体增能，当社区成员认识到自己在社区中的责任与义务，并由此创造了未来发展的社会资本时，他们便实现了“集体增能”。

（二）以制度取向的社会正义

以制度取向的社会正义，指的是把健全的公共政策视为在现代社会中帮助个体自我实现的合理的社会功能，将机会平等和社会福利看作公民的基本权力。社区工作重视社会制度对社会成员提供的平等机会和福利责任。社区工作通过制度化的福利措施，为社会弱势群体带来公平和平等的分配，其所提供的服务不是一种恩赐，而是一种再分配的补偿和权利。

（三）以民主为取向的社会参与

社区工作的宗旨是建立正义的社会，而建立这样的社会就要改善社会关系，主要体现在以下几个方面：强调公民有平等参与决策的权力；在实践中要推动有关部门完善社会政策，并促进各项福利政策得以贯彻执行；扶助弱势群体，提高他们的自身能力，弥补他们在经济、权利、教育等资源上的不足。以民主为取向的社会参与强调居民参与，这样才能反映社区成员的真正需要和社区存在的问题，而社区成员的积极参与在一定程度上能够提高社区居民的生活质量。

（四）以互助为取向的助人服务

社区工作强调居民建立邻里关系、强化互相照顾、建立和谐社区的重要性。当人的社会角色萎缩时，会对他人和社区公共事务表现得较为冷淡，可能会出现个体异化、越轨等现象。帮助社区成员树立互助理念，通过建立良好的人际交往和社交网络，减少边缘人情况出现的概率，有助于良好社区的建设，同时通过互助行为可以增强个体的自我效能感。

（五）以社会行动为取向的工作策略

对工作开展中遇到的根深蒂固的不公现象，采取某种社会行动是社区工作的重要方法。社区工作者应适当运用组织和行政的动员过程维护社区居民的正当利益，着重加强对弱势群体的服务工作，以改善其相对弱势处境。

四、社区工作的原则

社区工作原则，是指应用社区社会工作理论和技巧开展具体服务时，社区工作者、社会工作者或相关人员（后文统称社区工作者）要遵循的准则。在面对不同人群开展不同领域的社区工作时，所遵循的原则略有差异，国内外学者对社区工作原则的理解也各不相同。

如联合国出版的《经由社区发展获得社会进步》提出了社区工作的十项原则，用于指导社会发展，这些原则在当代社区发展和社区工作中被普遍接受。

第一，依据社区居民的根本需要和愿望，来拟定初始的工作计划。如土地分配、灌溉及饮水问题、道路修建、医疗卫生服务、就业等社区居民急需解决的问题。

第二，建立多目标的计划以及各方面的配合行动，以求全面和均衡地推行社区发展工作。

第三，在推行社区发展计划初期，社区居民自信心的加强以及自发精神的培养，与物质建设同样重要。

第四，社区各种计划的制定、执行，均应由社区居民共同参与。促使人们热心参加社区工作，共同为地方建设而努力，是社区发展的最大目的。

第五，注重地方领导人才的运用和培训。地方领导人才的选拔与训练，是任何社区发展计划最基本的工作，因为只有当地居民才深刻地了解所在社区的背景、居民的需要，才能与当地居民产生有效活动，使工作开展过程更为顺利。

第六，发动并组织妇女与青年参加社区发展工作。由于妇女和青年对社区及家庭影响力很大，因此改善家庭生活，消除社区问题，须有青年及妇女的支持和参与。

第七，对于社区提出的自助计划，政府应当给予重点或全面的积极协助。当社区居民感到需要而主动提出各种改进方案时，如果政府不适时予以经济及技术协助，很可能使计划无法实现，进而使社区居民兴趣降低，影响社区发展工作的推行。

第八，全国性的社区发展计划，应有完整的政策和完善的行政组织，并应注重工作人员的选拔和培训，地方与国家资源的利用，以及研究、实验和考核等工作。

第九，在社区发展计划中，应该充分利用各种民间组织，因为这些力量对于社区发展工作的推行是不可缺少的资源。

第十，对地区性与全国性的社区发展计划，应给予密切配合，协调发展。

美国学者阿瑟·邓汉姆（Arthor Donham）曾提出社区发展的七项原则：民主自治原则，即社区发展应将民主放于首位；基层自发原则，强调社区发展是地方性的基层工作，应由社区成员自发兴起；大众参与原则；社区合作原则；满足需要原则；全面规划原则；注重预防原则。

我国学者周沛在《社区社会工作》一书中，将社区工作原则归纳为四点。

第一，以社区发展为目标原则。社区工作的宗旨是助人自助，但脱离社区发展和社区建设，失去社区的支持，是无法实现可持续发展的。因此，社区工作者一方面要考虑服务对象的需求，解决社区成员的实际困难，利用社区资源实现助人目标；另一方面，也要将个体或群体问题的解决、生活条件的改善与社区发展目标结合起来，动员社区成员参与社区建设，为社区发展提供源源不断的动力。

第二，以人为本原则。社区工作是通过社区成员的参与来影响政府决策的，通过社区资源的运用，改善社区建设及服务，解决社区问题。人的发展是社区发展的基础，也是社区工作的基础，只有立足于以人为本，为社区成员着想，才能充分体现社区工作的工作价值。

第三，社区居民自助参与原则。在社区工作开展过程中，应注重社区成员责任感的培养。社区成员应对社区问题和社区事务有重要责任，应发挥互助合作的精神，以积极主动的姿态参与社区工作，配合社区工作者解决自己和社区的实际问题。

第四，社区自决原则。社区工作开展过程中，要培养社区成员的自决能力，让其能够自己决定自己的事情，增强其问题解决和社区建设的参与感，有权自己选择和决定社区事务。因此，社区工作者在价值中立的基础上，引导社区成员充分发表自己的观点、意见和看法，积极参与社区事务。

第二节　社区工作的主要模式

社区工作可以概括出许多模式，如社区照顾、社区组织、地区发展、社区计划、社区教育、社区行动和社区服务等。这些模式的类型也有所不同，可以大致分为三大类。

一、社区工作的组织模式

这是社区工作最典型的一类工作模式，注重于在社区组织层面上开展工作，包括：社区发展模式、社区计划模式和社区行动模式。

（一）社区发展模式

社区发展作为社区工作的介入模式之一，其目标在于建立社区自主的能力和社区的整合，主张社区通过人们的广泛参与来促进社区的转变。社会工作者应该促进居民的自助和互助，一起分析和解决问题。人们被鼓励自由地表达他们的差异，但是要把自己的特殊利益先放在一边，以增进社区的利益。

1. 介入目标

该模式的介入目标为：具体社区问题的解决；社区生活的改善；居民通过参与过程学会自决、自助地解决自己的问题；改善居民及团体之间的沟通与合作，增进居民对社区的认同感和归属感。

2. 介入策略

在介入策略上，该模式强调推动参与及合作，通过改善沟通和合作渠道，以充分利用地区资源，解决现存的社区问题。其一，注重与掌握资源的权力机构的合作，合作方式偏重互利。其二，重视居民及地区团体广泛的参与，界定问题与需要，然后设计及采取行动去改善问题。其中自决和参与是最重要的介入原则，过程中强调协商及互谅。

3. 社会工作者的角色

该模式强调居民作为参与者的自决及成长，因而工作者一般处于从旁协助的地位。社会工作者扮演的角色可以是“促进者”——协助居民表达对社区问题的不满，鼓励他们建立良好的沟通及人际关系，共同达成目标；也可以扮演“导师”——协助训练居民解决问题和组织的技巧，培养他们积极参与和自助互助的精神；社会工作者还可以扮演“中介人”的角色——协助各方面的团体和个人，促进他们之间的沟通与合作，以调动社区资源，解决社区的问题。

4. 适用范围

该模式适用于比较简单的社区，社区居民的背景比较单一，社区内的不同群体之间虽存在不同意见，但没有根本的利害冲突。

（二）社区计划模式

该模式认为，每一社区都存在这样那样的问题，其中有些问题非常复杂，需要通过制定科学、合理的行动计划方案才能解决。社区社会工作的任务就是针对社区所存在的主要问题，收集、分析有关资料，制定规划，并最终解决问题。

1. 介入目标

关注具体的任务目标，以解决社区中现存的各类问题作为主要的工作重点。社会工作者应当根据社区的内外环境、问题的性质及自身的条件，设计工作计划，以解决社区面临的问题，实现预定的目标。

2. 内容和程序

该模式作为社区工作的一种模式，涉及的问题应该和社会工作有密切关系，如老年人问题、青少年问题、医疗问题、贫困问题、失业问题等，针对不同的社会工作领域范围来制定规划。具体的工作程序如下：了解组织（社会工作、社会福利组织）的使命及目标——分析环境及形式——自我了解（自身机构的特点和能力等）——界定及分析问题——确定需要（工作对象或社区的需要）——建立目标并确定要实现的目标——选择可行的方案——测试方案并选择最优方案——执行方案——回馈并检讨结果。

3. 社会工作者的角色

在这一模式中，社会工作者主要扮演“专家”的角色——通过资料和信息的收集、社区诊断、制定规划为社区解决问题。在这一过程中，社会工作者的角色居于一种主导的地位，而居民处于接受服务的角色。

4. 适用范围

适用于一些社会变迁急剧的社区，存在比较复杂的问题，仅仅依靠民众的力量和社区自身的力量很难实现，居民参与较为困难。

（三）社区照顾模式

这种模式的存在首先基于这样的一个认识，即社会问题的出现主要是由于社会上存在着不同的利益群体，由于不公平的资源及权利分配政策，使边缘群体或弱势群体的利益受到忽视，因而不同利益群体之间存在着利益冲突。解决此类问题的方法是通过组织居民参与集体行动，合力解决社区问题，争取所需资源，改善生活质量。该模式是在现有的制度下，改变不公平的政策，为社会底层群众争取更多的资源分配，从而促进社会的公平和正义。

1. 介入目标

社区照顾的目标应包括两个，第一是任务目标，也就是说通过社会行动来争取本身利益，获取资源，维护居民的权益；第二是过程目标，在行动的过程中，提高居民的参与意识，改变他们的无能及无助感，增强他们解决问题的能力。

2. 介入方法

首先可以从照顾作为介入的突破口——将居民组织起来，以集体的力量来促成某些目标的实现；其次，还可以将居民的实际问题作为介入点，通过找到居民最迫切需要解决的问题，将居民组织起来，寻找解决途径；还可以争取第三方的支持，如有效地利用媒体的力量。

3. 具体步骤

酝酿期（找出共同专注的问题，对问题做初步评估）——宣传组织期（对社区问题进行广泛宣传，将居民有效组织起来）——行动期（展开行动）——总结期（问题得到改善并对照顾的经验教训做出总结）。

4. 社会工作者的角色

在这一模式中，社会工作者不仅仅是一种促进者的角色，更多地表现为一个倡导者、支持者和引导者。他们与居民一起面对困难，而不是由居民独自承担。

5. 适用范围

该模式适用于各社会群体之间矛盾比较突出且各方利益难以调和而使边缘群体的利益受到损害的社区。

二、社区工作的发展模式

该模式是社会工作专业的一个重要模式，主要的工作方法属于社区工作范畴，因为社会工作者服务的对象是社区这个整体，所以社区发展也成为社区工作的一个别称。当然，社区发展模式还是有其独特的侧重点的，可以概括为以下几类。

（一）创新改革模式

该模式强调社区变迁必须经历一段时间才能完成。在开始的时候，由社区变迁的推动者或社区发展工作者，提出一个新的理想或计划给社区居民。在结束的时候，这个理想或计划已经整合到社区居民的文化或行为中。也就是说，在涉及社区发展的工作中，社会工作者的理想计划要与社区居民有效整合，即被后者所认同。没有居民的相应行动，理想计划就不可能真正实现。

（二）改变习俗模式

关于社区发展有两种途径，一种强调社区环境或物质条件的改善；另一种是强调社区居民风俗习惯的改变。由于居民风俗习惯的改变往往能带动外部环境的改变，因此将改变居民的风俗习惯作为重点。通过增进居民的新知识和技术，或通过社工的协助，以更有效的方法完成社区的习俗改变。促进习俗改变的方法很多，可通过经济行为、生活习惯的改变来达成。习俗的改变必须不断争取与居民的合作。

（三）行为改变模式

社区发展的成败，可由社区居民行为的改变情形来判定。行为举动的改善和选择，本身就是社区发展的目标。社区发展工作者的主要任务就是运用教育计划、促进居民更佳的价值观念、态度和行为方式。

（四）过程取向模式

该模式强调社区发展工作者同社区居民之间的沟通，通过教育及组织过程，改变居民的态度和行为，使他们更有效地参与社区发展。社区发展的基本目标是过程目标，如增进居民的参与及合作的能力，而不是任务目标，如物质、设备的改进。在这一模式中，社会工作者正是这种变迁的推动者，协调者。

三、社区工作的工作模式

中华人民共和国成立以来开展的群众工作、民政工作为我国的社会工作方法提供了丰富的本土化经验，在社区工作中，本土化经验和专业化理念结合下，可以总结出四大工作模式：社区照顾、社区组织、社区教育和社区服务。

（一）社区照顾模式

社区照顾力图为社区居民，特别是老龄人口、残疾人和婴幼儿开发社区支持网络和提供志愿者服务。社区照顾关注于发展自我帮助的理念，依靠那些专业工作者或者组织者来组织和促进居民志愿互助。社区照顾中社会工作者的专业参与包括三个层次，这三个层次是逐步递进的。第一个层次从长期来看，社会工作者多少要履行支持性或监督性的角色，工作中需要志愿者和低酬的协助者。第二个层次是社会工作者制定相关的活动计划，该计划是从自己的支持性角色只是短期的考虑出发，组织和启动相关活动，通过活动，可以使社区照顾在没有社会工作者参与的情况下，依然能够继续进行，从而培养和提高社区居民的独立能力。第三个层次是逐步让社区照顾变成一种由外行的居民来进行的活动，社会工作者将只提供极少的帮助。

（二）社区组织模式

社区组织模式主要指由社区内的居民组织起来自我服务的组织。概括起来有两个特点：一是以社区居民为基础成员组成；二是为社区居民的福利服务。实践中，社区组织模式常常是协调各种各样社会福利和社区服务机构的一种手段，通过这种手段，可以避免服务机构和福利资源的重复设置和浪费，从而提供更有效、更充分的服务。因此，在社区工作中社会工作者要有效地促成这类组织的发育和成长。

（三）社区教育模式

社区教育被界定为力图将教育和社区更紧密和更平等地结合起来的方式。目的是培育和加强居民掌握自己命运的信心和能力，使他们积极参与社区事务，争取自己的权益。从总体上看，社区教育的基本特征在于充分利用社区资源，对社区成员实施全方位、全过程的再学习过程，即社区活动的教育化和学校教育的社区化，它是以社区成员自身为教育主体和对象，面向全社区的新式社会化方式。

（四）社区服务模式

社区服务是指在政府倡导和扶持下，以街道办事处和居民委员会等组织机构为依托，发动和组织社区成员，利用和开发社区资源，为满足社区成员的各种需求而开展的本质为社会福利性质的社会服务活动。社区服务模式以群众性的互动活动为基础，面向本社区全体居民，其中弱势群体是重点服务对象，目的在于满足社区居民的物质文化需求，增强居民的社区意识，从而创造良好的社区环境。同时，社区服务是社会保障的重要内容之一，为社区居民提供了重要的生活保障。

第三节 社区工作各阶段的重点

从专业和实践角度看，与个案、小组工作一样，社区工作也是一个动态的工作过程。在专业性方面，从进入社区到开展具体工作，社区工作本身有其一系列配套的专业工作流程，不同阶段有相应的工作要求与内容。在实践方面，每个社区的服务群体与对象、需要解决或预防的问题既有相似点，也有其自身的特点，意味着社区工作在实践过程中是动态的。

一、准备阶段

（一）社区分析

在进入社区后，首要任务是对整个社区的情况进行了解。一般而言，对社区的了解包括社区基本情况分析、社区与社区成员的需要分析和社区资源分析。社区概况的掌握是日后开展社区工作的基础，同时对社区工作成效有一定影响。因此，作为社区工作的服务对象，社区工作者必须对社区与社区成员做较为详细的实地调查和分析。

1. 建立关系

社区工作中的建立关系，是进入社区后与社区内的组织和相关人士以及服务对象建立友好合作和专业助人关系。建立关系的对象主要包括社区基层组织、社区居民、社会组织，以及相关机构组织的领导人物和工作人员。与其建立好关系有利于后续工作的顺利开展。

建立关系从拜访社区重要人物入手，如基层组织、机构的负责人和社区居民的代表人物，也可以通过开展一些社区居民感兴趣的活动，吸引部分社区居民参与活动，接纳社区工作者，再以他们为桥梁与更多社区居民建立关系。

2. 社区基本情况分析

社区基本情况包括社区所处的人文地理环境、人口特征、资源、权力结构、文化等。

社区人文地理环境，指社区内文化和生产生活的地域组合。主要包括社区区位与边界、自然环境与土地使用、经济、交通、基础设施、社会服务、商业服务等。一般可以通过当地政府、街道办事处取得。

社区人口特征，指社区内人口构成情况。主要包括社区内的人口总量、空间分布、性别比例、年龄分布、教育水平、职业、收入等。相关资料可以尝试从当地社区居委会或公安派出所获得，但由于涉及个人隐私，获取资料有一定难度，或存在资料不全的情况，所以后期还需根据具体情况或需要进行实地调查。

社区资源，指能够满足社区成员需求的一切资源，是社区内可运用的资源和力量。社区资源主要包括社区的公共设施、社区组织、医疗单位、教育机构、金融金钩、商业场所等。社区工作者主要了解这些资源所在位置、社区成员的使用情况、社区资源对社区成员的影响等。

社区权利结构是社区的决策权力在各个阶层的分配状态。它是社区政治结构的一个重要方面，直接影响着社区的发展。主要包括辖区单位、物业管理公司、社会团体、居民自卫组织和自发组织等。

社区文化是社区的地域特点、人口特性以及居民长期共同的经济和社会生活的反映，实质上是地方文化的具体表现。表现为不同社区的人们在生活方式、参与活动、饮食习惯等方面存在差异。社区文化对社区成员的影响力日渐明显。一是价值导向功能。加强社区精神文明建设，对于促进社区成员正确世界观、人生观、价值观的塑造有着重要作用。二是情感归属功能。社区文化可以帮助社区成员培养对本社区及其成员的认同、依恋等心理情感，对于社区营造与发展有很大帮助，也有利于社区成员社会化的正常进行。三是行为引导功能。社区文化可以看作是社区非正式规范的表现形式，任何背离社区文化的行为会遭到社区成员的反对，具有引导和约束行为的作用。

3. 问题与需要分析

评估分析社区与社区成员存在的问题和需要，是扎根社区，做好社区工作的前提。发现并明确问题有助于后面阶段工作的实现，有的放矢地使社区成员更愿意参与社区建设。社区成员需要可分为普通需要和特殊需要。不同理论视角对需要有不同的界定。如佩尔曼的整体需要说认为，人类需要是过去—现在—将来的生理—心理—社会的组合。托尔的阶段性需求说认为，普通需要是所有人都具有的、对人的生存和发展十分重要的需要。埃里克森的人格八阶段理论对人的特殊需要分析有所帮助，他将人生历程分为八个阶段，每个阶段都有其特定的任务要完成，如果没有或延迟完成，那么个人就会面临危机。可见，每个人在普通需要的基础上，在其特定阶段又有其特殊需要。需要分析对社区工作而言是必要的，从何种视角界定需要决定运用何种社会工作手法解决相应的问题。通常在分析需要时会借助多个视角，避免单一视角带来的片面性。

除上述分类以外，社区成员的需要还可分为规范性需要、感觉性需要、表达性需要和比较性需要。规范性需要，指由专业人员、学者或行政人员依据专业知识和现存规则，制定在特定环境下人类所需的标准。如贫困线就是专家对人类基本生存发展所必须消费的物品和服务费用的规范化标准的制定。感觉性需要，由于个人表达引起个人的感觉与经验的需要，通常源于个人主观感受。如当我们被问及是否有家政服务需要时，我们的反应就是感觉性需要的体现。表达性需要，是感觉性需要转化为实际行动的结果。比较性需要，当人们与同类群体比较时，相对的比较就会产生需要。如满足贫困户条件却没有被纳入的家庭，在与其他贫困户比较时产生的要求就属于贫困户的需要。

分析问题和需要的方法有很多，可以采用偶遇、家访、拜访社区权威人士、参与居民大会、文娱活动等方法，也可利用实地调查、资料分析、观察法等方法，发现社区及社区成员的问题和需要。如传统邻里关系主要建立在“熟人社会”中，邻居之间交往密切，而城市化快速发展导致传统的居住格局被打破。现代住区的居民彼此存在相互防备的心理，高大安全的防盗门和谨小慎微的言行给人们带来人身安全的同时，也疏远了彼此的感情，减少了信任。为了加强邻里之间的交流，可以开展以建设邻里关系为主题的社区系列活动。为了达到活动目的，可以先在社区中进行邻里关系情况的问卷调查，了解社区居民之间的交往频率与程度，根据分析结果再制定工作计划。

（二）准备阶段工作要求

1. 心理准备

目前，社区工作者在开展工作过程中，要注意提供服务的方式，调整好理想与现实的落差感。资源匮乏、工作弹性大等问题都需要社区工作者提前做好分析，调整好心态。此外，社区工作者还应明确自己的立场和伦理准则。

2. 确定主要任务和行动方案

社区内可能需要解决的问题复杂多样，存在不同的潜在服务人群及差异化需要，要把当前服务对象最关注的问题或最急需解决的问题作为任务确定的主要方向。此外，还要依据社区工作者进入社区开展工作的时长来确定主要任务，在未获得社区成员的认同与支持前开展活动，尤其是大规模活动有一定的难度。因此，要综合各方面情况，确定主要任务。

在确定任务后，根据调查情况确定工作方案，制定具体工作计划。计划书中包括活动基本情况、活动背景和理论架构、活动目标、活动背景资料、活动内容及方式、预计困难及解决方案、评估方法，以及督导、主管或主任的意见等内容。根据计划书筹集经费，确定合作单位，招募和培训活动工作人员，如志愿者。联络社区组织和团体，与其建立信任关系，做好扎根社区的准备。

3. 确定介入策略和工作方法

要确定用何种方法更快地进入社区。主要的介入方法有观察访问、提供服务、向居民介绍服务信息和资源、与有关部门和组织建立合作关系等。社区工作者的强项之一便是进入社区观察，主动上门家访，通过该形式让部分社区成员先认识自己，双方建立初步印象。可以通过提供一些简单的基础服务，让社区成员看到问题解决的成效，使社区成员接纳自己。还可以向社区成员介绍服务信息和资源，如制作海报、折页，通过摆摊设点、分发活动折页的形式向服务对象介绍基本情况。

综上所述，准备阶段的阶段性工作需要达成以下目标：有制定合理计划，认识较多社区成员，社区成员能主动向社区工作者提出社区内的共性问题情况，了解有关部门和组织。注意在没有充分掌握社区状况和找到合适的工作方向时，不应将工作过分活动化和事件化。

二、启动阶段

（一）行动方针和主要任务

按照事先定下的目标向前迈进，在此阶段主要是协助社区解决问题。行动方针主要包括发动资源、成立社区小组、训练居民带头人、巩固社区居民的参与。主要任务为寻找和发现社区居民的带头人，培训他们，提升他们的社区参与意识；确定工作目标的优先次序。

（二）介入策略和工作方法

（1）发掘资源和进行社区教育。

（2）开展互助合作，通过组织社区内的资源，共同解决社区问题。

（3）推动成立居民小组。

（4）提供服务。

（三）阶段性工作目标的实现

（1）社区内组成了不同性质的小组。

（2）培养一批社区带头人，并能够协助社区解决一些问题。

（四）注意事项

居民对工作者依赖多，对居民带头人的信赖少，易让他们产生挫折感；小组内部和小组之间有可能产生权力争夺。

三、巩固阶段

（一）行动方针和主要任务

成立或巩固居民组织，让社区工作系统化；社区工作者通过培训的方式，帮助社区居委会建立内部合理的行政运作方式，分享组织居民的经验和技术，协助他们建立稳固的资源支持体系。

（二）介入策略和工作方法

介入策略有互助合作、社区教育、行动竞争等。社会工作者要利用科学和客观的标准衡量社区的办事能力，协助其界定未来的工作方向。在需要的时候，也可以邀请义务的专业人士做顾问。

（三）阶段性目标的实现

（1）社区居委会得到大部分居民的支持。

（2）社区小组的居民带头人能够健康地新陈代谢，组织工作系统化，并得到资源单位的支持。

（四）注意事项

注意多数居民的需求和行动；提供服务并使其持续参与社区活动。防止把注意力过分集中在少数居民带头人身上；要不断提醒居民组织，既要提供服务，又要考虑维持居民持续参与社区活动。

四、评估阶段

（一）行动方针和主要任务

重新评估社区需要和问题；对专业工作过程进行总结；决定专业方向，社区总结，重新界定组织方向。

（二）介入策略和工作方法

利用科学和客观的标准衡量社会工作者的工作能力，协助其界定未来的工作方向。在需要的时候，也可以邀请义务的专业人士做顾问。

（三）阶段性工作目标的实现

社会工作专业小组和社区居委会能够用客观方法总结以往的工作，并有系统地计划未来。

（四）注意事项

不能过分依赖感性或太注重数据统计；总结工作要着眼于未来方向，而不是走形式。社区工作者要进行自我评估与反思，从评估中获得经验，从而改进社区组织的工作，提升工作能力，并因此带来个人和专业的成长与发展，更好地为服务对象提供服务。社区工作者在工作中要做到坦诚、透明，正确对待大家的评估意见，让服务对象积极参与评估过程，使评估真正起到改进工作、提升服务品质的目的。本着以服务对象为本的思想，帮助服务对象解决实际问题。

第四节　社区工作的技巧

一、与居民接触的技巧

（一）接触动机

要明白与居民接触的动机，包括了解社区基本情况，增加对社区和居民的了解，便于制定计划和开展工作；与居民建立了解与信任，调动其参与社区建设的热情，提高居民参与意识；让居民了解工作者的工作，提高对工作者的接纳度。首先可以进行探索性接触。通过与居民直接接触，验证以往学习的知识经验，亲身体会服务对象的感受，有利于工作者界定社区问题和服务对象眼中的社区事件，也可让居民了解社区工作者的职业与工作，便于居民认同接纳社区工作者。然后可以尝试招揽性接触。招揽就是使被接触居民的参与度有所提升，使他们由冷漠、无动于衷转变为关切、希望和行动，达到“增权”的目的。在接触中，社区工作者要利用自身人格去影响和感染居民，在互动过程中利用提问来引导、启发和激励居民。

（二）事先准备

在接触前，社区工作者需要做一些准备，考虑清楚接触的目标和出发点，确认访谈的主题，做好谈话内容的准备。根据当前目标寻找建立联系的对象，如果是初步了解社区基本情况，可采取社区内偶遇的形式，与散步闲逛的居民闲聊。如果是为了开展活动寻求居民支持，可有针对性地选择社区中有一定号召力或威望的居民为联系对象。选择合适的访问时间，可事先与联系对象沟通，或向社区居委会、与接触对象相熟的人了解，不适宜的时间可能会导致工作者找不到联系对象，或引起后者的反感。穿着应得体，不宜穿着暴露或佩戴过多饰品。

在接触前可预想一些可能会遇到的问题和应对方法，以免临场阵脚大乱。

（三）接触过程

对第一次接触的居民，先设法建立信任关系和引起谈话兴趣，因此要有层次地展开。先进行自我介绍，准备一两段介绍自己的开场白，根据不同情况和对象，适当调整自我介绍的方式。可以出示社区委员会开具的证明，可以说明自己是由其熟悉的朋友介绍来的，加强居民对工作者的信任感。在居民初步接纳后展开话题，话题由简单到复杂，围绕谈话目的或事先准备好的提纲进行对话。在维持对话方面，多采用开放式提问的方式，尽量选择居民感兴趣的话题，让居民在对话中有参与感。工作者起到引导话题作用，用积极的语言语气和适当的肢体动作鼓励对方继续，最后在适当的时候结束对话和访问。初次接触时间不宜太长，除非对方有特殊的个人问题需要及时深入地了解。临别时留下联系方式，以便进一步地联系，并鼓励对方主动联系自己。

（四）接触结束

接触结束后及时做好记录。记录内容可以包括接触对象的背景、谈话时对方的反应、热心度、是否容易被调动、谈话留下的印象、接触对象的人际网络情况等客观的、有用的信息。在记录下方做好总结，包括目标达成情况，自己对接触对象的主观感受，在接触中是否有不妥和遗漏的地方，是否有补救的余地等。

总之，与居民接触是做好社区工作的基本要求，社区工作者要以高度热情投入工作中，真正用心了解居民的需求，熟悉他们的情感表达和心理特征，理解与接纳居民不同的态度与情绪反应，将自己的真诚与关爱传递给对方，这些比技巧和方法更重要。

二、会议技巧

（一）居民会议的作用

对于社区工作者而言，开展居民会议有助于社区工作者了解居民对社区事务或活动的看法；可以交流资料、分享及收集意见；可以向居民报告及交代工作进展；可以就重要事项做出讨论与决议。对居民而言，居民可以通过会议了解社区工作者的工作计划和目标，有利于理解与接纳社区工作者的行动；可以加深与会者之间的关系，促进团体合作的精神；学习解决问题的方法，提高民主参与的意识。

（二）居民会议的过程

1. 会议前

明确目的：要知道为什么开会，开会的目的为何，是否真的需要召开会议。

会议准备：准备议程及开会所需资料文件，可预先或当场发放，或制作 PPT 当场放映，也可提前将要点写在公示板上。议程要有适当次序，合理分配每项议程所需时间，每个项目要明确讨论的主题和目的是什么，先处理重要或容易达成共识的议程。

明确与会人员：要明确哪些人需要参与会议，通知相关人士开会。确保主要人物或与议程有关的人士出席会议，需要事先与特别人士商讨以便于会议的时间符合其工作安排。会议可能需要哪些核心成员作会前准备需提前告知对方。

会场布置：场地的布置与摆设要尽量让与会者感觉自然，没有局促感。预先布置好场地所需用品，如桌椅、纸笔、写字板、多媒体等。

座位安排：主持者要看到各与会成员的面容，容易听到各与会者的发言，坐在中心位置比较理想，有利于控制会议的进程。但座位安排要让与会者有平等的感觉，以让大家均能看到对方为佳。

风险预计：事先多了解与会者对议程的看法及不同的意见，有助于预计可能会出现的情况，如争执、意见分歧、未能做出决议等，便于对可能出现的情况做好应对策略。

提早到达会场：可根据具体准备情况提早到达会场，检查场地布置和相关用品。如果可以的话，可在会议前打电话给与会者，提醒其准时出席。

营造气氛：与早到的与会者打招呼、谈话，营造亲切气氛，让与会者感觉到被留意，让其觉得开会不是形式。会议未开始前与全体与会者谈论一些共同话题，如天气、时事，制造轻松的气氛。

注意事项：会议开始时间尽量准时，如未到齐，可将重要事项延后讨论。在会议内容正式开始前，简要介绍开会目的、重点，让与会者留意主要讨论的事项。

2. 会议中

明确自身角色：明确自身在会议中的角色，即主持者的角色。作为会议主持者，要清楚自己在会议中的作用是引导与会者积极参与会议，鼓励其适当发言讨论，而不是自说自话，垄断发言。当与会者发表意见时，主持者不要即时回应，应将意见抛给其他与会者回应、讨论。协助与会者多沟通，多回应其他人的意见。

控制会议时间：尽可能按照事先规划好的议程一项一项讨论，方便与会者跟随会议进程。时间分配要把握好，但注意方式方法，不要频繁看时间，避免给发言者造成心理压力。适当分配发言及讨论时间，可在讲解会议议程时跟与会者就发言与谈论时间达成共识。

归纳与总结：主持者要多做集中、归纳、摘要及总结工作，让与会者跟上讨论节奏。要有公正态度，保持客观中立，仔细聆听各与会者的意见。不能强迫他人接受自己的意见。讨论如果成熟，可协助与会者做出决议，但不要太快用投票表决，先让与会者对问题有讨论，分析决定的优劣处。尽量达成共识，不要让与会者有争输赢、被孤立的感觉。会议结束前做简单总结，让与会者知道这次会议的结果，觉得会议有效用。

注意事项：鼓励与会者都参与到会议中来；留意与会者的参与行为，适当做出应对反应，如与会者感到疲倦，应考虑是否需要中途休息；会议时间不应过长，让与会者感到会议有效以及效率高；说话语调自然，大方得体，不用晦涩词汇和专业术语，让与会者觉得自然，有亲切感。

3. 会议后

除让与会者明确会议决定外，如果涉及社区大部分群体的利益，可在公共区域的公告栏公示会议决定，让其他社区成员了解社区动态，也间接了解社区工作者的部分工作内容。及时跟进要立即行动的工作。如果有未出席会议的与会者，要告知其会议有关的重要内容及决定。整理好会议记录，尽快派发给与会议主题有关的人员，以便跟进所需工作。

4. 行动

依照会议的决定执行行动。如果有突发情况，要考虑是否需要召开紧急会议，以便于征询相关人士意见。会议后进行的行动要在下次会议或在行动期间向与会者交代。如果在行动期间遇到与会者，可告知行动进展情况，让其了解行动进展，跟上工作进度。

三、与社区其他工作人员接触的技巧

（一）社区工作者与不同组织交往的重要性

与其他组织一样，任何组织都无法拥有所有资源，因此社区工作需要积极与社区其他工作人员接触和沟通。在进入社区、解决服务对象的需求和问题以及开展各类活动时，社区工作者需要向社区其他组织和工作人员争取资源，如经费、活动场地等；又或者是协助他们善于运用不同政府部门所提供的服务，如低保。此外，社区工作者也协助服务对象谋求改变政府部门的日常运作常规，使其能更适合服务对象的生活方式、作息规律。另一方面，社区工作者可能要游说政府相关管理人员，以争取政策改变。

（二）组织关系分析

任何组织都会有自己的目标、提供的服务类型或主要的功能，要稳定发展，需要不断地从环境中汲取各种资源，与相关的组织交往也是汲取资源的一个重要方法。这种交往是为了从中获益，而能否获益，受组织之间的关系的影响。在组织关系分析中需注意以下各项：

（1）组织关系不是一成不变的，因而，交往要因时制宜，以能维持和谐关系、增加未来合作可能性为出发点。

（2）团体或组织服务对象遇到问题时，视其具体情况分析所需资源及可能予以协助的组织。

（3）分析不同组织和团体在某问题上的利益及组织间的关系：交换关系、权力依赖关系还是授权关系。

（4）摸索不同组织在提供资源上的合作意愿和动机。

（5）根据不同组织间的关系来计划不同的交往工作。

总之，在目前社会竞争加剧，社会资源相对短缺的背景下，如何为组织吸引更多的资源，的确是每个组织领导都要思考和努力解决的问题。扩大对外交往，保持与政府、企事业单位和各种兄弟组织和机构的友好合作，增加自身的社会资源，是组织维持活力和发展中十分重要的环节。

案例一：

某居民小区位于本市郊区外环线边缘，小区内有住户 1840 户，长住居民 5300 多人，基本上都是由 20 世纪五六十年代支边支农回城的人员、动迁人员和外地入住人员组成。小区人员有三大特点：一是无业和生活困难的居民多；二是 60 岁以上的老人多；三是外来人员多。小区接上级综合治理部门的通知，要求在小区各楼道内安装电子防盗门。然而有的居民认为，外来人员多的楼道，安装防盗门的实际意义和效果不大；有的居民觉得经济困难，拿不出钱来安装；还有人顾虑，防盗门质量不一定有保障，等等。面对不少居民都拒绝安装电子防盗门的状况，如何将该项工作顺利推进？社区干部前来向社会工作者求助。

问题：1．上述案例属于社区社会工作的哪个范畴？

2．试分析部分居民拒绝安装电子防盗门的深层原因。

3．社会工作者应采取什么样的介入方法，帮助社区干部有效推进工作开展？

案例二：

某个寒冬凌晨，某居民小区的一幢老式砖木结构居的建筑由于户外电气故障而遭受了火灾。大火烧毁了3户居民的全部家当，还殃及了另外19户居民，使其家庭财产蒙受了不同程度的损失。当时春节即将来临，火灾使受灾居民的正常生活受到了严重的影响。怎样才能让这些居民安心过年呢？社区干部急在心头。

问题：1．试分析上述案例中受灾居民面临的困难有哪些方面？

2．为了帮助这些居民平稳过好年，社会工作者应采取哪些策略？

案例三：

在立足中国发展现实的基础上，把来自国外的社工理论、工作方法与中国的传统、文化和价值观念有机结合起来，使结合后的社工理论、方法能够有效地服务中国社会。中国社会工作的本土化，体现在：（1）社会工作服务对象的本土化，其服务对象应该是占我国人口大部分的农村人口，这是社会工作服务于社会弱势群体这一性质决定的；（2）社会工作理论与方法的本土化，这是与第一方面紧密相连的。有了工作对象的本土化，我们就要在借鉴西方社会工作理论和方法的前提下，发展适应中国社会需要的社会工作理论和方法。（3）社会工作组织的本土化。西方国家在社会工作的发展过程中，因为有社会自我发展的空间和强大的物质支持，出现了既与“第一部门”（政府）、“第二部门”（企业）相联系，又相对独立的社会“第三部门”，这种第三部门（NGO）是社会工作的主要载体。中国在政治设置与经济发展水平上与西方发达国家都有很大的区别，中国的社会工作组织也应该有自己不同于西方的特色。

每年初三学生都会面临严重的中考压力，学校为了帮助同学们更好地度过这个阶段，准备开展一些活动。

问题：作为一名学校社工，请你针对初三学生的特点和需求，拟订一份活动服务方案。

案例四：

假如你所在的社区是一个外来务工人员集中的地方，当地很多外来务工人员子女就学困难，很多适龄的孩子无法接受教育，常常在外面游荡，有的孩子甚至染上不良习气。

问题：请针对当地状况，为你所在社区的外来人员子女拟订一份社区服务计划。

第六章　社会工作综合实践能力培养的个案工作方法

日常生活中，人们往往面临各种困难、压力、挑战和心理困扰，希望得到理解、包容和帮助。任何人在生活中都离不开他人的帮助，同时也在以不同的方式帮助他人。从这个意义上，每个人既是受助者，也是助人者。个案工作是社会工作的基本方法之一，是一项专业的助人活动，要求社会工作者在一定的价值理念指导下，运用科学的理论和方法开展助人活动。

第一节　个案工作概述

一、个案工作的含义

个案工作又称个案社会工作，是社会工作三个方法里面起源最早、发展最成熟的一种方法。不同的学者对个案工作的含义有着不同的界定，其中具有代表性的有以下几种。

（1）现代社会工作的先驱、美国的玛丽·里士满（Marry Richmond）在《什么是社会个案工作》一书中强调，个案工作要帮助案主发展人格。她认为："个案工作包含着一连串的工作过程，它以个人为着手点，通过对个人及其所处的环境做有效的调整，以促进其人格的成长。"

（2）美国社会工作学者鲍尔斯（Swithum Bowers）更强调艺术性和科学性，在其论文《社会个案工作的性质与定义》中认为："个案工作是一种艺术，这种艺术以人际关系的科学知识和改进人际关系的专业技术为依据，启发与运用个人的潜能和社区的资源，促使案主与其所处环境之间有较佳的适应关系。"这一定义曾被认为最具代表性的定义。

（3）美国社会工作者协会 1965 年出版的《社会工作百科全书》将个案工作界定为："个案工作所注重的不是社会问题本身，而是'个案'，尤其注重为社会问题所困或无法与社会环境或关系圆满适应的个体或家庭。个案工作的目的是在于帮助那些遭遇人与人或人与环境的适应困难的个体或家庭，恢复、加强或改造其社会功能。"

（4）美国社会工作学者斯莫丽（Ruth E.Smaiiey）1967 年在《社会工作实务理论》一书中提出："个案工作是一种（社会工作）方法，这种方法通过一对一的（专业）关系，促使案主运用各种社会服务，以增进个人和一般（社会）的福利。"这是功能派个案工作的代表性定义。

（5）美国哥伦比亚大学教授霍利斯（Florence Hollis）1972 年在《个案工作：一个心理社会模式》中特别强调案主问题的产生原因是同时受到个人内在心理和外在环境因素影响，提出："个案工作是一种心理暨社会调适方法，个人社会功能的丧失或不良是因同时受到案主本身内在心理和外在社会环境的影响，所以，个案工作应致力于个人内在需要的满足和个人社会关系的协调。"

（6）1994 年出版的《中国社会工作百科全书》在研究总结既有定义的基础上，对个案工作进行界定："社会个案工作是社会工作中的一种基本方法，单以个别方式，对感受困难、生活失调的个人或家庭（案主）提供物质帮助、精神支持等方面的服务，以解决他们的问题，增强其社会适应能力。"

（7）我国台湾学者廖荣利在分析、总结斯莫丽、霍利斯等人关于个案工作定义的基础上，将个案工作定义进行了概括。他认为："个案工作是社会工作者以待助的个人或家庭为入手的一种助人方法，其目的在于协助个人或其家庭处理困难或问题，预防原有的困难和问题的再发生，以协助个人及其家庭的潜能发展，以促进个人、家庭、团体和社会的福利。"

以上列举的定义，大多从服务的内容、目的，以及运用的方法、手段等方面界定个案工作，不过都忽视了最重要的一个内容，即价值理念，这是个案工作的灵魂。个案工作必须强调价值理念的规定性。综上，个案工作可以定义为：

个案工作是专业工作者遵循基本的价值理念、运用科学的专业知识和技巧、以个别化的方式为感受困难的个人或家庭提供物质和心理方面的支持与服务，以帮助个人或家庭减低压力、解决问题、挖掘生命的潜能，不断提高个人和社会福利水平的一种社会工作方法。

二、个案工作的基本要素

综合上述个案工作的定义，我们可以总结归纳出个案工作具备的基本要素。

（1）个案工作是一种个别化的工作方法。个案工作服务的人群通常是社会生活中的个体或家庭中的个体，一般采取一对一的服务方式，非常重视人的独特性。相对于小组工作和社区工作，个案工作更加关注案主内心深处的问题，了解案主的独特困境，从而有针对性地帮助其解决问题。

（2）个案工作的服务对象为感受困难的个人和家庭。案主感受到困难意味着案主面临着自己无法解决的困难和问题，同时他需要帮助且希望得到帮助，具有求助意愿。这是开展个案工作的前提，只有案主愿意接受帮助，才会积极配合工作者的工作，才能保证个案工作的成效。

（3）个案工作的基本价值理念是尊重个性、承认人的价值和独特性。这是个案工作的灵魂。个案工作认为，每个人都是有价值和尊严的，每个人都是平等的，都值得关怀与帮助。同时人与人之间具有差异性，都是独特的，因为个人问题的性质和原因，以及解决问题的方式也是不同的。因此个案工作强调因人而异，以艺术化的方式，运用专业知识和方法来帮助案主。

（4）案主的参与和自决是个案工作的前提。个案工作是一种助人自助的活动，其目的是积极地帮助案主挖潜自身潜能，主动地参与问题的解决，最终获得独立解决问题的能力，即"自助"。因而在工作过程中，社会工作者要注意调动案主的积极性和主动性，充分尊重案主的意见和想法，与案主一起讨论，寻求解决问题的方案，最终鼓励案主自己做出决定并付诸实践。

（5）个案工作重视资源的整合与利用。案主出现问题往往与其生活的社会环境密切相关，社会工作者在帮助案主解决问题时非常重视从案主的社会环境中寻找各种可以动员的资源和力量。这些资源既包括有形的物质资源，也包括无形的精神资源。有形的资源包括人力（专家、志愿者）、物力（设备、房舍、器材）、财力（金钱）等，无形的资源主要包括社会价值、意识理论、信念、专业技术、知识概念、社会关系等。社会工作者需要根据案主的需求尽可能地整合和利用案主环境中的有形资源和无形资源，协助案主解决问题。

三、个案工作的本质

从个案工作的诸多定义分析可知，个案工作包含着丰富的内容。那么个案工作的本质是什么呢？我们可以从个案工作的关系性质、个案工作的行为手段性质以及个案工作的目标性质来讨论个案工作的本质。

（一）个案工作关系是一种特殊的社会关系

个案工作关系的特殊性主要表现在以下三个方面。

1. 个案工作关系是角色与个性的互动

个案工作者作为一种社会角色，具有严格的行为规范要求，工作者必须坚持社会工作的基本价值观，必须运用科学的知识和方法，必须严格遵守专业伦理和职业行为准备，工作者能够有目的地表达情感、接纳、同理和信任。而案主则是纯粹的个性表现，是一个完全真实的自我呈现在工作者面前。面对工作者，他不是任何的社会角色，不需要受到任何约束与限制，可以尽情地表达自己的内心情感，表现个性化的价值观、防御心理等。工作者也鼓励案主这样做，个案工作也要求案主这么做。

2. 个案工作关系具有利益单向性的特点

一般社会关系的互动原则是互惠互利，即利益的双向性。人际交往取决于你能给对方多少帮助以及能从对方那里得到多少回报。但是个案工作关系不同于一般的社会关系，它不具有会理性，而表现为利益的单向性。个案工作的目的只是为了案主的利益，工作者不求任何私人的回报，工作者希望看到案主的问题得到解决，案主的潜能得到开发，能够过上健康、正常的生活。

3. 个案工作关系是专业的动态过程

个案工作的过程就是工作者与案主的互动过程，互动中实现尊重、关怀，解决案主的心理困扰，协助案主挖掘自己的潜能并恢复自助能力。

（二）个案工作是一种信息沟通活动

任何社会关系的实现无外乎通过两种方式：物品交换和信息交换。物质的交换同时离不开信息交流。个案工作是一种尤其注重信息交流和反馈的信息沟通活动。对于个案工作者，信息沟通活动主要分成两个部分：一是工作者与案主的沟通，这贯穿于整个个案工作的始终，包括工作者接案、与案主会谈、收集资料、实际介入、评估成效到结案等。另一种是工作者与其他人员的沟通，如为案主寻求经济援助而联系慈善公益机构，为案主寻找支持网络等。这些工作都需要工作者和相关部门和机构的工作人员进行信息沟通。对于个案工作者来说，信息沟通是必要的工作手段，因此工作者必须掌握沟通技巧，善于运用沟通技巧。对于工作者而言，沟通不仅是传递信息和事实的途径，更是一种情感沟通，以期形成接纳、同感和信任的专业关系。

（三）个案工作是一项助人自助的工作

1. 帮助案主恢复自助能力

个案工作者的工作方法不是替案主解决问题，而是通过协助案主解决问题，帮助案主恢复自助能力。个案工作者相信每个人都具备一定的社会适应能力，个体产生无助感是因为遇到了暂时的困难以至于认知、情感或者心理上出现了障碍，因而需要个案工作者对案主进行情绪疏导，协助其重新认知困难和问题。个案工作的目的是助人自助，不是大包大揽，否则容易使案主对工作者产生依赖性，而依赖性的持续发展会导致案主原有的自助能力萎缩甚至丧失。个案工作是逆水行舟、不进则退，因而要求个案工作者对助人自助原则要有较好的把握。

2. 在助人的过程中工作者得到成长

从工作动机看，个案工作是以案主的需要为本，这要求工作目标、方案设计、工作开展以及整个工作过程都要紧扣案主的需要，而且工作者要避免为了满足自身利益而与案主互动。不过从工作效果来看，工作者在秉持个案工作价值观、运用相关知识和方法帮助案主的过程中，自己也会得到成长和进步。

第二节　个案工作的主要模式

个案工作的模式是指导社会工作者针对某个服务开展专业服务的理论依据，也是帮助社会工作者决定个案工作的程序和服务方法的重要凭证。个案工作模式有很多，而且不同模式之间差别很大。这里主要介绍五种常见的模式：心理社会治疗模式、危机介入模式、行为治疗模式、人本治疗模式和家庭治疗模式。

一、心理社会治疗模式

（一）心理社会治疗模式的内容

1. 心理社会治疗模式的理论假设

心理社会治疗模式在吸收众多理论后形成自己独特的逻辑框架，因而具有开放性。它的理论假设主要包括四个方面：

第一，对人的成长发展的假设。心理社会治疗模式认为，每个人都生活在特定的社会环境中，受到生理、心理和社会三方面的影响。这三方面的因素相互作用，共同推动个人的成长和发展。

第二，对服务对象问题的假设。心理社会治疗模式认为，服务对象问题的产生主要来自三个方面的压力：过去的压力、现在的压力和问题处理过程中产生的压力。在三种压力的共同作用下，服务对象不仅出现内部心理的困扰，还可能产生人际关系失调。

第三，对人际沟通的假设。心理社会治疗模式认为，良好的人际沟通是人与人之间进行沟通交流的基础，是形成个人健康人格的基本条件。

第四，对人的价值的假设。心理社会治疗模式认为，每个人都有其独特的价值和优势，即使是暂时面临困难的服务对象，也具有可以挖掘的潜力。

2. 心理社会治疗模式的治疗技巧

心理社会治疗模式的技巧比较多，但整体上可以分为直接治疗技巧和间接治疗技巧。直接治疗技巧是指工作者针对服务对象开展服务、辅导、治疗的具体方法。而间接治疗技巧是指通过辅导第三者或者改变社会环境而影响服务对象的具体技巧。

根据社会工作者与服务对象的沟通交流状况，以及治疗的目标分类，可以分为非反思性直接治疗技巧和反思性直接治疗技巧。非反思性直接治疗技巧是根据服务对象的需求和问题，直接向服务对象提供解决问题和需求的方法，服务对象处于被动接受的状态，无需对自己的状况进行反思。非反思性直接治疗技巧包括支持、直接影响和探索—描述—宣泄三种技巧。

反思性治疗技巧是社会工作者在和服务对象交流的过程中，引导服务对象正确地认识和看待自己的问题，并了解自己的内心状况和外部环境之间关系的各种技巧。反思性直接治疗技巧包括现实情况反思、心理动力反思和人格发展反思。

（二）心理社会治疗模式的特点

心理社会治疗模式的特点表现在个案工作服务开展的过程中。其服务过程分为研究、诊断和治疗三个实施阶段。这三个阶段相互影响、密不可分，形成心理社会治疗模式的显著特点。

1. 注重从人际交往的场景中理解服务对象

从社会工作者第一次与服务对象接触到完成与服务对象问题有关资料的收集，这个阶段被称为研究阶段。当然，实际上研究阶段并不仅仅是收集资料，在后期的诊断和治疗阶段也会伴随着研究。心理社会治疗模式认为，在收集资料的过程中，想要准确了解服务对象问题产生的真实原因，就必须把服务对象放回其具体的人际交往场景中，并将服务对象目前的内心冲动和以往的经历联系起来。

2. 运用综合的诊断方式确定服务对象问题的原因

对服务对象的有关资料进行整理和分析，寻找服务对象问题产生、变化的原因和过程，这个阶段被称为心理社会治疗模式的诊断阶段。诊断包括心理动态诊断、缘由诊断和分类诊断。

3. 采用多层面的服务介入方式帮助服务对象

对服务对象的心理困扰和人际关系失调的各方面进行调整和修补被称为心理社会治疗模式的治疗阶段。心理社会治疗模式采用多层面的服务接入帮助服务对象，主要分为五个层面：① 减轻服务对象的不安；② 减轻服务对象系统功能的失调；③ 增强服务对象的适应能力；④ 开发服务对象的潜在能力；⑤ 改善服务对象的人际交往关系。

二、危机介入模式

（一）危机介入模式的内容

危机介入模式的主要内容包括危机的定义、危机的发展阶段和危机介入的基本原则。

1. 危机介入理论

危机介入模式是一种具体的工作方法，属于暂时性、紧急性的治疗策略。危机介入模式虽然没有系统的理论基础，但在吸收其他理论并总结自己实践经验的基础上，形成了一些重要的理论假设和基本概念。

第一，危机的定义。危机指一个人的正常生活受到意外事件的破坏而产生的身心混乱的状态。在这种状态下，服务对象不能有利地面对自己的困难和处境，而危机介入就是针对服务对象的危机状态而开展的调适和治疗的工作方法。危机通常可以分为两类：一是普通生活经历的危机，这是每个人在成长过程中必然经历的困难，如上学、工作、结婚、赡养等，二是特殊生活经历的危机，这是特殊人群遭遇的困难，如自然灾害、战争或家庭变故等。

第二，危机的发展阶段。当危机出现后，服务对象一般会出现一系列的心理变化以应对危机情景。危机的发展一般分成四个阶段：第一阶段，危机发生。这个阶段，服务对象面对生活中的意外事件而产生紧张情绪，无法有效应对危机事件，从而导致危机的发生。第二阶段，应对。危机出现后服务对象会根据自己的生活经验寻找解决的方法和途径。第三阶段，危机解决。在寻找解决方法和途径的过程中，服务对象会形成解决危机的方法，或者消极退缩停止问题解决的努力，或积极面对形成新的有效策略。第四阶段，恢复期。危机产生后，服务对象的身心处于极度的紧张状态，经过调试和治疗会形成新的身心平衡状态。

2. 危机介入的原则

危机介入模式是围绕服务对象的危机状况而展开的工作，希望能够在有限的时间内快速、有效地解决服务对象的危机情境，因而注重多种技巧的综合运用，由此也形成了有效调适和危机介入的一些原则。

第一，及时处理。由于危机事件的意外性强、危害性大，而且时间紧迫，因而需要社会工作者及时接案并进行处理，尽可能减少对服务对象和他人造成伤害。

第二，限定目标。危机介入的首要目标是危机的调试和治疗，从而减低潜在的危害，避免不良影响的扩大。社会工作者要把精力集中在有限的目标上，从而更好地协助服务对象处理危机。

第三，输入希望。危机发生后，服务对象通常会处于迷茫、无助、失望的状态中，所以在危机中帮助服务对象的有效方法是给服务对象输入新的希望，调动服务对象改变自己的愿望。

第四，提供支持。在帮助服务对象面对和处理危机过程中，社会工作者需要充分利用服务对象周围的资源为服务对象提供必要的支持。同时，也要培养服务对象的自主能力。

第五，恢复自尊。危机情境往往会导致服务对象身心混乱，降低其自尊感。社会工作者在解决服务对象的危机时，首先要了解服务对象的自我认知，帮助其恢复自尊。

第六，培养自主能力。危机是否能够解决最终取决于服务对象能否增强自主能力。虽然在危机事件中，服务对象的自主能力有所下降，但是社会工作者不能认为服务对象缺乏自主能力。事实上，整个危机介入的过程就是社会工作者帮助服务对象增强自主能力和克服危机的过程。

（二）危机介入模式的特点

危机介入模式对社会工作者具有较高的要求，这也形成了危机介入模式的主要特点。

1. 迅速了解服务对象的主要问题

危机事件的发生往往是意外的、突发的，服务对象在危机面前通常表现出迷茫和不知所措，而且时间紧迫，社会工作者需要将自己的注意力集中在服务对象的生活状况上，通过开放式的提问了解服务对象的主要问题。

2. 迅速做出危险性判断

危险之后往往伴随服务对象的一些破坏行为。因此，社会工作者在了解服务对象问题的过程中要对服务对象可能采取的破坏行为及其危险程度进行评估，以便进行及时的介入和治疗。

3. 有效稳定服务对象的情绪

服务对象的情绪在危机中通常是非常不稳定的，会表现出沮丧、不安、无助和不知所措等。社会工作者需要通过简洁易懂的语言、专注的倾听、情感支持和鼓励等技巧来有效稳定服务对象的情绪，与服务对象建立信任的合作关系。

4. 积极协助服务对象解决当前问题

在服务对象的情绪稳定后，社会工作者需要协助服务对象分析危机产生的原因，并根据原因制订相应的介入计划。在服务对象周围他人的支持下，协助和检查计划的执行，帮助服务对象克服危机的不利影响。

三、行为治疗模式

（一）行为治疗模式的内容

行为治疗模式的主要内容包括三种学习理论和具体的行为治疗技术等内容。

1. 行为治疗模式的三种学习理论

行为治疗模式以三种学习理论作为自己的理论基础，这三种学习理论包括经典条件作用理论、操作性条件作用理论和社会学习理论。

（1）经典条件作用理论。巴普洛夫曾经做过一个实验，在给狗喂食之前加上中性的刺激：铃声。经过多次反复后，一听到铃声，狗就会流唾液。这个实验目的就是经典条件反射机制建立的研究。所谓经典条件作用理论，就是有关在刺激与无条件反射之间加入中性刺激建立条件反射的理论。由于人有语音能力，因此可以建立以语言为基础的复杂的条件反射系统。

（2）操作性条件作用理论。有机体在采取某种行为之后，就会使环境发生某种改变，环境改变的状况又会反过来影响有机体，促使有机体调节自己的行为。这就是操作性条件作用。有关操作性条件作用机制建立的理论就是操作性条件作用理论。斯金纳曾经做了一个非常有名的实验，他把饥饿的老鼠关进笼子，老鼠在乱窜中踩踏到笼子中的杠杆得到食物。经过多次踩踏杠杆得到食物的尝试之后，老鼠只要一饥饿，就会主动踩踏杠杆。

（3）社会学习理论。观察学习是学习的一种重要方式，尤其是人类的学习。很多人需要借助示范、观察和模仿来学习，像儿童对成人行为的观察和模仿就是很好的例子。有关观察学习的理论就是社会学习理论。

以上三种学习理论虽然各不相同，但是具有一些共同点：以行为作为研究的中心，探讨行为习得、改变的规律；以学习作为核心，研究行为学习的具体机制和条件；注重外部环境在行为习得中的作用。

2. 行为治疗模式的主要技术

行为治疗技术比较多，这里主要介绍比较常用的五种：放松练习、系统脱敏、满灌疗法、厌恶疗法和模仿。

（1）放松练习是指通过要求服务对象保持某部位肌肉的紧张，接着放松这部位的肌肉，逐渐学会放松整个身体。

（2）系统脱敏的使用，首先要对服务对象担心害怕的程度按照从低到高的等级进行排序，然后从低等级开始，在服务对象感受到这一等级的害怕和担心之后，让服务对象做放松练习，减轻担心和害怕。接着按照同样的方式进行下一阶段的放松练习，直到消除所有的担心和害怕。

（3）满灌疗法与系统脱敏相反，直接从服务对象最害怕的处境开始，让服务对象处于最严重的紧张中，迫使服务对象直接面对最担心的处境，经过不断重复，让服务对象对感到害怕的处境习以为常。

（4）厌恶疗法是指让服务对象的不适应行为与某种厌恶性反应建立联系，迫使服务对象体会到不愉快的经验并逐渐放弃不适应的行为。

（5）模仿包括榜样的示范和模仿练习。

（二）行为治疗模式的特点

1. 注重服务对象行为评估

行为治疗模式的评估主要集中在服务对象的行为方面，主要包括三个方面：第一，确定需要修正的行为；第二，明确需要修正行为的外部环境刺激，掌握外部环境刺激与需要修正行为之间的联系；第三，确定需要修正行为的结果。

2. 关注服务对象行为修正

行为修正是指具体制订和实施行为修正计划的过程，通常需要完成三个任务：一是确定行为修正的目标；二是选择行为修正的治疗技术；三是实施行为修正计划。

3. 侧重修正行为效果的评估

行为修正计划实施后，需要对服务对象的行为改变状况及服务对象的满意状况进行评估，确定行为修正计划完成的程度和质量。修正行为效果的评估对于了解行为治疗模式的服务效果起着非常重要的作用。

四、人本治疗模式

人本治疗模式是美国的心理学家卡尔·罗杰斯提出的。1951 年至 1974 年，罗杰斯对其辅导方法、重点进行多次调整，最后将辅导模式命名为以人为中心的治疗模式，又称人本治疗模式。

（一）人本治疗模式的内容

1. 人本治疗模式的理论假设

人本治疗模式以人本主义心理学为基础，其理论假设涉及对人性的基本看法、自我概念以及心理适应不良和心理适应失调等。

第一，对人性的看法。罗杰斯认为人的本质是好的，具有发挥自身内在各种潜在能力、追求不断发展的基本趋势。

第二，自我概念。罗杰斯认为自我概念就是服务对象对自己的看法，包括服务对象对自己的知觉和评价、对自己与他人关系的知觉和评价以及对环境的知觉和评价三个部分。

第三，心理适应不良和心理适应失调。当服务对象的自我概念和真实的经验与感受发生冲突时，个体为了维护自我形象，通常借助曲解或否定等方式保持自我概念与经验的表面一致，这就是心理适应不良。当服务对象的内心冲突无法和表面维持一致时，服务对象就会面临更大的困扰和不安，严重的会导致心理适应失调。

2. 人本治疗模式的治疗策略

罗杰斯认为有效的辅导方式不是运用具体的辅导技巧消除服务对象的困扰，而是创造一种有利的辅导环境让服务对象接近自己的真实需要，变成一个能够充分发挥自己潜能的人。

（二）人本治疗模式的特点

1. 注重社会工作者自身的品格和态度

人本治疗模式把个案辅导工作的中心集中在社会工作者自身品格和态度的培养上，认为社会工作者只有提供真诚、同感和积极关怀，全身心地与服务对象交流，才能为服务对象创造和谐、信任、宽松的辅导环境，促进服务对象的自我发展。

2. 强调个案辅导关系

罗杰斯认为与服务对象建立积极有效的辅导关系需要具备真诚、同感和积极关怀三个必要条件，这包括表里如一、不评价、同感、无条件接纳、无条件的爱和保持独立性等六个方面。

3. 关注个案辅导过程

人本治疗模式非常注重个案辅导过程，认为只有借助具体的个案辅导过程，社会工作者才能与服务对象进行真诚的沟通交流，让服务对象体会此时此地的各种内心不安和冲突，了解自己的真实需要，发挥自己的各种潜在能力。

五、家庭治疗模式

家庭治疗模式创始于 20 世纪 50 年代，于 60 年代继续发展，到 70 年代发展成熟。常用的家庭治疗包括结构家庭治疗模式和萨提亚家庭治疗模式。

（一）结构家庭治疗模式

1. 理论背景

结构家庭治疗模式的创始人是米纽秦（Minuchin）。米纽秦的结构家庭治疗的主要理论观点包括六个方面：

第一，以家庭作为治疗的单位；

第二，相信个人的问题是家庭交往过程中的问题反映；

第三，家庭功能发挥不良是因为家庭的结构不合理，家庭结构的改变可以促使家庭的功能得到正常的发挥；

第四，改变家人的交往方式作为治疗的中心；

第五，治疗采用多元化、多层次地介入家庭成员的交往过程中；

第六，注重家庭此时此刻的情况。

2. 基本概念和假设

家庭治疗模式是以一些对家庭动力与组织的基本假设为前提，据此判断正常家庭与功能失调家庭，它有三个基本要素：结构、次系统及界限。

（1）家庭系统。家庭治疗模式认为，家庭不是简单的家庭成员相加，家庭成员之间是相互依赖、相互影响的。单独地了解每一个家庭成员并不能完全达成对家庭的了解，只有通过观察家庭成员的具体交往过程，才能真正了解家庭成员的关系与相处方法，才能从整体上把握家庭的结构。

（2）家庭结构。家庭结构是家庭成员互动的组织模式，是在家庭成员交往过程中形成的，也表现在家庭成员的交往过程中。家庭结构可以说是固化了的家庭关系，并因为期望在家庭内建立规则而受到强化。结构家庭模式通过此系统、界限、角色和责任分工以及权力架构来了解家庭的结构。

（3）病态的家庭结构。病态的家庭结构是造成家庭成员问题的真正原因，不良的家庭结构主要表现为：纠缠与疏离、联合对抗、三角缠和倒三角等方面。

3. 方法与技巧

一般来说，结构家庭治疗的策略主要包括六个步骤：第一，进入和顺应家庭；第二，引起并处理互动；第三，勾画结构；第四，改变家庭的看法；第五，明晰界限；第六，改变家庭的价值观。

4. 理论特点

结构家庭治疗模式提供了一个相对简单的分析框架与治疗方案，即使是一个新手，只要根据家庭互动过程的框架就能进行治疗，不需要就不同个案采用不同技巧。

（二）萨提亚家庭治疗模式

1. 理论背景

萨提亚模式，又称为联合家庭治疗，是由美国的心理治疗师萨提亚（Satir）女士创立的。萨提亚模式建立在系统理论之上，核心概念建立在积极的存在主义理论基础之上。她认为，人本身是一个系统，家庭是另外一个系统，个人和家庭所处的环境又是一个系统。萨提亚模式的真正目的是关注家庭中每一个成员的成长，因而需要借助家庭的情境作为动力。萨提亚模式的主要创新在于认为人的自我观念与行为模式形成中的重要性，并且通过对家庭历史的追溯与家庭沟通方式的理解，找出家庭成员问题的成因，在此基础上通过家庭互动方式的改变达成个人的成长目的。

2. 基本概念和假设

（1）人性观。萨提亚相信每个人都有潜能，人性是乐观的。相信人是善良的，每个人都有使自己能够过快乐和建设性生活的能力和资源。家庭是塑造人性的工厂，一个良好的家庭和一个有问题的家庭塑造的个体是有很大差异的。

（2）自我价值。萨提亚认为个体对自己的感觉和想法就是自我价值。个体良好的自我观念和自我评价是个人及家庭心理健康的基础。萨提亚家庭治疗模式的最终目的是要提升家庭成员的自我价值感。

（3）人的基本需求。每个人都有基本的生理和心理需求，家庭对于满足个体的需求尤其是儿童时期的需求起着非常重要的作用。如果父母在生理上满足小孩的需求，维持温暖的关系，给予其可预期的反应和好的正面评价，小孩就会建立正面的自我价值观。反之，孩子就会建立负面的自我价值观。

（4）家庭规则。萨提亚认为家庭是个人首先形成感知世界的方法的场所，家庭经验不仅是个人最早的学习经验，而且是一个对个人具有深远影响的重要系统。家庭规则对每个人都有重要的影响。

3. 方法与技巧

萨提亚治疗模式最重要的几个方法主要包括家庭重塑、创造接触、隐喻、雕塑和自我曼陀罗等，其中家庭重塑是最常用的方法。萨提亚希望通过家庭重塑帮助人们重新整合进入在原始家庭的历史和心理矩阵中属于自己的位置，让我们重新看待我们的父母和自己。

在萨提亚模式中，工作者的角色主要包括解释者、示范者和引导者。

4. 理论特点

（1）萨提亚模式的落脚点是个人，采用家庭治疗的原因是认识到家庭对个人的重大影响。

（2）偏重于案主的感受与情感。区分了抽象的了解与体悟的了解，并通过各种有效的方式引导案主达成体悟性了解。

第三节　个案工作各阶段的工作重点

根据社会工作通用过程模式，个案工作一般可以分成以下几个阶段：接案与建立关系、收集资料与预估、制订计划、开展服务、评估、结案与追踪服务等。每个阶段都有相应的工作任务需要完成，具有相应的工作重点，各阶段之间相互联系并形成整体。

一、接案与建立关系

（一）接案

一般案主的来源主要分成两类：一是案主主动上门求助，二是通过他人转介。对于需要立即寻求帮助的案主，社会工作者首先要了解其内心感受，并给予适当的鼓励和支持，增强案主的改变动力，促使其成为能够获得机构有效服务的服务对象，并纳入机构的服务机构中。在接案过程，社会工作者通常面临三项任务：鼓励求助者积极面对改变、明确求助对象的改变和要求，以及确认求助者的受助身份。

（二）建立关系

建立关系是指建立专业关系。从初次和求助对象接触，到接受求助对象成为机构的服务对象，社会工作者在整个过程中有一项非常重要的任务，就是建立专业关系。专业关系建立的成功与否将影响到服务对象进一步寻求服务机构帮助的动力和信心。社会工作者在初次与服务对象接触时应认真聆听服务对象的问题，适当表达出同情心和接纳态度，避免将服务对象界定为有问题的人。此外，社会工作者也要充分尊重求助对象自己的意见，让求助对象自己决定是否接受机构的专业服务。

社会工作者在和服务对象初次接触时，还需要完成一项任务：对于那些需要帮助而本机构无法及时提供服务和帮助的服务对象提供转介服务，即将这些服务对象介绍给其他能够给予及时帮助和服务的社会工作机构或者社会工作者。

二、收集资料与预估

求助者成为服务对象后，就进入了第二个阶段。这个阶段主要是通过详细收集服务对象的相关资料，对服务对象的问题成因和变化过程进行评估，从而对服务对象的问题做出预估和初步诊断。

社会工作者在收集资料时，既要关注服务对象的个人情况，也要关注服务对象所处的周围环境，把服务对象置于其社会环境中进行观察和分析。收集资料完成后，社会工作者需要对资料进行整理分析，从中探求导致服务对象问题产生的原因以及问题的变化发展过程，对服务对象的问题做出准确的预估。最后，社会工作者要给服务对象的问题做出诊断，并且提出改善的建议。诊断包括四个方面：服务对象问题的主要表现，服务对象问题的成因，服务对象的能力和环境拥有的资源，以及实施干预的建议。

三、制订计划

服务对象的问题确定之后，就可以根据其问题和服务对象一起制订计划，为提供专业、有效的服务做准备。具体来说，这个阶段主要有三项任务：服务计划的制订、服务面谈的相关安排和服务协议的签订。

（一）服务计划的制订

在制订服务计划的过程中，社会工作者要鼓励服务对象一起参与，共同制订。这一方面能够激发服务对象的改变动机，另一方面可以使制订的计划更好地满足服务对象的需求。服务计划一般包括七个方面的内容：

第一，服务对象的基本情况，包括服务对象的姓名、年龄、性别、职业等；

第二，服务对象希望解决的问题，包括主要问题和一系列相关问题；

第三，理论依据，包括依据的主要理论、主要观点和内容；

第四，服务计划的目标，包括总目标和具体目标；

第五，服务开展的基本阶段和采取的主要方法，包括各阶段需要解决的问题、采用的方法、预计达成的效果和需要的资源；

第六，服务开展的期限，包括每一次和每一阶段的时间安排以及总的时间期限；

第七，联系方式，包括直接见面和不直接见面的联系方式。

（二）服务面谈的相关安排

在和服务对象面谈结束之后或者开展之前，社会工作者要做好中间的一些准备和衔接工作，主要包括：在每次服务面谈结束后，给服务对象安排和设计行动任务作为服务对象面谈之外的任务；在每次面谈开始前，总结和回顾之前的任务完成情况；在每次面谈中，针对服务对象任务完成情况给予适当的指导；在面谈结束之前，告知服务对象下次行动任务的要求和要点。

（三）服务协议的签订

为了更好地明确双方的责任和义务，增强服务对象改变的动力，社会工作者还需要和服务对象签订服务协议。根据实际情况，服务协议可以是书面的，也可以是口头的。服务协议通常包含五个方面：一是服务目标；二是服务的内容和采用的方法；三是双方应有的权利和义务；四是服务的地点、时间、期限和次数；五是服务双方的签字。

四、开展服务

在服务计划实施的过程中，社会工作者会由于服务对象的多样性而面临不同的处境，因而需要采取不同的策略，扮演不同的专业角色，从而达成服务目标。在开展服务阶段，社会工作者主要完成三项任务：服务的推进、专业角色的扮演和专业合作关系的维持。

（一）服务的推进

服务的推进是指社会工作者依据服务计划，运用专业的服务方法和技巧，逐步推动服务对象发生改变的过程。在服务推进过程中，社会工作者除了根据服务目标逐步完成服务，还需根据服务对象的实际改变情况调整服务的节奏和策略。

（二）专业角色的扮演

在服务推进的过程中，由于社会工作者会遇到不同的实际情况，因而需要根据服务的具体要求扮演不同的专业角色，以推动服务计划的顺利开展。主要承担的角色包括使能者、联系人、教育者、倡导者和治疗者。

（三）专业关系的维持

在服务推进的过程中，社会工作者还要和服务对象维持好专业关系，这不仅会影响服务对象的配合程度，而且对服务效果的维持也发挥着重要作用。因此要求工作者做到接纳、无条件关怀和真诚。

五、评估

评估是对社会工作者的服务有效性和效率进行评估。个案工作是否有效？工作方法是否恰当？服务对象发生改变状况如何？服务何时结束？这些问题都需要通过评估来确定。评估不仅对服务对象非常重要，对社会工作者也非常重要。它是社会工作者改进个案的前提。

评估主要涉及三个方面：第一，服务对象的改变情况，包括哪些方面有所改善，哪些方面没有改善以及改善的程度；第二，工作目标的实现程度，包括哪些目标实现了以及实现的程度，哪些目标没实现；第三，服务介入工作的人力、物力和其他资源的投入，包括服务介入的人员、时间、经费等。

六、结案

根据评估结果，社会工作服务进入最后的结案阶段。在结案阶段，工作者也有一些工作需要完成，这主要包括确定结案的情况，了解服务对象对结案的看法并以恰当的方式进行结案。

（一）可以结案的情况

如果服务计划顺利开展，就可以进入服务工作的结束阶段。一般情况下，可以结案的情况有以下五种：

（1）社会工作与服务对象制定的工作目标已经达成；

（2）虽然问题没有彻底解决，但是服务对象已经具备独立面对自己将来问题的能力；

（3）社会工作者与服务对象的专业关系不和，希望结束服务；

（4）服务对象出现了新的问题和需求，需要其他社会工作者或者服务机构解决；

（5）因为一些不可预测的因素，需要结束服务。

在第三、四、五种情况下，社会工作者需要对服务对象进行转案。

（二）了解服务对象对结案的看法

在服务结束阶段，服务对象往往会出现矛盾的心理。一方面高兴于自己的问题得到解决，能力得到提升，同时为结束一段信任关系感到难过和不舍，也对自己的未来充满担心和焦虑。甚至部分服务对象可能出现行为退化或者否认结束的情况。这时候工作者要了解服务对象对结案的看法，尤其是面对服务对象的担心，要协助其认识服务过程中的改变和进步，巩固服务成果，鼓励其面对将来的生活。

（三）结案处置

在了解了服务对象的心理后，要对结案做好妥善的处置。首先，社会工作者要提前告知服务对象结案的时间；其次，要巩固并进一步增强服务对象已经获得的成就；再次，探讨影响案主问题解决的因素；最后，要处理服务对象与工作者的离别情绪。

七、追踪服务

结案并不意味着服务的结束，一般情况下，社会工作者还需要根据服务对象的情况安排追踪服务。跟踪服务主要涉及三个方面：

第一，根据服务对象的情况安排结案后的相应联系，巩固服务成效，增强服务对象独立处理问题的能力；

第二，调动服务对象的周围资源，增强服务对象的社会支持；

第三，持续评估服务工作的效果。

第四节　个案工作的常用技巧

社会工作者在开展服务的过程中，除了具备工作的基本知识和价值观，还需要掌握不同的工作技巧。个案工作的技巧很多，主要包括会谈技巧、建立关系技巧、收集资料技巧、方案策划技巧和评估技巧。

一、会谈技巧

个案会谈是指社会工作者与服务对象进行面对面的、有目的的专业谈话。

（一）个案会谈的类型

个案会谈的类型有很多，根据会谈的目的和功能，可以将会谈分成五类：建立关系的会谈、收集资料的会谈、诊断性会谈、治疗性会谈和一般性咨询会谈。

1. 建立关系的会谈

这种会谈主要是帮助社会工作者与服务对象建立专业关系。此时工作者需要营造一种轻松、耐心的谈话气氛，让服务对象能够自由地表达想法和感受。

2. 收集资料的会谈

这种会谈的主要目的是社会工作者收集服务对象相关问题的资料，以便工作者更好地了解服务对象。在收集资料前，社会工作者一般要准备会谈提纲。

3. 诊断性会谈

这种会谈的目的是帮助社会工作者对服务对象的问题做出准确的分析和诊断。在诊断性会谈中，社会工作者需要不断观察事实，并做出推断，然后再验证这些推断，从而逐步深入了解服务对象，最后形成对服务对象的准确判断。

4. 治疗性会谈

治疗性会谈是社会工作者根据服务对象的问题，使用会谈的方式对服务对象施加影响，从而达到使服务对象积极改变的目的。在会谈中，社会工作者不仅需要运用各种专业技巧，还需要随时观察服务对象的反应，以及时调整介入的进程和策略。

5. 一般咨询性会谈

这种会谈的目的是为服务对象提供相关信息和知识，从而协助服务对象做出选择。这种会谈对社会工作者要求比较高，需要社会工作者掌握一定的专业知识，从而解答服务对象的疑惑。

（二）个案会谈的技巧

个案会谈的技巧很多，按照专业技巧的运用目的和作用，可以将其分为支持性技巧、引导性技巧和影响性技巧。

1. 支持性技巧

支持性技巧是指社会工作者通过语言和肢体语言使服务对象感受到被理解、被接纳的一系列技术。主要包括：① 专注，即社会工作者通过视线接触、开放的姿势以及专注的态度关注服务对象；② 倾听；③ 同理心，需要社会工作者设身处地地体会服务对象的内心感受，理解服务对象的想法；④ 鼓励，社会工作者运用口头语言和身体语言的方式肯定服务对象的一些积极表现。

2. 引导性技巧

引导性技巧是社会工作者主动引导服务对象探索自己过往经验的技巧。主要包括：① 澄清,社会工作者对于服务对象表达的混乱的内容和模糊不清的感受进行重新整理和确认;② 对焦，社会工作者对服务对象偏离的话题或者宽泛的讨论进行收窄，集中就某个焦点问题进行讨论；③ 摘要，社会工作者对服务对象不同的话题进行整理、概括和归纳，找出其中的要点，促进服务对象对自身的理解。

3. 影响性技巧

影响性技巧是指社会工作者通过对服务对象提供信息或建议的方式，让服务对象采取不同的解决方法的相关技巧。主要包括：① 提供信息。这是指社会工作者借助自己的专业知识和经验向服务对象提供必要的知识技巧；② 自我披露。社会工作者在适当的时候向服务对象有选择地袒露自己的亲身经历或感受，为服务对象做示范，同时也获得服务对象的信任；③ 建议。社会工作者根据服务对象的具体情况提供有利于服务对象积极改变的建设性意见；④ 忠告。社会工作者指出服务对象的某些危险性行为或必须采取的行动；⑤ 对质。社会工作者针对服务对象前后不一致或言行不一的行为、认识等，当面提出。

二、收集资料技巧

收集资料是社会工作者通过自己的观察以及与服务对象和周围其他人的接触和会谈，调查、整理和分析服务对象问题产生的原因和发展变化的过程。主要包括四个方面的技巧。

（一）会谈的运用

社会工作者直接收集资料的方式之一就是与服务对象进行会谈，这种会谈根据所需要收集资料的特点进行调整。会谈一般有两种方式：① 自我陈述。根据服务对象的个人经历和内心感受，社会工作者可以让服务对象采用自我陈述的方式，鼓励服务对象按照自己喜欢的方式描述自己的故事和问题，这样能够促使服务对象更加轻松、自由地将内心的感受和主观经验呈现出来。② 对答方式。一般情况下，社会工作者会采取严格的对答方式，以保证信息的完整性。

（二）调查表的运用

调查表的运用也是社会工作者收集资料的一种常用方法，特别对于一些涉及隐私或不方便直接跟他人表达的资料，采用调查表收集资料比较方便。调查表分成结构式调查表和非结构式调查表。对于比较容易收集或者有比较明确答案或比较容易识别的资料，采用结构式调查表会更加简便。而非结构式调查表只有预先设计的固定调查问题，但没有调查问题的答案选项，调查对象需要根据自己的理解填写调查问题的答案。

（三）观察的运用

运用观察收集资料也是社会工作者经常使用的一种资料收集方法。观察法主要分为参与观察和非参与观察。参与观察是社会工作者通过直接参与服务对象的生活对服务对象进行观察，这种方法比较适合有关服务对象或者周围他人内心想法和感受的资料收集。非参与观察是社会工作者不直接参与服务对象的生活，以旁观者的角度对服务对象的生活进行观察。这种方式比较适合了解服务对象与周围他人的沟通方式等。当然，不论采取何种观察方式，社会工作者在进行观察之前，都要制定观察大纲，明确自己需要观察的主题、内容和使用的观察方式。

（四）现有资料的运用

在服务过程中，社会工作者除了通过会谈、观察等方式收集资料外，通常还有一些现成的资料需要社会工作者的关注，它们也能帮助社会工作者更好地了解服务对象。这些资料主要指文献记录和实物。文献记录是有关服务对象日常生活状况的文字记录，比如成绩单、低保家庭的低保证明等，都属于这类资料。实物是服务对象与周围环境互动过程中留下的足够呈现服务对象生活状况的资料，如服务对象居住的环境、服务对象的学习作品等，都属于这类资料。

三、方案策划技巧

一个好的服务方案很大程度上能决定服务介入能否顺利开展，而制定一个好的服务方案，则需要社会工作者掌握方案策划的基本要求和技巧。

（一）目标清晰且现实

社会工作者在制定工作目标时，应尽可能做到清晰、易懂，而且需要根据服务对象的实际生活状况和能力制定各任务的时间节点，以保住目标明确、现实。服务目标的制定需符合三个要求：第一，可观察。这是指服务目标是可以直接观察到的，这样能使服务对象对目标更加清晰，并了解服务目标的进度，可以避免主观猜测，减少社会工作者和服务对象之间的冲突。第二，可测量。服务目标最好可以通过某些测量工具进行测量，这样服务对象的改变状况、目标的实现程度等都可以测量出来，避免社会工作者和服务对象对目标实现程度的看法不一致。第三，积极正向。服务对象的生活朝着积极方向的改变就是服务的目标，服务目标能够促使服务对象从积极的视角看待自己的生活。

（二）明确服务对象的范围

一个好的服务计划需要对服务对象的范围进行明确。社会工作者的服务既有直接介入，又有间接介入，因此服务涉及服务对象以及周围其他人。社会工作者在制订服务计划时，需要根据具体的问题和服务的时间等因素明确服务对象的范围。一般情况下，社会工作者要坚持以服务对象为主，以服务对象身边的重要他人为参与者，以其他人作为支持者。

（三）策略合理

社会工作的服务方案还包括服务的策略，即社会工作者采用何种方法、技巧、步骤为服务对象提供服务。通常好的服务方案需要合理的服务策略，这包括两方面：第一，服务策略与服务目标一致，也就是服务策略是为服务目标服务的，策略就是为了促进服务目标的实现。第二，服务策略之间的协调，服务策略的安排有助于各项服务活动之间的配合。

四、评估技巧

在社会工作的服务过程中，评估是非常重要的内容，往往贯穿于整个服务过程。在服务结束阶段进行服务成效的评估尤其重要，目的是对服务介入过程进行反思和检查。

（一）正确运用评估类型

针对不同的评估任务，可将评估分为成效评估和过程评估。成效评估是针对服务介入的效果进行评估，主要包括服务对象的改变状况、服务目标达成情况等。过程评估是对服务介入的过程进行评估，包括服务的策略和方法、服务活动介入的影响因素等。不同的评估类型适用于不同的评估任务，社会工作者需要在不同情况和需要下进行选择，同时也要综合运用不同类型的评估。

（二）合理运用评估方法

个案工作的评估方法多样，不同方法的作用也不一样。常见的评估方法包括：问卷评估、行为评估和心理测量等。问卷评估是指运用问卷的方式评估服务对象的生活状况，行为评估是直接观察和测定服务对象的行为变化，而心理测量是运用心理测量的工具平衡服务对象内心状况的变化。

（三）鼓励服务对象积极参与

在评估过程中，鼓励服务对象参与不仅可以更准确地了解服务对象的改变情况，同时也可以通过服务对象的参与让服务对象看到自己的进步和需要改进的地方，这也构成了服务不可缺少的一个部分。为了促进服务对象参与，社会工作者需要和服务对象共商评估事宜，并且让服务对象主导评估工作。

（四）坦诚与保密

评估是对社会工作者的工作进行考核，服务对象通常碍于面子或害怕失去进一步的帮助而不愿意表达自己的真实想法。因此社会工作者在开展评估时，需要做到两点：第一，对服务对象坦诚。在评估之前，社会工作者要向服务对象说明评估是为了改进现有服务工作，表达诚意。第二，替服务对象保密。在评估过程中，社会工作者需要向服务对象承诺保密的原则，以减轻或者消除服务对象的担心和焦虑。

第五节　个案管理

个案管理是基于传统个案工作的方法，将管理理念运用于社会工作实务中而逐步发展起来的，是介于社会工作的直接服务与间接服务之间的一种整合性服务方法。个案管理社会工作服务模式开始于 20 世纪 70 年代，是对社会工作面对不同领域中多元的服务体系、服务资源的相对有限、服务成效的不确定性，以及服务对象多重问题和需要挑战的积极回应。

一、个案管理的产生与发展

（一）个案管理模式发展的历史线索

1. 个案管理思想的萌芽

1868 年美国慈善委员会成立，个案管理的思想开始出现。该组织通过协调公共救助金和妥善运用社会服务经费帮助贫穷及身心有困难者，此后睦邻之家和慈善组织会社等社区组织在处理个案问题上建立有效的管理机制、整合协调服务逐渐发展成联合多种专业的综合服务。20 世纪初，玛丽·里士满在《社会诊断》中特别强调协调的重要性，积极倡导社会服务机构之间合作的实践，奠定了个案管理的雏形。

2. 个案管理概念的出现

第二次世界大战后，美国社会对社会服务的需求日益增加，20 世纪 60 年代，人权运动强调个人有获得社会福利的基本权利，社会服务领域的案主转为积极主动的参与者甚至消费者。20 世纪 70 年代，美国的部分社会服务方案开始采用个案管理系统，于是“个案管理”一词开始出现在社会服务研究的文献中。

3. 个案管理方法的运用

20 世纪 80 年代，个案管理服务方法开始用于更多的公共基金方案中，服务于老人照顾、慢性病社区照顾等健康照顾领域。20 世纪 90 年代后美国立法支持个案管理服务。

4. 个案管理模式的发展

最初主张在公共基金方案中运用个案管理的方法，主要是出于成本控制、合理整合服务资源的考量，对服务对象进行个案管理，统一调配资源。随着社会的变迁，社会问题日益增多，服务对象问题与需要复杂性日益严重，社会服务体系多元化发展，个案管理服务方法在探索中被不断发展和完善，逐步发展成以注重案主参与、以人为本为原则，以开发案主资源网络及提升运用资源的能力为焦点的较为成熟的专业服务模式。

（二）个案管理服务模式产生的历史背景与条件

个案管理的出现是服务对象的多重需求、社会资源的多元化发展、人权运动以及新管理主义等因素共同作用的结果。

1. 服务对象问题与需求日益增多

随着社会的快速发展，各种社会问题日益增多，发展障碍与人生挑战等困扰着越来越多的人群，人们对社会工作的服务需求更加多元化，单纯的个别会谈、心理咨询已经满足不了面临多重困境的服务对象。因此需要社会工作者协助案主协调、链接多重服务资源，通过个案管理的方式提供服务。

2. 社会服务资源日趋复杂与多元

随着社会的发展，社会服务资源呈现多元化的特征，除了政府的公共服务与社会救济，民间的非正式支持网络的社会资源日渐增多。资源的多样化虽然在一定程度上能增进案主的福利，但是也带来了获取资源的复杂性。在这种情况下，个案管理的“一揽子”服务能够更好地帮助案主整合和利用资源。

3. 新管理主义的要求

新管理主义关于管理的认识，在很大程度上与科学管理的认识具有一致性，两者都强调管理的标准化、层级式的管理结构、注重成本控制与承销。新管理主义对社会工作服务提出了成本控制和服务绩效的要求，正是在这种背景下，个案管理方式应运而生。

4. 人权运动

20 世纪 60 年代，美国人权运动对社会工作服务产生了巨大冲击。人权运动强调个人获得社会福利的基本权利，社会工作的服务对象从消极的求助者转变为积极的参与者，社会工作者与案主的关系由传统的单项服务转化为与案主一起计划、解决问题，一起寻找资源、整合资源。

二、个案管理的定义与特点

（一）个案管理的定义

对于个案管理的定义，不同的学者有不同的观点。下面介绍几种定义。

美国社会工作者协会从社会工作专业的角度对个案管理做出界定：个案管理是一个由社会工作专业人员为一群或某一个案主协调活动的过程。在此过程中，借助各个不同福利相关机构之工作人员相互沟通和协调，以团队合作的方式为案主提供所需要的服务，并以扩大服务成效为其主要目的。当提供案主所需服务必须经由许多不同的专业人员、福利机构、卫生保健单位或人力资源来达成时，个案管理即可发挥其协调与监督之功能。

美国学者巴鲁和明克认为个案管理是一个提供给那些正面临多重问题且需要多种助人者同时介入的案主的协助过程。

英国学者奥莫和格拉斯堂伯瑞认为，个案管理是一个案主参与服务的选择、计划和输送的社会工作和社会服务的方法，同时它也是一种在经过需求评估和确认可用的服务之后，再为案主设计并组织包裹式的照顾技术。通过这一过程，将更有效地发挥资源的作用，并可以提供需求导向的服务，使用者有较大的选择权。

由此可见，不同学者强调的个案管理的元素不一样。综合上述界定，我们可以归纳个案管理的定义：个案管理者通过协调、连接及整合资源的方法，为具有多重困难与需要的案主提供全方位的服务，帮助案主摆脱困境、强化资源网络及增进使用资源的能力。

（二）个案管理的特点

（1）个案管理服务的提供者需要具备专业社会工作者的资格，并且应该接受过专门的个案管理技能训练。

（2）个案管理服务的对象是同时面临多种困难和需要的案主。

（3）个案管理过程具有连续性和重叠性。

（4）个案管理具有整合取向。

（5）个案管理服务强调成本控制和服务效果。

（6）个案管理强调服务的团队合作。

（7）个案管理服务以社会福利体系的相对完善为基础。

三、个案管理的实施原则

（一）整合服务原则

这里要将资源和方法进行整合。工作者不仅仅给服务对象提供会谈辅导，还要求在评估需求与问题的基础上运用不同的服务方法、整合不同的服务机构和专业人员、连接不同的服务资源、设计可行的服务方案，提供统筹性的“一揽子”服务。

（二）整全服务原则

整全是指对服务对象的人文关怀，要求个案管理者以人文关怀的理念为案主提供全方位的服务。

（三）外展服务原则

外展是指在案主真实生活情境中为案主提供服务。这要求个案管理者经常的工作地点不是会谈室、小组间，而是案主的真实生活情境中。

（四）连续照顾原则

连续照顾要求个案管理者在服务对象有需要的前提下，不间断地为其提供所需的服务。任何非案主原因的间断服务都会导致信息关系的破坏。

（五）注重倡导原则

这要求个案管理者在社会公平公正理念的指引下，时刻保持社会工作的专业警觉，审视社会制度及社会政策的公平公正性，站在弱势群体的角度向机构及社会做政策倡导。

（六）成本效益原则

这要求个案管理者在充分考虑案主利益的前提下，以最少的成本投入，获取最佳的服务效果。

四、个案管理的工作过程

个案管理的运作程序一般分为六个步骤：建立关系、预估、计划、获取资源、整合及结束关系。

（一）建立关系

在建立关系阶段，个案管理者要通过一些方法获得案主的信任，和案主建立信任关系，包括介绍自己和工作角色、工作经验，收集有关问题的资料，恰当处理案主对于接受帮助所产生的负面情绪等，获取案主的接纳和信任，进而愿意接受自己的服务。

（二）预估

在预估的阶段，个案管理师需要确认三件事：第一，案主需要解决的问题；第二，对解决这些问题有用的资源；第三，案主使用这些资源的障碍。

（三）计划

制订服务计划是一个理性的思考与写作的过程，是把预估阶段中所收集的资料进行整合，并转换成使案主得到协助的一系列行动。

制订计划一般有四个步骤，首先确定个案管理的服务目标，然后排列目标的优先次序，再次选择达成目标的方法，最后确定评估成果的时间及程序。

个案管理计划书因不同的服务机构格式会有不同，但整体上大同小异。一般包括这么几个方面：案主的基本资料、案主问题分析、服务目标、介入方式与行动步骤、可能的困难与应对策略以及服务成效评估方法。

（四）获取资源

此阶段是把服务计划付诸行动的过程。在这个过程中，个案管理者需要采取各种行动为解决案主问题获取相应的资源，在资源获取过程中可能会遇到许多的障碍，包括外在障碍、内在障碍和恒久性障碍，这些都需要个案管理者在这个过程中排解掉。

（五）整合

案主与资源的连接完成后，个案管理师主要的工作是监督与协助资源是否被持续有效提供并被案主使用。监督与协助的过程也是个案管理师建构和强化自己的资源网络的过程，长期的积累与有效的资源管理，为个案管理工作提供了一个相对稳定的系统。

（六）结束关系

在服务后期，当案主的问题逐步得到解决，相关的资源网络被连接并发挥了支持的功能，案主能够维持与资源系统的关系，并且具有一定的资源意识和寻求资源的主动性，愿意为寻求资源做出努力时，个案管理师就可以考虑进入结束关系的阶段了。在这个阶段，个案管理师的主要工作是处理与案主的分离情绪、巩固案主与资源间的连接、强化案主的改变等。

案例：

一、案例背景

案主张某，是锦华三区社区便民服务点的摊主之一。2012 年，为打造“15 分钟便民服务圈”，锦华三区社区在小区南门附近的人行道上搭建了一个便民服务摊，内容涵盖了餐饮、修鞋、修车、配钥匙、修锁、服装修改等基本便民服务项目。为帮助困难家庭和鼓励失业人员再就业，该服务点的摊主均为社区困难户及失业人员。2014 年，经有关部门确认，该便民服务点未取得相关部门的规划认证，属于违章设摊，必须拆除。得知上述消息后，案主张某及其家人多次来到社区，询问具体拆除事宜，并要求社区对便民服务点进行重新选址。

二、背景资料

1. 个人背景。案主张某，女，45 岁，失业人员，离异单身；有一女儿，15 岁，归其抚养。

2. 家庭背景。2008 年，张某因家庭问题与丈夫离婚，为取得女儿的抚养权，张某选择了净身出户，携女儿回到了娘家。为了不让女儿受委屈，张某没有选择再婚，而是独自一人抚养女儿。

3. 社会背景。离婚后，张某的心态发生了极大的变化，尽管朋友和社区多次为她介绍工作，都因为她嫌弃工资低、与同事关系处不好而辞职。好不容易争取到一个便民服务点卖早餐的摊位，服务点却必须拆除。

三、案例分析（预估）

社区工作者小王接案后，首先对张某的家庭资料进行收集，经过初步接触、交谈和分析相关资料，小王对张某的问题及需求进行了预估。

1. 心理问题。主要表现为自卑、消极、愤怒。张某遭遇离婚、找工作难、便民服务点拆除的三重打击，她失去了依靠，产生了孤独自卑、精神不振、无助、愤怒的情绪问题，有提供心理疏导、情绪支持的需求。

2. 家庭问题。本人无稳定的经济来源、无固定的居住场所，只能暂住在父母家，平时靠在便民服务点内卖早餐维持生活。父母均为退休工人，平时靠退休工资生活，自从张某和女儿搬进来，二人不但要负担四个人的生活成本，每月还要为女儿交纳个人养老医疗保险，整个家庭的经济压力较大。张某所有问题产生的原因就是经济问题，因此要帮助其改善家庭经济状况。有经济救助的需求。

3. 社会问题。因为离婚产生了自卑，张某几乎断绝了与朋友的来往，周围邻居对她离婚情况的指指点点也让她恼怒不已。因此，其有发展社会支持网络、重塑生活信心的需求。

四、服务目标

1. 短期目标：

（1）进行心理疏导，改变张某自卑、无助、愤怒的情绪。

（2）帮助张某寻找合适的卖早餐的地点，改变张某家庭的经济状况。

（3）配合社区做好便民服务点其他摊主的思想工作。

2. 长期目标：

提高沟通和人际交往的能力，建立有益于自身发展的良好的社会支持网络；改善案主的生活环境，恢复和提高案主的自信心；树立其对自我的成功认同感，从而增强案主的自我实现和满足感。

五、服务方法和服务实施过程

1. 服务期限：2014 年 6 月开始，2014 年 11 月结束，历时 5 个月。

2. 服务方法：本案主要采用危机介入治疗模式和“马斯洛需求层次”理论。

危机治疗模式：危机是指由于突发事件或一系列长期存在的负面困扰打破人们原有的生活常态，给人们带来了无法克服的困难，可能导致个人身心混乱的一种状态。贝尔金等提出三种基本的危机干预模式，即平衡模式、认知模式和心理转变模式。案主情况较符合第三种模式。心理社会转变模式认为，认识是生物遗传和环境学习的综合产物，因此社工要引导案主从心理、社会、环境三个范畴来寻找危机干预的策略。除了考虑案主个人的心理资源和应对能力外，还要了解案主的家庭、社区的影响。当案主处于危机状态而不能用自己的力量进行克服时，社会工作者应当介入案主的生活状态并给予帮助。

“马斯洛需求层次”理论：马斯洛认为人都潜藏着七种不同层次的需要，这些需要在不同的时期表现出来的迫切程度是不同的。人的最迫切的需要才是激励人行动的主要原因和动力。人的需要是从外部得来的满足逐渐向内在得到的满足转化。本案例中，张某的早餐摊是全家的经济支柱，协助张某找到新的经营地点，是很好的介入点。

3. 服务实施过程：

（1）接案介入。本案是由案主张某向社区反映的，所以采取了直接介入的方式。

（2）与服务对象初步接触，建立专业关系。社工小王接到张某的求助后，在办公室与张某进行了初步交谈。在交谈过程中，小王运用同理心、倾听等专业技术，让张某感到被关怀。同时，小王还对便民服务点内所有摊主的经营状况和人员情况进行了调查，并以表格的形式表现出来。

社区便民服务点摊位经营情况

名称	经营内容	人员情况
煎饺摊	馄饨、煎饺	退休
修车摊	修车	外来人员
小吃摊	早点	失业人员
百货摊	百货	失业人员
百货摊	百货	失业人员
修鞋摊	修鞋	外来人员
小吃摊	小吃	退休人员

（3）与服务对象进一步接触，了解其对拆除便民服务点的看法。在上门的同时，社工小王与张某进行了第二次接触。在会谈中，小王向张某传达了市委、市政府关于“三改一拆”的文件精神，及社区目前的工作重点，同时出具了违章认定书。通过这次接触，张某对便民

服务点的拆除表示了极度不满，言词十分偏激。为缓解张某的情绪，小王暂时终止了与张某的谈话。

（4）从外部环境入手，逐步改变服务对象认知。通过与张某的第二次正面接触，工作人员发现张某对拆违有强烈的抵触情绪。因此社工小王决定从外部环境入手，逐步消除案主对便民服务点拆除的抵触情绪。

首先，利用横幅、黑板报、公共显示屏等社区宣传平台，大力宣传“三改一拆”。同时，结合社区召开的党员、文体骨干、保洁员等会议，向广大居民宣传“三改一拆”工作。

其次，召集便民服务点内的所有摊主，召开“民情恳谈会”，主动说明情况，争取多数摊主的认同。

再次，本着“区别对待，有情操作”的原则，根据各摊主不同的家庭情况，努力挖掘社区相关资源，积极寻求相关部门，协助解决便民服务点拆除后摊主的就业问题。最终，在社区的协调下，××股份经济合作社同意在某超市附近的空地上提供一个免费摊位，给张某卖早餐，解决了张某的就业问题。

最后，组织张某参加社区的活动项目，建立新的社区网络支持体系，改变张某对周围环境的偏激认知；鼓励其参加各级部门组织就业技能培训，使其掌握一技之长，重塑生活信心。

六、服务评估

（一）服务对象评估

因为此个案的服务对象是主动来社区寻求帮助的，因此社工与服务对象的关系建立得比较顺利。在服务的初级阶段，服务对象的抵触情绪较大，对社会的认知产生了偏差。随着社工工作的逐步跟进，服务对象逐渐放下心结，接受社工的帮助。在社区的帮助下，服务对象的经济问题得到了较好的解决，对社会的认知也回到了正常轨道。通过参加社区的活动，张某扩大了自己的交友圈，结识一批新的朋友，社会交往能力大大增强。

（二）社工的自我评估

拆除违章建筑向来都是容易引发矛盾的。但是在本案的工作过程中，社工以服务对象的需求为出发点，运用尊重、接纳、同理心、倾听等专业技巧，较全面地了解了服务对象当前所面临的问题以及服务对象的真实需求，从而能够制订有效的服务计划。在服务的过程中，社工不断给予服务对象支持和鼓励，使其能够逐渐改变认知，以积极的态度去面对问题，最终和服务对象达成服务目标。

（三）服务成效评估

本次服务计划考虑到服务对象自身、家庭和社会环境及心理需求等因素，采用了危机介入治疗模式、马斯洛的需求层次理论等理论，同时做好社区内的资源链接，并将它运用到服务对象中，从而使服务对象摆脱了家庭经济困难、认知偏差等问题。

七、专业反思

社工在为服务对象提供帮助时发现，便民服务点的顺利拆除，其核心在于尊重群众的合理诉求，真正做到从维护百姓利益的角度出发。其次，社工要注重服务对象的价值实现，积极为其争取各类社会资源，最大限度地帮助服务对象达成目标。要不断挖掘服务对象的自主能力，增强其主动参与能力。

第七章　社会工作综合实践能力培养的社会工作行政

中国特色社会主义进入新时代，我国社会主要矛盾已经转化为人民日益增长的美好生活需要和不平衡不充分的发展之间的矛盾。新时代，社会工作行政要求更好地贯彻以人民为中心的发展思想、更好地保障社会福利。社会工作行政是指政府的社会工作机构、社会的福利保障组织对社会福利工作进行的行政管理，实施社会政策，满足人民群众各类福利需求的活动。具体内容包括制定、执行、实施社会政策，提高服务机构的工作效率及服务品质等。社会工作行政是社会工作的一个领域，属于社会工作间接的实务方法，包括目标、政策、人事、管理、服务和评估。目前，社会工作行政已经成为社会工作理论和实务中不可或缺的系统，并成为宏观社会工作的有机组成部分。通常认为，社会工作行政是政府公共行政的一个部门，包括行政人员、领导者与所有其他职员、下属或团队成员，是一种重要的间接社会工作方法，通过行政程序确保服务功效，以实现社会福利的目标。社会工作行政是一个包括计划、组织、人事、指挥和控制等动态的、持续不断的过程。社会工作行政可以在法规政策分析与认知、法规政策实务指引及倡议、制度流程创制、资源整合与有效分配等方面发挥专业效能。①

第一节　社会工作行政的含义、原则与特征

一、社会工作行政的含义

社会工作行政由 Social Work Administration 翻译而来，是一个舶来词。它又被称为社会福利行政（Social Welfare Administration）或社会行政（Social Administration）。多样化的称谓已经显示，它是一个不同地区、不同学者有不同理解和关注的概念。②社会工作行政是现代社会的产物，作为一种社会活动领域，它同现代社会福利的发展密切相关；作为一种知识体系，它与社会福利实践及相关社会科学知识的发展联系在一起，并随着实践及理论的发展不断充实自己的内容。由于人们对问题的看法和理解不同，社会工作行政的定义也多样化。③

斯宾塞（Sue W.Spencer）将社会工作行政界定为：“对机构内部关系和进取活动进行理性管理的过程，以实现理想目标。”包括促成机构及其所在社区资源互相开放、转化的过程。

---

① 区伟祥：《社会工作行政浅谈（上）》，《中国社会工作》，2018 年第 13 期。

② 刘勤：《社会工作行政：缘起、困顿与趋向》，《重庆工商大学学报（社会科学版）》，2016 年第 33 期。

③ 武扬帆：《社会工作视角下的生态福利社会化》，《社会工作》，2012 年第 2 期。

崔克尔（Harleigh B.Trcker）综合各家说法，总结出社会工作行政的共同要素有：社会工作行政是连续的行动过程，达到共同的目的，发掘并运用人力和物力资源，设计、组织和领导等行政管理要素等。崔克尔认为，社会工作行政是“一个持续工作的过程，在这个过程中，与人进行合作，释放以及汇聚他们的潜能，从而使他们利用所有可能拥有的资源，满足有需求的社区，提供服务和计划”。

斯基德莫尔认为：社会工作行政是“机构内的工作人员将机构政策转换成服务的行动过程”。

邓纳姆认为，社会工作行政是“对提供直接服务机构给予支持性和推进性活动的过程。社会行政的范围涵盖功能、政策、行政领导的决定和程序的运作，如事件记录、财务管理、服务维持等”。

斯坦认为，“社会工作行政的定义是多样性的”，但目前被广为接受的中心定义是：通过系统协调与合作，界定和实现组织目标的持续过程。

我国学者白秀雄认为，社会工作行政概念有广义和狭义之分。广义的社会工作行政是指一个政府根据其政策，顺应社会福利和世界潮流，并参照当前社会需求与状况，所从事的有关社会福利的措施及活动，其目的在于发挥政府福利工作的功能，履行国家福利工作的责任，以保障人民的生存权、工作权及财产权。狭义的社会工作行政，其任务在于使所有社会机构工作人员均能依照他们的功能担负其责任，均得适材适所，充分发掘和利用资源，有效地为民众提供最佳服务。简言之，广义的社会工作行政是指社会工作行政的主管机关及其他行政机关，如卫生、教育、司法等对全体人民采取的一系列社会福利措施。狭义的社会工作行政是与民众一起工作以建立并维持协同努力的体系的一个过程。①

综上，从社会服务机构管理实践和社会工作专业角度看，社会工作行政是指社会服务机构的工作人员在国家宏观社会政策的框架中，利用管理学、社会学、社会工作学等学科的理论和方法，确定一个社会服务机构的组织目标，获取并妥善利用资源，通过计划、组织、领导和控制等环节来协调人力、物力和财力资源，对社会福利工作进行行政管理，实施社会政策，满足人民各类福利需求，以保证服务机构的效率与效果的活动和过程。

二、社会工作行政的原则

美国社会工作专家崔克尔(Harleigh B.Trecker)认为社会工作行政是一个连续的行动过程，这一过程的运作是为达到共同的目标，在这一过程中要善于发掘并运用人力和物力资源，为实现共同目标必须运用协助与合作的方法，这是一个计划、组织和领导行政运行的过程。崔克尔概括学者对社会工作行政原则的观点，包括如下要素：

（1）社会行政是一个持续的、动态的过程；

（2）社会行政是一个调动积极性的过程，以实现共同的目的或目标；

（3）为了实现共同的目标，发掘并利用人力和物力等各种资源；

（4）以协调和合作的方式获得人力和物力各种资源；

（5）社会行政包括计划、组织和领导。

据此，崔克尔提出了社会工作行政的 18 个原则：社会工作价值原则、社区与案主需要原

① 时立荣：《社会管理背景下的机构社会工作行政探析》，《东岳论丛》，2012 年第 1 期。

则、机构目的原则、文化环境原则、有目的的关系原则、机构整体原则、专业责任原则、参与的原则、沟通的原则、领导的原则、计划的原则、组织的原则、授权的原则、协调的原则、运用资源的原则、改变的原则、评估的原则、成长的原则。

三、社会工作行政的特征

（一）全局性

社会工作行政的着力点包括：社会治理体系和能力的现代化，需要不断提升专业化水平，社会工作以柔性的专业服务化解基层面临的矛盾和问题，从而构筑社会安全网。社会工作是社会福利制度的重要组成部分，它以专业服务让社会福利精准地、有效地传递到有需要的人手里。社会工作是专业的助人技术，在先期预防问题发生、修复社会问题和促进社会发展上具有其他专业不可替代的作用。党的十九报告中提出了要打造共治共建共享社会治理格局，并首次提出加强社区治理体系建设，为专业社会工作服务指明了方向：第一，运用专业服务促进居民自助。助人自助是社会工作的精髓，在社会治理中，居民自助的主要实践形式是居民自治。培育居民的责任意识、参与意识和法治精神是专业社会工作的服务方向。第二，运用专业服务促进邻里互助。社区共同体的建设是社区治理体系的重要内容，和睦的邻里关系是社区共同体建设的基础，依托专业社会工作在社区搭建各种平台，促进邻里互助与守望相助。第三，运用专业服务促进社会单位参与社区治理。社会单位是社区治理的责任主体，专业社会工作通过服务，激发社会单位的治理责任，充分发挥社会单位在社区治理、管理和服务的资源优势和技术专长，极大地提高社区治理水平。第四，运用专业服务促进政府治理与社会调节、居民自治良性互动。党的十九大报告指出要"加强社区治理体系建设，推动社会治理重心向基层下移，发挥社会组织的作用，实现政府治理和社会调节、居民自治良性互动"。政府以购买服务的方式，发挥专业社会工作组织的作用，在协助基层党委、政府、社区推动政府治理与社会调节、居民自治良性互动中产生了很好的效果。

新时代的社会工作行政，一要立足服务基层、服务社会，促进社区治理；二要聚焦困境人群，将党和政府的温暖送到最需要的群众手里，以专业服务先期预防和化解矛盾和问题，构建柔性的社会安全网；三要积极投身精准扶贫实践中，以助人自助的方式，协助贫困家庭渡过难关。

（二）价值性

通常把社会工作价值归纳为服务、社会公正、个人的尊严和价值、人类关系的重要性、诚信和能力。在操作层面，社会工作价值观可以概括为接纳、尊重、个别化、自决权和知情同意、保密、不批判。价值观是社会工作实践的灵魂，是社会工作者的精神动力。作为一种专业价值观，它的基础是社会主流价值和社会工作专业的独特追求。一般而言，社会工作价值观，是指一整套用以支撑社会工作者进行专业实践的哲学信念。社会工作价值观以人道主义为基础，建立充分体现了热爱人类、服务人类、促进公平、维护正义和改善人类与社会环境关系的理想追求，激励和指导着社会工作者的具体工作。社会工作体现民生的最主要问题。我国的社会工作价值体系是依据国情，并在吸收国际社会工作发展成果的基础上，根据当前我国社会工作的发展特点确立起来的，在建设方面更加注重强调培育和践行社会主义核心价值观、重视道德建设、体现社会发展的要求。社会工作者理应倡导富强、民主、文明、和谐，倡导自由、平等、公正、法治，倡导爱国、敬业、诚信、友善，积极培育和践行社会主义核心价值观。社会主义核心价值观是社会工作实践的灵魂，是社会工作者的精神动力。社会主义核心价值观可以指导社会工作者的实践，是促使社会工作者个人成长的有效力量。社会工作价值观能让社会个体充分发挥自己的作用，提升自身的素质，社会工作价值观具有重要作用。社会工作者的价值观可通过五个方面来体现。

第一，对服务对象的看法。在实践中，社会工作者应将服务对象看作一个与自己有平等价值的人，是有潜力改变且有能动性的个体，社会工作者要充分相信服务对象自身所具有的优势，并在工作过程中注意倾听服务对象的声音，将他们视为合作伙伴，确立与服务对象的民主工作关系。

第二，对专业实践的看法。社会工作者应坚持专业的立场，在实践中努力提高专业服务的质量，不断学习和充实专业理论知识实践技巧，提高专业实践效率和改善服务效果，强化专业服务的标准。

第三，对服务机构的看法。社会工作者应维护服务机构的政策、立场和管理规则，在社会服务过程中尽力做到公正合理地处理个人与机构的关系，尽自己最大的努力尽量避免在外部对服务机构进行批评。

第四，对公共福利的看法。在实践中，社会工作者应不断改进专业实践，提高专业服务水平，增进总的社会福利水平。在社会福利资源分配过程中，社会工作者要注重公平正义原则。

第五，对社会发展的看法。在实践中，社会工作者对社会前途和远景始终坚持积极乐观的态度，他们相信社会发展的美好未来，并愿意付出持续不断的努力，通过专业实践和服务推动社会进步。

新时代，社会工作的使命本质上是解决社会问题、满足社会需求、化解社会矛盾，正因如此，社会工作的面貌与当下社会的发展自然息息相关。按照社会工作专业特质来看，专业性和政治性始终是社会工作的两个重要特征，中国社会工作在突出专业发展的同时，如何更好地把握社会工作的政治定位，这是当下国内社会工作界需要进一步思考和探索的重要议题。当下我国社会工作发展的重要目标是稳步推进社会体制改革，完善基层群众自治制度，加强社区治理，发挥好工会、共青团、妇联等群团组织作用，促进社会组织、专业社会工作、志愿服务健康发展。任何一个国家的社会工作发展都是对应于特定时期的社会现实，我国社会工作的发展同样需要不断增强政治意识、大局意识、核心意识、看齐意识，深入贯彻落实新发展理念，坚持以人民为中心的发展思想，从我国基本国情出发，尽力而为、量力而行、稳中有进，把群众最关切最烦心的事一件一件解决好，促进社会公平正义和人的全面发展，使人民的生活随着国家的发展一年更比一年好。①

案例：

费女士是一位农村中学教师，收入不高，她的丈夫以前在一家乡镇企业上班，下岗后外出打工，他们有三个女儿，全家在贫困线以下挣扎。费女士两个月前怀孕了，一方面，费女

① 王瑞鸿：《新时代中社会工作的新愿景》，《中国会工作》，2018 年第 10 期。

士不想再要孩子，因为家里经济条件差。另一方面，由于受当地传统观念的影响，他们夫妻两人都觉得不生一个男孩子就是一种罪过和耻辱，尤其对不起家里两位老人。

作为一名社工，你怎样帮助解决费女士和她的丈夫在提高生活水平、尊重老人、正确理解传统价值观等方面存在的认识问题？

这个案例包括价值冲突与价值选择问题。作为一名合格的社工，对此应该有什么样的专业价值观呢？

（1）自决原则。自决原则是指案主有权持有和表达自己的观点，并按自己的观点行事，前提是不能损害其他人的权利。当案主面临价值矛盾时，我们要先帮助案主准确地找出问题所在，确定解决问题的方案，并一一分析优缺点，然后由案主自己做出选择。例如，我们可以帮助费女士理出人工流产的优缺点，要她认真分析之后再做决定，这体现了自决原则。

（2）助人自助。助人自助就是帮助那些有困难的人解决他们自己的问题。助人的过程就是社工解决问题的过程，并在工作过程中实现专业价值。社工助人并非单纯提供物质帮助，还应致力于案主自信的恢复，帮助他们重新走上社会正轨。

（3）尊重。人生的价值不在于索取而在于奉献，因此必须尊重人的价值，理解人，尊重人，关心人。特别是对老年人、残疾人、贫困者，不能把他们当作社会包袱，而应当看作社会财富。在处理人与人的关系时应树立平等、互助、合作的观念，使社会工作成为沟通和调节人际关系以及协调个人与社会关系的桥梁。

（4）保守秘密原则。社工要严格为案主保守秘密，如果社工泄露了案主的一些秘密而给案主带来伤害，案主可以向有关部门起诉。保守秘密原则是非常重要的，如果案主认为社工有可能向他人泄露秘密，案主就不会讲一些个人的情感、思想、行为，这样的话工作就很难开展下去。在这样的情况下，可能会有一些特殊情况，我们又该怎样处理呢？

案例：

一位社工实习生与一个未婚妈妈建立了相互信任的专业关系。这位未婚妈妈告诉实习生，她与一位男子约会，每当这位男子喝醉的时候就会打她。这位未婚妈妈还告诉实习生，她有证据表明，他的男朋友在另外一个城市犯过严重的偷窃罪。在这种情况下，实习生应该怎样做？要不要告诉警察呢？

（5）换位思考。换位思考是指设身处地为他人着想，即想人所想，相互理解。人与人之间要互相理解、信任，能换位思考，这是人与人之间交往的基础。

（6）独特性原则。每一个人都是独特的，这种独特性表现在生活的各个方面，如价值观念、个性、情感、爱好、经历及家庭关系等。社工在工作时应该尊重案主的独特性。

一个优秀的社工要具有丰富的生活常识，并相信自己的直觉。社会工作专业价值观原则为社会工作者提供了工作指导方针，但是我们不能机械应用这些价值观与原则。在处理特定的问题时，要利用自己的专业知识进行判断，以便做出最好的选择。

（三）人际取向

社会工作的核心价值理念是助人自助，即通过帮助有困难、有需要的人，使其在克服眼前困难的同时，增强解决困难的能力。社会工作者在服务过程中持守平等、尊重、接纳、使能等基本信条，一切为了服务对象。这种助人自助的专业特征可概括为：与其授人以鱼，不如授人以渔。社会工作是帮助困难群体、弱势群体及广大民众解决困难和问题的工作。在分析这些困难和问题的成因时，社会工作者既要重视服务对象个人方面的原因，也要重视社会方面的原因。人与社会环境是相互依存的。社会工作者并不只是提供简单的、具体的服务，应把服务对象能力的发展、外部环境的改变作为工作目标。在此基础上，社会工作者希望促成人与社会环境的良性互动：一方面，通过解决问题和增强能力使服务对象有能力应对环境的压力和挑战；另一方面，通过调动环境中的资源和改善环境，向服务对象提供更多支持。

社会工作是现代社会制度体系不可或缺的组成部分，它通过提供服务、解决社会问题对社会运行发挥重要的影响，具有积极作用。社会工作在一般的意义上来说是具体解决社会问题的专业活动，不但可以给困难人群以实际的帮助，而且可以缓解社会矛盾有助于社会稳定。在这里，社会工作通过提供服务间接地起到社会管理的作用。社会工作的维持社会秩序的功能与一般行政管理有所不同。行政管理倾向于用行政力量，即自上而下的行政系统和权力解决问题，维持社会稳定是其直接目标。社会工作则通过服务，化解矛盾、解决问题，达到维持社会秩序的效果。在解决问题的方法上，社会工作不但强调社会秩序的重要性，也要通过改变环境、完善制度来解决问题。所以，社会工作可以从更深层次上发挥维持社会秩序的功能。社会和谐是指社会各构成要素之间的良性互动，社会成员之间相互接纳、平等相处的生活状态。在现代社会，原来相对稳定的社会关系体系被打破，社会工作应以人为本，致力于在社会成员之间建立相互支持的关系。这不但可以改善人们生活的具体社会环境，也有利于促进社会和谐。应该指出的是，社会工作进行的面对面的、深入人心的、人性化的服务在化解矛盾和冲突时所产生的促进社会和谐的作用，是一般行政方法所不能比拟的。社会工作通过自己的服务，还可以在社会上弘扬慈善精神，促进互相关爱的良好的社会风气的形成。

（四）法制化

党的十九大报告指出，要增强依法执政本领，加快形成覆盖党的领导和党的建设各方面的党内法规制度体系，加强和改善对国家政权机关的领导。党的执政必须依法执政、科学执政、民主执政。社会工作行政法制化，有利于完善我国社会工作行政立法体系，做到有法可依；有利于加强执法工作，做到执法必严；有利于开展法治宣传，增强公民法律意识。总之，社会工作行政法制化，是进一步加强政权建设，改革社会工作行政管理体制，理顺国家与社会、各级政府部门之间、各社会工作机构内外关系的需要，是国家依法治国思想的具体体现，它将社会福利的目标与社会工作机构的管理目标统一在法治的基础上，是提高社会工作行政管理科学化、效率化，满足人民根本利益需求的有力保障。

（五）协调性

对于社会工作行政来说，协调主要是指社会工作的价值与伦理的协调。蒂特马斯早已指出，社会行政与私人（市场）行政之间应当有所区分。除了目标，从业人员所需之知识、教育与训练之原因，体制等差异外，社会行政犹须注重伦理守则。[①]范志海和阎更法特别强调伦理维度在社会工作行政中的地位，认为社会工作行政因此成为不同于公共行政与私人行政的

① 理查德·蒂特马斯：《社会政策十讲》，江绍康译，吉林出版集团有限责任公司2011年版。

第三种范式。[1]第三种范式鲜明地指出了伦理与价值维度之于社会工作行政的约束作用。对于当前中国的社会工作行政而言，这些约束至少包括以下几个方面：首先是处理效率和效能间的紧张关系。在有限资源前提下开展专业服务、员工管理以及面对案主及社会公众的问责，势必要求管理者具有效率意识，然而社会工作又应以满足案主需求为要义，这与效率之间常常形成紧张关系。其次是伦理原则内部的优先次序选择，如如何公平分配资源等。[2]最后是在中国特定情境下所面对的一些伦理困境。社会工作行政人员常面对诸如趋向服务案主抑或社会控制、依靠个人关系拓展社会工作业务范围这样的困惑，[3]也常面对如何将来自西方的专业伦理本土化，如案主自决、专业关系与中国文化的对接等。[4]在中国情境中探求社会工作领域社会工作行政的协调，深入挖掘影响社会工作行政协调推进的各种问题，将有助于深化对我国社会工作行政的认识。

（六）专业责任

亚里士多德说："任何职业、任何研究、任何活动、任何决定都一样，似乎都在导向善的事物。因此，'善'可正确定义为所有事物的目的。"美国社会工作者协会（NASW）的伦理守则在前言中对社会工作的专业使命有如此表述："社会工作专业的首要使命在于促进人类的福祉，协助人类满足其基本人性需求，尤其关注弱势群体、受压迫者及贫穷者的需求和增强其力量。"其对社会工作使命的界定为整个社会工作界所接纳。毫无疑问，社会工作是一个"向善"的职业体系，其专业责任的核心便是"善"。善的符号给人带来一个幻想，即作为道德实践的社会工作，其过程应当是幸福的，其结果应当是甜美的。但现实却总是不尽如人意，社工常常经历服务过程的艰辛与服务结果的苦涩。我国的社会工作专业服务模式是从西方传入，其间的文化适应性问题不言而喻。影响社会工作责任的因素大致有如下几个：

其一，传统价值与现代文明之间的撞击。中国传统价值观来自儒家思想，重视家族主义与集体主义，普遍性表现为遵从权威、谦让、谨慎、忍耐、勤劳、节俭、安分、孝亲敬祖等。而现代化社会又融入了认知态度、思想观念、价值取向及行为模式，二者在社会发展过程中难免发生碰撞。

其二，一些新的个人与社会之间的冲突往往要求社工担当社会矛盾的缓冲剂，即扮演调节个人与社会矛盾的角色。既要维护个人权益，又要维护政府利益，还要维护社会公义，错综复杂的角色扮演常常令社工顾此失彼。

其三，个人伦理与专业伦理的矛盾。社会工作者在现实复杂的情境中，既要保持尊重、接纳、不批判的态度，又要协助案主寻找其的问题解决的策略；既要实践真诚与热心的专业伦理，还要保持其客观冷静的个人态度；既要秉持价值中立的原则，还要思考强价值介入的适切性。度的把握与拿捏实属不易。

破解本土社会工作价值与伦理的困境实非易事，追寻专业责任的"善"才是根本。首先，"善心"关注的是社工个体的价值观。一方面，社工要有个人价值观之自我省察的意识，因为

---

① 范志海、阎更法：《社会工作行政》，华东理工大学出版社 2004 年版。

② Frederic G.Ream er：《社会工作价值与伦理》，包承恩等译，洪叶文化事业有限公司 2003 年版。

③ 史柏年：《谈中国特色社会工作行政体制建构》，《社会工作》，2012 年第 6 期。

④ 费梅苹：《社会工作"案主自决"原则在中国社会的实践——从中国传统文化的个人观谈起》，《华东理工大学学报（社会科学版）》，2002 年第 2 期。

价值澄清是社工开展专业服务的基本前提。社工需要深入探究影响其个人决定和行动时出现的偏好，及偏好背后的各种深层想法及情感反应。这样有助于社工在面临价值挑战时，明白问题的症结在何处。另一方面，社工需要建构以利他主义为核心的专业价值。利他是单方面付出而不求回报，是对人的基本体恤与关怀，是对案主和专业的委身与承诺。只有建立了利他主义的价值体系，才能在社会工作的征途中持守信念，勇往直前。其次，"善行"侧重的是社工实践的伦理操守。一方面，当务之急是重新制定符合本土发展现状的社会工作伦理守则。伦理守则是社工伦理行为的基本保障，我国现行 1990 年制定的《社会工作者职业道德》已难以完全满足专业发展的需要，且在实务情境中难以对社工伦理行为起到指导作用。另一方面，建立社会工作伦理审查申述制度。建立专业制度的目的不是为了保障从业人员的利益，而是希望从业人员负责任地提供优质服务。不可否认，由于种种因素，社工在职业过程中可能出现过失或不当的行为。确立社工伦理行为的审查及案主的申述制度，既可协助社工对伦理操守有基本认识，又为案主有权利获得更好的服务提供保障。

第二节　社会工作行政的功能与职责

社会工作行政的功能与职责，是指社会工作行政在管理社会公共事务过程中所发挥的作用。社会工作行政的基本功能在社会工作诞生时就有，并随社会工作行政所处的客观环境或面临的主要任务的变化而变化。它具有组织整合、效率追求、需求满足、目标实现的基本功能，并在服务社群的过程中产生了应对挑战、完善制度、协商矛盾等拓展功能。

一、组织整合、服务社会

为社会服务，解决社会问题，增进社会成员的福利，将社会政策变为实际的福利活动，并让有需要的成员真正受惠是社会工作行政最主要功能与职责。社会工作行政是调整福利组织内部不同构成要素之间的关系，使之达到有序化、统一化、整体化的过程。通过组织的形式，统一行政人员的认识，使组织成员的活动由无序变为有序，把分散的成员个体行为黏合为一个强大的集体行动，把有限的个体力量变为强大的集体合力。社会工作行政在将社会政策转变为具体服务的过程中要将宏观政策具体化，因而具有解释政策的功能，并且发挥着重要的"规划"功能。[①]社会工作行政的基本功能有四个：导向功能、调控功能、管制功能与分配功能。

（一）导向功能

针对社会利益关系中矛盾所引发的社会问题，社会工作行政通过社会政策对人们的行为和事物的发展加以引导，因而社会政策具有导向性。社会工作行政是规范人们行为的准则。

---

① 互联网文档资源，http：//wenku.baidu.c.

它告诫人们应该按照什么原则做什么事而不能做什么事。社会工作行政的导向功能，有两种作用形式：一种是直接引导，另一种是间接引导。我国的许多农村社会政策，既直接引导了农民发展农业生产的行为，也间接地对城市居民的工作与生活发生了影响，引导与制约了他们的行为。这种间接导向作用，反映在行为上，更反映在观念的转变上。比如，在城市居民中，如何看待农村及农村生活，从观念上发生了深刻的变化。甚至还会出现一类情况，即某项社会政策对一部分人的观念与行为，原本是起到间接引导作用的，在一定条件下这种间接引导作用会转变成直接引导作用。

从作用结果来看，社会工作行政的导向功能包括正向引导功能和负向引导功能。正导向是社会政策对事物发展方向的正确引导，体现了人们对事物发展规律所表现出的正确认识。这一点理论上不会有什么争议，关键是如何理解负导向功能。在我国，政府社会政策所谋求的是要符合绝大多数人的利益。即使在绝大多数人中，人的素质有差别，也不排除一部分人从实用主义的角度来理解某一项社会工作行政的内涵。任何一项社会政策不可能是尽善尽美的，总需要在实践中不断完善。

（二）调控功能

社会工作行政的调控功能是指政府运用社会政策，在对社会公共事务中出现的各种利益矛盾进行调节和控制的过程中所起的作用。社会政策的调控作用，主要体现在调控社会各种利益关系，尤为重要的是物质利益关系。现实社会里存在着追求各种不同利益的群体。他们中有些人的利益是一致的，有些人的利益则不一致。有些人在一定时期内利益是一致的，而在其他时期内又会不一致。利益的差别、摩擦、冲突是不可避免的。为了平衡各种利益矛盾，实现社会的稳定和发展，作为一项政治措施的社会工作行政，需要承担起调控社会利益关系的重任。社会工作行政作为政府用以管理社会的工具，首先必须在维护统治阶级的利益与需要方面，起到巨大的政治作用。这是社会政策发挥调控作用的出发点。社会工作行政的调控功能，也有直接的和间接的两种形式。社会政策的调控功能，常常还表现出特有的倾斜性。因为政府目标在不同时期会有不同的侧重点，社会政策要围绕政府目标的侧重点，鲜明地倾向于政府工作的某一方面，即政府在满足整体利益的前提下，优先对某一领域，以及相应的某一些利益群体施加保护或者采取促进性措施，使之得到充分发展，而这些措施往往是向社会政策倾斜的重要内容。社会政策不仅指明人们应该做什么、不该做什么，而且还指明应该先做什么、后做什么，以此调控社会群体和个体的行为，规范人们的行动。

（三）管制功能

社会政策主体要制约、禁止社会政策对象不做什么，或者说要使社会政策对象不发生社会政策主体不愿见的行为，因而社会政策对社会政策对象的行为具有管制功能。这种功能是通过社会政策的条文规定表现出来的。通常采取两种做法来设定社会政策的管制功能：第一，条文规定使社会政策对象不能、不愿、不敢超出规范擅自行为，这是社会政策的积极性管制功能。第二，条文规定使社会政策对象一旦发生违反规范的行为时，就会受到相应的惩罚，这是社会政策的消极性管制功能。用于法庭审判的法律条文，一般都具有这种功能。在国际贸易关系中，有的国家践踏双边、多边协议或国际惯例，由此受到损害的国家在交涉无效的情况下便采取贸易报复措施，也是社会政策的这种功能的一种体现。①

（四）分配功能

社会工作行政具有利益的分配功能。这种功能需要回答三个方面的问题：将那些满足社会需求的资源向谁分配？如何分配？什么是最佳分配？

社会经济地位、思想观念、风俗习惯以及知识水平等方面的差别，造成了不同的人有不同的利益需求。然而社会的实际资源是有限的，不可能时时、事事都满足每一个人的需要。社会中每一个利益群体与个体都希望在有限的资源中多获得一些利益，这必然会在分配各种具体利益时产生矛盾。如果这些矛盾激化，就会造成社会不稳定。

为减少社会成员之间的利益摩擦，需要站在公正的立场上，用社会政策来调整现实的利益关系。一旦某项社会政策付诸实施，必然是一部分人获得利益，另一部分人未获得利益；或者一部分获得了较多的利益，另一部人非但未获利益，甚至有可能失去原有的利益。每一项具体社会政策，都有一个“谁受益”的问题。那么，利益究竟分配给谁？在通常情况下，下列三种利益群体和个体，容易从社会工作行政中获得利益：

第一，与政府主观偏好一致或基本一致者。政府是社会政策制定的主体，自然也是利益分配的主体。政府显然愿意把社会利益分配给自己的拥护者，而不是反对者。

第二，最能代表社会生产力发展方向者。社会工作行政的利益取向，要求必须明确谁是社会政策的受益者。社会政策的好与坏、正确与错误，首先看它是否有利于生产力的发展。不言而喻，其行为体现生产力发展趋势者，必然会从社会政策中获益。

第三，普遍获益的是社会多数或绝大多数者。一项社会政策的实际效果，取决于该社会政策是否符合绝大多数人的利益。因为在社会政策实施过程中，利益得到满足或基本满足的各种利益群体与个体，会自觉不自觉地拥护和执行社会政策，促使社会政策的实际效果与预期效果一致。一般来说，在特定时期内社会政策受益的人越多，发生社会政策偏离的可能性就越小。

在市场经济体制下，市场调节以效率为原则，但它又要坚持社会公平原则。多年来，尽管我们一再提倡效率优先、兼顾公平的原则，但是社会利益矛盾仍然在一定程度上存在分配不公，尤其是物质利益分配不公的现象。那些不合理的分配政策，假如得不到及时纠正，就必然会大大加剧利益分配中的矛盾，有可能会从物质利益冲突发展到非物质利益的冲突。因此，认真地研究社会工作行政的利益分配功能，既是重要的理论问题，又是一个严肃的实践问题。

案例：

法治社工的“规划”功能

一、案例背景：

1. 个案基本资料

社区矫正对象：刘女士，女，33 岁。

① 宁骚：《公共政策》，高等教育出版社 2000 年 2 月版，第 163 页。

接案时间：2017 年 3 月 7 日。

2. 个案来源及接案原因

个案来源：XX 区 YY 司法所转介。

接案原因：因犯销售假冒注册商标商品罪被判有期徒刑六个月，缓刑一年。由 YY 司法所进行监管，司法所将其转介给友善社会服务中心，并安排司法社工进行介入，协助社区矫正对象能适应社区服刑生活，接受事实，正常生活。

3. 个案背景资料

（1）教育/工作经历：初中毕业。事情发生前社区矫正对象开了一家文具店，因为销售假冒注册商标的商品罪被判刑后就没有再开店了，目前处于失业状态。社矫对象表示也不打算再开店，在家里教养孩子，偶尔去打散工。

（2）经济：社矫对象自从事发后就没有固定收入，除了靠丈夫工作外，社矫对象也偶尔去打散工帮补家里。由于家里有自置物业，因此家里的经济情况并没有太大问题。

（3）休闲/娱乐：事发前社矫对象一直在开店，并没有什么休闲娱乐的时间。现在店关了，就在家里带小孩，接送上学，有空就打散工，也没有特别喜欢的休闲方式。

（4）同辈群体：在社矫对象的同辈群体中并没有出现犯罪行为或者有犯罪记录的，都能做到遵纪守法。因此，社矫对象很介意被人知道是社区服刑人员，怕被人看不起，也害怕影响到孩子。

（5）情绪/精神：事发后社矫对象在××区看守所待过，期间社矫对象情绪不稳定，出现失眠、担心、沉默等情况。这种情况维持到社矫对象入矫那日。

二、分析预估

1. 问题分析

（1）从评估报告上看，社矫对象的评估分数为 7 分，属于轻度介入。其中主要体现在文化水平和休闲娱乐。由于社矫对象文化程度较低，自身法律意识比较薄弱，并没有在意自己在店里所卖的假冒商标的商品属于犯罪行为，从而导致现在的违法犯罪。在休闲娱乐上，社矫对象没有什么兴趣爱好，事发前就是每天看店。如今店不能开了，其还不能适应从工作者到无业者的角色转变，社矫对象还没有适应过来。现在每天就是接送小孩上学，也没有什么朋友可以聊天、聚会，导致生活单一，朋辈支持不足。

（2）从社工观察并初步接触社矫对象上看，社矫对象在入矫仪式上情绪不太稳定，神情惶恐，眼眶泛红。在与社矫对象的交谈中，社工得知社矫对象在看守所待过一段时间，社矫对象表示那个地方是个噩梦，每天都睡不着，失眠对社矫对象的情绪造成了一定程度的影响。此外，社矫对象还表示自己现在是社区服刑期间，是一个罪犯的身份，定期还要完成社矫的规定任务，很害怕被人知道，特别是被小孩的同学或者其父母知道自己是社区服刑人员，会对孩子的生活造成影响。因此社矫对象的情绪不稳定，出现很多不合理的念头，从而影响到其生活。

2. 需求分析

（1）社矫对象的法制意识比较薄弱，需进一步提升。

（2）对于社区服刑生活，社矫对象还不适应，需协助其适应社区服刑生活。

（3）社矫对象生活单一，缺乏朋辈群体支持，需丰富其正向的休闲娱乐活动，并增加朋辈支持。

（4）社矫对象的情绪不稳定，影响其生活，需疏导其情绪，恢复正常生活。

三、服务计划

1. 介入理论

ABC 理论是理性情绪行为疗法的核心理论，其主要观点就是情绪或不良行为并非由外部事件诱发的，而是由于个体对这些事件的评价和解析造成的。埃利斯认为，正是因为人们因事件产生了不合理的信念才产生情绪的困扰，如果不合理的信念持久不散，就会产生自身在认知、行为、情绪等方面的障碍。在 ABC 理论中，社矫对象因为犯罪被判了缓刑，需要进行社区矫正（A 代表诱发事件）；在社区服刑期间，社矫对象的身份是罪犯，其害怕被左邻右里和孩子同学或家长知道后，嘲笑自己和孩子，不与其来往，影响孩子的学习交往（B 代表个体对这一事件的看法解析及评价，即信念），因此社矫对象并不想参加社区矫正规定需要完成的任务，平时接送完孩子就回家，也不与人接触，一直担心其身份会被发现，导致其情绪焦虑，紧张失眠，精神萎靡，不能适应社区服刑生活（C 代表继这一事件后，个体的情绪反应和行为结果）。社工需要一方面疏导社矫对象紧张焦虑的心情；另一方面需要让社矫对象意识到自身负面情绪，帮助社矫对象改变其不合理信念，恢复正常生活。

2. 服务目标

（1）服务总目标：

协助社矫对象解决其情绪问题，丰富其休闲娱乐生活，提高其社交能力，使其适应社区矫正生活，安心接受社区矫正，顺利渡过矫正期。

（2）服务具体目标：

第一，向社矫对象澄清社区服刑相关规定，协助其能按时完成社区服刑任务，顺利渡过矫正期。

第二，对社矫对象进行心理辅导，改变其不合理信念，使社矫对象树立正向信念，适应其身份，积极面对社区矫正。

第三，鼓励社矫对象参加小组或者社区公益服务活动，提升社交能力，发掘自身兴趣爱好，在丰富自身生活之余，增加朋辈群体支持。

第四，让社矫对象通过参加法制教育活动，提升自身法制意识，以防重新犯罪。

3. 服务策略

（1）了解社矫对象基本情况，向其澄清社工与司法所工作人员的区别及在社区服刑期间需要按时完成的任务，消除社矫对象的抵触心理，使社矫对象放下戒心，与社工交谈，建立良好的专业服务关系。

（2）通过与社矫对象定期面谈，观察社矫对象的情绪问题，利用理性情绪疗法，改变其不良认知，建立良好正向的认知，使其能够积极看待社区矫正生活，重拾心情，面对生活。

（3）邀请社矫对象参加中心开展的法制教育活动，增强其法律意识；邀请其参加小组活动（如兴趣小组、人际交往小组、情绪管理小组等）或者社区公益服务活动等，提升其自我效能和交际能力，丰富其休闲娱乐，获得朋辈的支持。

社矫对象顺利度过矫正期，进行结案，跟进后续情况。

四、服务实施过程

1. 了解基本情况，建立专业关系，发现存在问题

社工与社矫对象初步接触是在司法所的入矫仪式上。在入矫仪式开始前，社工通过社矫对象基本信息表对其情况有了初步了解。入矫仪式开始后，社矫对象低着头，一脸颓靡，在面对司法所工作人员和司法警察时神情紧张，眼眶泛红，精神有些恍惚。入矫仪式结束后，社工与社矫对象进行面谈，社工首先澄清了自己的身份，表明社工在社区矫正期间的角色以及社矫对象在服刑期间需要完成的任务，让社矫对象对社区矫正有个清晰的认识。在对社矫对象做初始评估问卷调查以及心理评估问卷调查时，社矫对象就一直询问社工问卷有什么用，为什么要做，对其有没有什么影响等。社矫对象不太愿意回答社工的问题。对此社工向社矫对象进行澄清和解释，保证对其没有伤害和影响，只是为了更好地了解其情况，发现存在其问题和需求，以便为其制定更好的服务方案。社工与社矫对象建立了良好的专业关系后，在面谈中社矫对象提到自己在看守所待过，很害怕，每天都睡不好，很焦虑，同时也很怕别人知道自己的身份，特别是小孩的同学和家长，害怕自己会影响到孩子（被同学排斥和嘲笑）。平时除了接送孩子上学外不敢与其他家长接触，总感觉别人用异样的眼光看自己，好像自己身份被发现了一样，精神紧张，也不想出去参加活动。对于社矫对象的讲述，社工专注倾听，鼓励社矫对象多倾诉，并运用同理心，接纳她，拉近彼此之间的关系。社工找准社矫对象想要表达的重点，发现其存在的需求和问题，并且鼓励社矫对象更多地表达。

2. 定期面谈，缓解情绪，改变不良认知，适应社矫生活

发现社矫对象存在的问题后，在接下来的面谈中，社工帮助社矫对象缓解其紧张情绪，改善睡眠质量。社工每次先用十五分钟时间，采用肌肉放松法搭配播放轻音乐的方式，让社矫对象在与社工面谈中放松。接着与社矫对象讨论理性情绪疗法 ABC 理论，告知社矫对象导致不良认知的根本不是事件本身，而是源于自己对事情的看法和解析。社工引导社矫对象发现自身非理性信念并非自己的社区服刑人员身份，而是自身对于这身份产生的不良认知。社工建议社矫对象尝试从好的角度去看待某件事情的发生，如接送小孩过程中，对于他人的目光，不妨尝试认为对方是在问好或示意打招呼。下再次与社工面谈时，可以与社工分享一下自己的感受和想法。

3. 邀请参加活动，鼓励勇于尝试、接触、交往

当社工告知社矫对象在社区服刑期间需要完成“两个八小时”活动时，社矫对象表示能否不参加，怕万一被人看见或者发现了，不知道如何是好。此外，社矫对象还跟社工表示能不能对其身份保密，不要告知其邻居或者其他人。社工让社矫对象放心，表示会尊重社矫对象的意愿，并向其澄清矫正期间的任务必须完成，但是社工会为其保密，对外宣称是作为“志愿者”的身份参加活动。社工除了让社矫对象参加法制活动之外，根据社矫对象的情况，励邀请其参加社工开展的特定小组活动，如兴趣小组、人际交往小组、情绪管理小组等活动。起初社矫对象有些抗拒，在社工的引导下，社矫对象尝试去参加活动。每当面谈时，社工会引导社矫对象分享参加活动的感受。社矫对象从一开始的分享“很好”“还不错，挺有意思的”或者“我没参加过这种活动，不知道怎么说”等，再到分享“我觉得自己蛮喜欢手工小组的，社工会拿我的作品来做示范”“在人际交往小组里，我认识到了朋友，上次我们还约了一起出去呢”“我现在的情绪好多了，不会再乱想一通，睡眠也有所提高，不会常失眠”“很开心可以参加公益活动，能帮助到有需要的人，同时觉得自己也并非一无是处”，可以看出社矫对象

的变化在朝着积极良好的方向发展。社工对社矫对象的改变要进行赞扬并鼓励其保持下去。

4. 重拾正常情绪，拥抱生活

在社区矫正期间，社矫对象的非理性情绪得到了缓解，并加强了对自身情绪的管理，能积极按时完成服刑任务，适应社区服刑生活，直到解矫。社矫对象顺利地渡过了矫正期后，社工对其进行结案。之后，社工通过电话跟进社矫对象后续情况，得知社矫对象现在与邻居有走动，也会与孩子相熟的同学家长相约一起出游等。社矫对象现在能重拾心情出发，拥抱生活。

五、总结评估

1. 评估方法

（1）结案评估报告：从社矫对象的结案评估上看，社矫对象各方面并没有什么问题，并趋于正向发展。

（2）观察法：社工从介入前后观察社矫对象的变化，包括观察面谈中情绪的变化，观察其参加活动情况和表现。

（3）社矫对象评估：通过感受自身的变化，反馈给社工以评估其服务目标的完成度。

2. 介入成效

在社工的介入下，通过个案辅导，社矫对象的情绪逐渐缓解，并且改变了非理性信念，能正确看待事情的发生，积极对待社区矫正生活；通过小组辅导，社矫对象提升了社交能力，发掘出自身兴趣爱好，丰富生活之余，还获得了朋辈群体支持；通过社区活动，社矫对象能为社会奉献一份力，提高了自我满足感，增加了自我效能感。

六、专业反思

社矫对象作为特殊群体，社工对其进行服务应秉着接纳、尊重、去标签的态度。在服务中也不能指望仅仅通过聊天就能达成目标或者解决社矫对象的问题，应运用社会工作的三大方法进行介入，逐一击破。同时，服务中也应具备敏锐的观察力，观察社矫对象在介入后的变化。无论社矫对象是在服刑期间还是在解矫后，社工都可以促进社矫对象与志愿者之间的角色转换，也可以根据其优势和能力，将社矫对象发展成为义工，延续其自我效能感。本案例中社工则忽略了这一点。

二、追求效率、满足组织成员需求

社会工作行政不是资源配置下谋求利润和控制价格的企业组织，其行动关注于社会服务的分配和供给并使之满足社会公众的需要，这是市场或小群体无法供给的服务。市场并非唯一有效的服务配置和供给主体，在特定时空条件下，市场供给社会服务还会呈现低效率、无效率，而福利组织却更有效率。这也是为什么福利组织存在并供给社会服务的缘由。福利组织是和谐社会的重要组成部分，其通过高效的运作和科学管理方式，提高福利组织运行的效率，保证社会服务的有效配置和供给。社会工作行政是政府或非政府组织适应供给社会服务创立的工作方式，由福利组织内部成员操作。内部成员通过行政工作，完成社会服务供给，实现自己的人生价值，满足自身的劳动、成就、归属、自尊、情感等需要。

三、适应新时代，多方位提升社会工作行政的质量

中国进入新时代，社会工作行政的功能也要有新的定位。在管理层面上，社会工作行政通过统筹、组织、协调、监督等管理活动，有效配置各种资源，通过合理运用这些资源来提高机构的服务效率。社会工作行政的新内容：一是要对社会工作行政有新的认识。社会工作行政繁杂琐碎，承担着政府与社区的对接，既是服务的主体，也要承担起管理的职责，因此必须深刻解读上级的精神指示，了解居民在不同时期的需要，与时俱进，紧跟时代潮流，为社区居民提供切实需要的工作。新的角色定位，即社工并非一成不变的角色，而应随着时代变迁，不断调整自身定位和工作目标。二是社会工作行政要有新的精神面貌。一个时代的精气神，可以通过居民和干部的面貌来体现，这不仅是外观上的“精神”：干净、利索的穿着，严谨、专业的谈吐，更重要的是由内在的激情所散发出能激发他人“斗志”的气质。社工承担着为基层群众“谋幸福”的责任，而自身也是这一时代的受益者，理当充满激情，展现出新时代全新的面貌。三是社会工作行政工作人员要不断学习新的知识。社会工作行政所面对的任务，在一个时期可能是“疑难杂症”，但是通过学习，也会找到变通的办法去解决，这就对社工提出了学习的要求。社工从事着琐碎繁杂的任务，可通过向先进工作者学习、反思自身的案例等，不断积累经验，辅以不断的理论知识学习，促进自己提高，最终将自己打造成新时代的新社工。

四、具体地配置各种资源，形成社会服务的能力

社会工作是一项情感劳动，社工要在家庭、工作单位和其他领域扮演不同角色，为了更好地与案主互动，社工要运用自己的优势，融入个人经历和情感。因此，社工需要平衡好各个领域的自我情感，如果不能有调节或控制好自我情感，达不到平衡，就会导致工作倦怠，降低工作热情，进而影响工作效率，甚至影响心理健康。一方面，要正确认识和看待社会工作，调整好自己的期望值。社工倾注的情感都是无形的，通过态度、言行、情绪来表现，而个人的身心精力毕竟有限，时间长了难免会产生麻木感和疲倦感，因此需要调整好自己的期望值。矫正社工存在一个大系统中，周围有街镇、居委会、派出所、区工作站、区矫正中心等形成的系统，既有横向的，也有纵向的。社工除了为服务对象提供服务外，还需要达到各个子系统的要求，而各子个系统的要求是不同的并且是动态变化的，甚至是矛盾的，这就需要我们随时调整或重新安排工作，及时处理好重点工作，并且能够理解每种情况的不预设性，调整好心态和期望值。另一方面，要平衡负面情绪。要自我调节，根据社会工作的优势视角理论，其核心理念是，相信人们天生具有一种能力，即通过利用他们自身的自然资源来改变自身的能力。社工需要从自身做起，改变自己的视角和思维方式，将遇到的负能量转为正能量，时时用学到的知识“治疗”自己，做到不产生“移情”和“同情”，恰当地抽离自我情感，以理性的方式来平衡自己的负面情绪。然后是营造环境氛围。根据社工理念“人在情境中”以及能量守恒定律，人并非完全独立自存的个体，人与人之间、各个成员间有着千丝万缕的关系。因此我们要创设积极的环境氛围，达到相互间正向的影响作用，获得积极向上的情感力量，从而屏蔽负面情感。社工需要应对各种场域，扮演多元化任务角色，因此需要平衡好自我情感，以理性的方式看待并做到适时地投入或抽离情感，通过各种方式消除负面情绪，

调节和控制好自我情感，从而达到各个领域的情感平衡。

案例：

“美好生活需要”的社会工作解读

党的十八大期间，习近平总书记曾表态“人民对美好生活的向往就是我们的奋斗目标”。五年之后，习近平总书记在中共十九大报告中明确指出我国现阶段的主要矛盾已经转化为人民日益增长的美好生活需要和不平衡不充分的发展之间的矛盾。从向往转向需要体现了这五年中我国政府针对社会建设的态度和成绩，目标越来越明确，内涵越来越清晰。一项项让群众看得见、摸得着、享受得到的社会建设的成果逐渐展现出来，极大地改善了民生条件。“美好生活需要”作为新时代主要矛盾的核心概念对于矛盾的解决有着极其重大的影响。因此，必须先认清这一概念的内涵。从文字来看，这一概念可以分为三个关键词：美好、生活、需要。美好生活在于形容一种生活状态，而需要则表明了满足这种生活状态的方向和手段。治大国如烹小鲜，先利其器。我们先讨论需要这个词语。需要表明的是有机体感到某种缺乏而力求获得满足的心理倾向，是人们与生俱来的基本要求。这个需要是一个群体表现，体现了需要的社会性，也就是说“美好生活需要”不是一个人的需要，而是全社会的、全体人民的共同需要。其次，还应注意到这个需要的客观性。伴随着中国经济的高速发展、社会的不断进步，人民的需要发生了形式上的变化，即从日益增长的“物质文化需要”到“美好生活需要”的转变，这种转变是客观存在的，是社会发展的要求，是文明进步的表现。最后，还应认识到这个需要的非经济性和非阶层性。不同经济收入群体和不同社会阶层可能在具体需要内容上有差异，但需要的指向性和客观性不受其社会身份的经济性和阶层性影响，最终实现全体人民对于需要的公平待遇。

从普通民众的角度如何看待“美好生活”，如何能让这个“高大上”的描述走进普通人的生活，这就需要执政党及政府、生产部门和社会力量的多方参与，进而在社会建设的制度和实践两方面更加贴近现实生活。具体来说，可以分为以下三个层面。

第一，体现执政党纲领的顶层路线设计。这一层面属于理论层面，其核心理念在于建构。它既符合中国共产党的方针、宗旨，又体现了其作为执政党的政治担当，即引导中国社会走向富强。“美好生活”是中华民族复兴的必经之路，也是民众拥护的动力之源，是方向，是指引，是历史交付给中国共产党的使命。

第二，体现为政府职能部门成绩的宏观政策设计，其核心理念在于解释。这一层面属于制度层面，有较明确的目标，有具体的分类，有所涉及的职能部门，如在民主、法治、公平、正义、安全、环境等方面不断满足人民群众的期待，从制度层面完善我国的法律及政策体系，通过不断完善的制度保障全体人民享受社会发展的成果，通过满足普通民众的各种需要来实现各级政府部门的发展，通过中央政府调节整合共享各种资源，促使各级政府部门和普通民众实现双赢以实现国家社会不断发展，从而实现“美好生活”。

第三，体现为各类社会服务机构具体服务的实体践行设计，其核心理念在于行动。这一层面属于社会实践层面，直接面向普通民众的现实生活，其内涵在不断丰富，外延在不断扩大，从量的积累走向质的飞跃，通过服务领域的实践创新引导普通民众的生活走向美好，社会服务提供方转变传统服务理念，通过不断创新和提升服务来满足社会大众的需要，进而获得社会大众的信任和青睐。

“美好生活需要”从社会工作具体的需要层面而言是理念性的，因其涉及内容广泛以至于在社会工作具体操作层面很难明确其标准，但正是这种实际操作标准的模糊化使服务的接受者具有评判权，从而提高了服务对象的地位，有利于社会工作的提供者在服务过程中秉持社会工作的价值和操守，有利于社会工作服务质量的提升。这就对社会工作服务的提供者提出了更高的要求和挑战。新时代中国社会工作依旧会表现出其嵌入性的特点，因此，“美好生活需要”对于社会工作的影响会贯穿于社工机构将政府制定的社会政策转化为提供具体服务的整个实务过程，不同层面的社会工作者需要主动面对这一影响，积极发挥自身的能动性，迎接新时代的挑战。

其一，在社会政策的制定层面，社会行政应有效引导民众需要。在政策制定阶段，政府对于美好生活的解释必然会影响到广大民众的认识。进一步推动改善民生政策落地，使新时代的发展成果更多更公平地惠及全体人民，从教育、工作、社会保障、医疗卫生服务、居住条件及环境方面增加人民大众的获得感和幸福感；进一步总结和宣传党和国家事业发展的历史性变革和取得的历史性成就，从思想认识和价值观念上增加人民大众的自豪感和荣誉感；帮助人民大众认识到“美好生活需要”不仅体现在社会现实层面，还体现在思想认识层面，从而培养个体形成较高层次的需要，丰富“美好生活需要”的内涵。

其二，在社会服务的提供层面，社会工作应高效满足民众需要。新时代主要矛盾的变化要求社会工作服务机构平等地对待服务对象的具体需要，即通过机构自身努力缩小地区服务差异，使不同地区的案主享受同样的服务，拥有同等的机会，这就对机构自身提出了新的挑战。今后跨地区的社会工作服务机构的生存能力需要获得较大的提升，机构依靠自身服务内容的多样性，满足多领域、多地域的民众需要，不断扩展“美好生活需要”的外延。①

五、建构良好的环境来支持社会服务的提供

2018年4月26日上午，习近平总书记来到武汉市青和居社区，听取武汉市棚户区改造整体情况介绍，视察社会组织孵化器工作室和社区群众办事大厅，了解社区基层党建和便民服务工作等情况。习近平说，社区是基层基础，只有基础坚固，国家大厦才能稳固。中国共产党坚持以人民为中心思想，是为人民服务的政党。我们抓好工作就是要把人民群众大大小小的事情办好。为民的事无小事，大量工作在基层。党中央高度重视社区工作，我们要改革创新基层治理，提高治理能力，更好地服务于人民群众。

案例：

湖南六部门联合出台实施意见推进政府购买服务

湖南省民政厅、省委组织部、省编办、省教育厅、省财政厅、省人社厅等六部门日前联

① 张霖：《“美好生活需要”的社会工作解读》，《社会与公益》，2018年第1期。

合出台《关于推进政府购买服务加强基层民政经办服务能力的实施意见》(2018)，要求切实加强新形势下基层民政能力特别是社会救助能力建设，增加民政服务有效供给，提高服务质量和效率，进一步激发社会力量活力，推动政府转变职能和政务服务效能提升。根据安排，湖南将加强市县社会救助能力建设、加强乡镇（街道）基层民政服务能力建设，全面建立村级民生协理制度、乡镇（街道）社会工作服务站（为社会组织属性），推进民政信息化建设、强化服务能力培训。政府购买基层民政服务的主体为市（州）、县（市、区）人民政府，由同级民政部门具体负责组织实施。乡镇人民政府和街道办事处在县级民政部门的指导和支持下，同步推进政府购买基层民政服务。承接政府购买基层民政服务的主体为在民政部门依法登记成立或经国务院批准免予登记的社会组织，按事业单位分类改革应划入公益二类或生产经营类的事业单位法人，以及依法在工商管理或行业主管部门登记成立的企业、机构等社会力量。承接主体将依托乡镇（街道）社工站主要开展社会救助领域的社会工作服务、农村留守儿童关爱保护领域的社会工作服务、城乡社区建设领域的社会工作服务、其他民政领域的社会工作服务等。

第三节　社会服务机构的运行与管理

社会工作行政的实质就是为社会提供有效的服务。目前，各类专业社会服务机构承担着提供社会服务工作的职能。一直以来，党和政府极力呼吁、大力支持和扎实推进“三社联动”，让包括社会服务机构和民间志愿者组织在内的各类社会组织各司其职、各尽所能、凝成合力，形成聚集效应，从而切实提高社会服务水平和社会治理成效。2018 年全国民政会议上强调“要引领社会组织、社会工作专业人才和志愿者走正路不走邪路”。可见，加强社会服务机构的管理意义重大。

一、社会服务机构的定义、性质和类型

（一）社会服务机构的含义

社会服务机构通常是指由政府、社会团体或个人兴办的，通过社会福利从业人员，包括专业社会工作者、半专业的服务人员、辅助工作人员等，为特定的有需要的服务对象提供服务的非营利组织。其目的是提高福利对象的社会功能，协助他们面对问题、解决问题，并促进其健康、幸福并得到发展。社会服务机构主要有政府部门和民办机构两大类。其中，政府部门的特点是规模大，服务类型和人数多；能提供法律责任内的服务、社会保障计划、服务策划和协调、社会福利经费及其监督等。民办机构的特点是规模和人力资源差异大，有些机构只有一种类型，服务对象比较单一，只提供具体的福利服务。

（二）社会服务机构的性质

社会服务机构的性质可以从以下三个角度来理解。

1. 社会服务机构是一个福利服务输送系统

如果从系统论的角度来理解社会服务机构的性质，可以把社会服务机构看成一个系统中的福利服务输送系统，其输入的元素包括服务对象、社会工作者、社会服务机构行政人员及社会资源如经费、活动空间等。

2. 社会服务机构是从事经常性、连续性服务的实体性社会组织

社会服务机构不是其他社会组织的内设机构或附属机构，实体性是其区别于一般社会团体的一个基本属性。社会服务机构建立了明确的使命、宗旨、目标、服务重点和服务承诺，作为自我评估和社会评价的依据，强调社会使命和社会责任。

3. 社会服务机构是提供社会服务的非营利性社会组织

社会服务机构的经费主要来源于政府拨款、社会捐助或国际援助，其宗旨是为服务对象谋取福利和促进社会进步，强调施予而不在意回报。

（三）社会服务机构的类型

1. 社会服务机构的一般类型

社会服务机构在政府、企业和第三部门三大领域中，主要表现为属于政府、政府和第三部门交叉区域以及第三部门。依据这样的标准，社会服务机构的类型包括两种。

（1）政府主管社会保障（福利）事务的行政机构。主要包括：独立的社会福利行政主管机关，如澳大利亚家庭与社区服务部；社会福利与卫生合并的行政主管机关，如美国的健康与人群服务部；社会福利与劳工合并的行政主管机关，如德国劳动和社会事务部；社会福利、卫生、劳工合并的行政主管机关，如日本厚生劳动省、法国劳动就业和卫生部；社会福利与其他公共行政职能混合的行政主管机构，如我国的民政部、人力资源和社会保障部。

（2）从事公共服务、公益服务的机构。综合世界各国的情况，从事公共服务、公益服务的机构，在西方的表现就是非政府或非营利组织。还有一些学者以服务对象和成立目的为基础，将非政府非营利机构分为公益性、互益性、政治性三种类别。

2. 中国社会服务机构的类型

（1）政府。在中国，社会保障业务分别由几个行政机关主管，其中主要的行政机关是民政部、人力资源和社会保障部等。

（2）群团组织。主要包括共青团、妇女联合会、工会、老龄工作委员会、残疾人联合会和红十字会。

（3）社会公益类事业单位。在中国，事业单位分为行政支持类、社会公益类、经营开发服务类三种。其中社会公益类事业单位，又分成了三种：第一，公益一类事业单位。主要承担政府规定的社会公益性服务任务，面向社会无偿提供公益服务，不能通过市场配置资源，如儿童福利院、社会救助管理站。这类单位业务活动的宗旨、目标和内容，分配的方式和标准等由国家确定，不得开展经营活动，其经费由国家财政予以支撑。履行职责依法取得的收入全额纳入财政管理，不得自主支配，属于传统意义上的全额拨款单位。第二，公益二类事业单位。主要面向社会提供公益服务，如普通高等教育院校、非营利性医疗机构、街道层面的社区服务中心等。这类单位根据国家确定的公益目标，自主开展相关业务活动，并依法取

得服务收入。服务和经营收入全额纳入财政管理，主要用于公益事业发展，所需经费由财政根据不同情况予以相应补助，属于传统意义上的差额拨款单位。第三，公益三类事业单位：主要是指从事的业务活动具有一定公益属性，但社会化程度较高，与市场接轨能力较强，可基本实现由市场配置资源的事业单位。

（4）社会服务类民间组织。社会服务类民间组织主要包括三种类型：第一，由政府支持的民间组织。由政府推动成立并享有政府的行政动员力量的持续支持，而民间性表现为没有国家公共财政的固定拨款支持，如中华慈善总会、中国青少年发展基金会、中国扶贫基金会、中国社会工作协会。第二，纯民间组织。完全依靠社会捐助和收费服务支持的社会服务机构。第三，契约型社会工作服务组织。在政府购买服务改革趋势下成立的组织，由政府提供服务场地、社会工作者工资，部分机构政府还为其提供了服务经费。其服务的内容包括政府资助要求的“公共服务”，以及根据服务对象需求提供自主性的“专业服务”。

二、社会服务方案策划

（一）社会服务方案策划的含义

社会服务方案策划是运用理性的方法，通过清楚了解服务机构的工作理念、政策、资源和发展方向从而确立服务目标，并从多个服务工作方案中选取一个最理想的工作策略，然后根据社会需要分配和动员资源。在推行服务的过程中，能结合实际情况修改服务的具体过程。

（二）社会服务方案的策划和方法

简单地讲，一项服务的推行可以分三个部分：计划、执行和评估。其中计划由两部分组成，即问题的认识分析与目标制定。因此，社会服务方案的策划可分为以下四个阶段。

1. 问题的认识和分析阶段

一个全面性的问题认识和需求评估过程主要包括认识社区问题、寻求解决这些问题的资源、根据问题的严重性和服务的重要性排列优先次序，开展方案策划与提供服务。

（1）问题认识与分析。问题认识主要指要认识需要解决的社会问题。认识方法有两种：一是采用“问题认识工作表”。方案策划者应认真考虑以下几个问题：所关注的问题是什么？问题在哪里发生？谁受这个问题影响？这个问题何时发生？人们对这个问题的感受程度如何？二是“分支法”。首先确定要解决的全面性问题，如老人被家属虐待问题。其次列明形成这个问题的“明确问题”，如虐待老人的家属缺乏亲戚、朋友、邻居和志愿者的帮助和支持，老人对家属有高度的依赖，虐待老人的家属有情绪问题，社区居家养老等支持性服务不足。最后注意列明造成这些问题产生的原因是什么。方案策划者可根据机构所拥有的资源情况，建议机构集中处理那些“明确的问题”。

（2）需求评估。需求评估包括界定处于危机的人口、目标对象人口以及求助者或受影响的人口。社会是由全体人口组成的，其中有部分人群会面临危机。在危机人群中，一部分可以通过调动个人力量、家庭支持，寻求朋友、同事、单位帮助而化解危机；另一部分则成为社会服务机构或方案的目标对象。

2. 目标制定阶段

目标制定阶段的实施步骤如下。

（1）界定总目标和影响性目标。方案策划者首要的工作是从目标人群中找出要介入提供服务的“求助者/受影响人口”，并制定要达到的总目标和影响性目标。影响性目标是社会工作干预所要达到的目标。为了保证服务的介入，可将影响性目标细化为服务性目标，再根据服务性目标确定后勤保障目标。

（2）建立目标的优先次序。方案策划者根据已经确定的“明确性问题”，建立目标的优先次序。目标优先次序的界定主要需要考虑的是可拥有和可动员的资源。包括环境因素和情景状态，还有人力、财力、物力配置等。另外要思考以下因素：服务对象的发展阶段与特点、机构的目标、问题的急迫程度、社会正义等。

3. 方案安排阶段

方案安排阶段是整个方案最重要的部分，其实施步如下。

（1）制订各种可以实现目标的可行性方案。方案制订过程中主要是讨论多种可行的方法，清晰描述出各种限制，甄别哪些服务是可行的、有效率的和有效满足服务对象需要的。这阶段要尽可能地列出种种可能提供的服务方案。各方案的详细内容包括目标、对象、活动形式、日期、时间、场地、服务程序表、人力分配、财政预算、所需设备、预期困难和应对方法。

（2）选择理想的可行方案。策划者可选用“可行性方案模型”来筛选理想方案，这个模型中有六个“筛选标准”：一是效率，指方案资源投入和服务产出比率；二是效果，指方案实现目标的程度；三是可行性，指实施这个方案达到成功的程度，包括方案是否实际可行，机构是否可以完成这个方案，机构过去完成这类方案的记录，方案计划是否适当；四是重要性，指这个方案是否是唯一达到目标而必须推行的；五是公平，指这个服务方案能否公平地提供给有需要的个人或团体的；六是附加结果，关注的是方案中所产生的意外（目标之外）的效果，包括对社会所产生的负面效果和正面收益。

（3）决定资源需求和争取资源分配。策划者确定理想可行的方案后，就可以决定资源的总需求并进行资源的争取工作。那些处于优先的最可行的方案比较容易获得资源。对于社会服务机构高层管理者而言，他们在决定是否采用某个“服务方案”时，一般会考虑“经济上是否有效率”“社会上是否接纳”与“政治上的可行性”。具体而言，包括如下一些考虑：这项服务是否符合机构或服务方案目标和优先次序？机构是否有足够的资源提供这项服务？所提供的服务是否被服务对象和社区成员所接纳？是否可由现在的服务提供者继续给予干预？这项服务是否满足政策的要求？或者这个服务是否是机构所必须推行的？这项服务的可能效益看来比估计的成本更重要吗？能否测量这项服务的“服务效果”？被选择或批准的项目能发展成“实践计划”吗？推行这项服务是否有严重的危机存在？

（4）制订行动计划。当服务计划被批准可以执行后，必须先将服务方案的目标分解成若干具有操作性的“执行目标”，执行目标需有方法及其完成的服务内容，并充分考虑下列问题：完成服务方案的重要活动是什么？谁负责完成每项活动或任务？那些重要的活动应在何时开始、何时完成？要完成每一项活动所需要的基本资源是什么？

4. 考虑服务的评估

方案策划者在设计服务方案的同时也应设计有效的评估方法，用来检验各项行动计划中所要推行的“方案活动”是否根据原定计划和日期推行和完成，更重要的是确定方案活动目标是否实现以及实现的程度如何。方案的评估一般采用两种方法：过程评估和效果评估。过程评估关注方案进行过程中服务对象和人数变化，服务方案所必须推行的主要工作项目的完成情况、资源使用情况、经费支出情况，是否按照推行预定的日期进行。效果评估主要测量的是方案投入所产生的效果。[①]

三、社会服务机构运行

（一）社会服务机构的组织结构类型

从组织分化的方向来看，社会服务机构的组织结构大致可分为一般结构类型和团队结构类型两种。

1. 社会服务机构的一般结构类型

（1）直线式组织结构。直线式组织结构是最简单的组织方式，组织由上而下分成若干层级，各层级中每一个部门地位相等、权责相符，层级间只有直线和垂直关系。直线式的职权赋予主管绝对的指挥权，各级部署都必须绝对服从其主管，而主管也承担组织有关活动和实现组织目标的责任。

（2）直线参谋式组织结构。直线参谋式组织结构是指组织层级之间存在着水平和垂直的关系，而参谋作为专家有责任来协调直线部门的管理者。

（3）职能式组织结构。职能式组织结构是将参谋职权部门化，在特定工作范围内可以直接对其他管理人员下达命令。职能部门具有较大的权力，不仅要收集信息和提供意见，而且可以做决定和执行。

2. 社会服务机构的团队式结构

（1）问题解决型团队。问题解决型团队的结构一般由来自同一部门的 5～12 个员工组成，他们定期聚在一起，讨论并解决工作中某些具体问题。优点：团队目标比较明确，简单和集中，人员的组成也比较单一，有利于团队的沟通和合作，有利于问题迅速解决。缺点：团队具有临时的性质，任务完成团队就解散，团员容易出现短期行为，不利于机构总体目标的实现。

（2）跨专业团队。跨专业团队是由来自不同部门、不同专业领域的专业人员组成的群体，他们组成团队的目的是完成一项共同任务，或通过建立跨专业团队来为服务对象提供个案管理，提高服务质量。优点：分工明确，专业性强。缺点：由于团队成员来自不同部门、不同专业，有可能因差异带来冲突；团队组建初期的磨合时间比较长，影响跨专业团队的绩效。

（二）社会服务机构的运作

社会服务机构的运作，主要是指组织为了实现目标而进行的一系列的活动。包括授权、协调、沟通等环节。

1. 授权

授权指上级主管适当地将职权移交给下属的过程。授权的主要目的是让社会服务机构发

① 互联网文档资源，http：//wenku.baidu.c.

挥最大效率，有助于提高下属或员工的满意度。社会服务机构主管可授权的内容包括如下几方面：

（1）可以授权任务，即指派下属或员工完成多项任务。

（2）可以授予职权。一项授权的任务必须有足够的职权来完成，如果只要求属下或员工完成某项任务，而不给予职权，不利于工作的开展。

（3）对所授职权进行明确的限制，强调这个职权仅限于从事某一特定任务。

2. 协调

协调指将社会服务机构中各部门的活动化为一致性行动的过程，通过发挥团队精神，顺利开展各部门的活动，达到共同目标。协调的主要目的是促进各部门密切配合、分工合作，如期达到工作目标；推动各部门和员工步调一致，化个别努力为集体合作，提高组织效率。社会服务机构的协调活动可分为程序性协调和工作性协调。程序性协调是在制订机构的活动计划时，对不同部门、人员的属地时间、过程方面进行合理搭配，使服务活动在进行过程中实现互助支持、互助配合，这种协调是在活动设计过程中进行的。工作性协调则是指在服务进行过程中，领导者去具体地联系、调节各方面的行动，以便他们互相配合。

3. 沟通

沟通是一种传播和了解，是指通过各种渠道传播消息、事实、观念、感觉和态度，来达到共同了解目的的活动。沟通的过程主要包括以下几个阶段：创造有价值的信息；信息编码；选择信息传递通道；接受者接收信息；接受者理解或阐释信息；接受者做出反应。

四、社会服务机构管理

社会服务机构并不是一个工作人员可以自我组织起来并良好运行的组织，而需要一定的组织结构和管理结构。机构管理人也要运用合适的方式方法对机构或员工进行引导、督促和考核，即对成员进行有效管理。

（一）社会服务机构管理的含义与特征

1. 社会服务机构管理的含义

管理是一个带领者影响跟随者的过程，使跟随者能按管理者的要求和方向行动，并朝着组织或机构的目标方向，尽心尽力地完成所委派的工作。社会服务机构中的管理，是社会服务方案管理的核心，但管理的实际任务会因管理者在机构中的职位不同而存在差异。

2. 社会服务机构管理的特征

管理所具有的影响力有三方面：一是魅力，来自管理者本人的特征和魅力；二是权力，来自管理者所属机构赋予的合法权力；三是能力，来自管理者本身所具备的专业知识、能力和技巧。社会服务机构的管理具有以下三个特征：第一，较少运用职位赋予的合法权力来管理下属。在许多社会服务机构内，员工的工资多数是政府根据专业技术级别而制定的标准性工资，不是机构所能控制的，因此，机构的管理较少用行政权力、金钱的奖赏等来影响员工的工作。第二，较多运用指导、诱导方式来影响下属。在社会服务机构中，一般而言，管理都比较重视通过沟通、互相尊重等方式与下属相处，大多数采用指导和诱导的方式影响员工的工作。社会工作服务比较强调员工的自主性，只要管理给予其发挥的机会并加以信任，员工就会努力工作。第三，较注重使用影响他人的能力和技巧。在社会服务机构中，管理如果能够恰当使用影响他人的能力和技巧，可以大大提高员工的积极性。这些能力和技巧包括：理性地运用各种客观的事实、数据和观点说服别人；运用机构所制定的政策、原则和一些合理的要求影响员工；利用个人的吸引力、学识经验、关系和人情等影响他人。

（二）社会服务机构的管理方式

1. 获取员工合作

（1）让员工了解组织的工作方向和目标、员工彼此之间的关系以及工作团队的实质和目标达成的途径；

（2）推动工作准则的建立，进行员工认同和执行；

（3）正视工作中出现的摩擦和不和现象，进行适当调整，保障工作的顺利推进；

（4）对可能发生的计划与目标改变，主动向员工说明情况，使员工充分理解并积极合作。

2. 使用管理者的权威

（1）在使用合法的权力行使其相应职权时要审慎考虑需要性、可行性和职责性；

（2）强调要经常训练员工如何操作业务和完成任务。

3. 引导与沟通

在授权的过程中，应阐明授权的事项和权限范围。上级主管通过鼓励和训练下级主管保证其工作产生一贯的作用。而上下级间的双向沟通则有利于提高执行能力和效果。

4. 维持纪律与督导训练

把工作准则与规定向员工说明清楚，监督员工遵照执行。保持庄重和一致性，理性、清晰及适当地处置员工违规事件。

5. 发挥团队精神

使每一位员工都能认识到机构目标的达成有赖于每一位员工在团队工作中的积极表现和努力，把每一位员工看成有成就动机的人，将这些成就动机整合在机构团体的目标之中。

（三）社会服务机构的激励措施

1. 了解员工的个别差异

各种研究都表明，人们的态度、人格和其他个人表现具有差异性，因此，管理者要充分认识这种差异性，尽可能根据个人的特点分配工作，以满足员工的高层次需求，强化其工作动机。

2. 用目标引导员工，增进其对工作的兴趣

（1）由管理者和员工共同设定每位员工的工作目标，激励员工为达成这个目标而努力；

（2）通过工作轮换、工作任务拓展和工作丰富化，来降低员工的枯燥感觉，评估员工的潜能，协助机构规划人力资源。

3. 提供员工参与决策的机会

为了提升员工的士气，促进机构上下级之间的沟通以及提高员工对工作的满足感，社会服务机构的管理者应提供机会让员工参与机构决策，并允许员工对自己的福利待遇、机构的未来发展方向、机构服务推行方式等提出建议。

4. 协助员工制定生涯发展计划

社会服务机构中每个员工都有自我实现的愿望，因此，机构管理者要协助员工制订员工职业生涯发展方案，使其有机会评估自己的技能、潜能和事业前程，将个人目标和机构目标有机地结合起来。

五、社会服务机构的行业规范

行业规范是指这个行业的标准与优秀品质。那么社会服务机构的行业规范是什么呢？

（一）做好规划

要成为行业典范机构，必须重视规划，必须事先进行规划。规划是对未来行动的事先安排，它的类型很多，常用的规划类型是按照期限或时间进行分类的规划。根据这个分类，可以将规划分为三种：短期规划，通常是指一年以内的规划；中期规划，指介于长短期规划之间的中期规划，即二至四年的规划；长期规划，一般是指五年或五年以上的规划。规划是连接决策、目标、战略和行动与结果之间的桥梁，它能提高取得预期效果的可能性。目标与战略要真正落实到行动上才能够得以实现，而行动需要周密的计划。任何组织欲求持续发展，除了制定短期的规划外，还必须制定明确的中长期发展规划，没有明确的中长期发展规划，就会迷失方向，既难做大，也难做强，更难做长。社会服务机构的建设和发展与其他行业是一样的，只有坚持规划先行的原则，重视并做好规划，才能取得长足的发展。只有做出规划，才能明确并统一机构及全体组织成员的指导思想、目的、宗旨、使命、理念、核心价值观、业务领域、发展方向、发展目标、发展愿景等问题，使机构成员清楚工作的方向和努力及奋斗的目标；通过规划，才能厘清工作的思路、步骤及实现目标的配套措施；通过规划，才能使团队成员明确要做什么、能做什么、应该怎么做等机构建设和发展的核心问题。

（二）加强软硬件建设

一个组织的硬件指的是投入一定资金所形成的物化环境，包括办公场所、办公设施、设备、办公环境等一系列看得见、摸得着的有形物质。这是组织运行的基础骨架。软件是指与硬件相对应的管理措施、管理制度、相关的资料等。包括员工的素质、资源系统、文化氛围、管理过程中的资料建设等一系列管理中的内在要素。这是组织的灵魂。在一个健全的组织中，这两者缺一不可，只有这两个方面的建设都具备，组织才能正常运行和发展。一个优秀的社会服务机构必须具备必要的硬件和软件。硬件包括办公场所、办公设施设备等，它们必须能够满足办公、培训、会议、督导等基本功能。软件包括管理人员、专业服务人员、管理体系、管理活动、管理资料、管理信息等。没有好的硬件和软件，难以成就一个优秀的组织。所谓形象，首先来自别人对你的印象，而印象又来自你的软硬件建设留给别人的直观感觉。软硬件两个方面的建设与机构业务发展、形象树立之间是相辅相成、相得益彰的，是一个机构优秀品质的重要体现。

（三）重视质量

质量是组织制胜并持续保持生命力的重要法宝。作为服务行业的社会服务机构，虽然不提供实物产品，但服务的质量依然是决定机构生命力的因素。一个优秀的社会服务机构必须视质量为生命，要提供优质的服务给买方和服务对象，否则，生命难以为继。社会服务机构的质量指的是其所提供服务的品质和成效，包括服务的专业性、服务的合理性、服务管理的严谨性、服务成效的显著性。要成为一个优秀的服务机构，必须在这些方面下足功夫。如果提供的服务达不到购买方的要求，满足不了服务对象的需要，或者遭到服务对象的投诉，服务就会被终止。为了确保质量，不论是提供服务的岗位还是项目，都应该严肃谨慎、认真规划、制定标准、严格执行、科学管理，以确保每个项目、每项服务都能达到预期的目标。只有严把质量关，才能持续获得新的项目，才能使机构充满生机与活力，才能保证机构的生命力。

（四）重视组织文化建设

组织文化是一个组织由其价值观、信念、仪式、符号、处事方式等组成的其特有的文化形象。组织文化是组织为解决生存和发展问题而树立及形成的，被组织成员认为有效而共享，并共同遵循的基本信念和认知。组织文化集中体现了一个组织经营管理的核心主张，以及由此产生的组织行为。文化对组织的发展具有十分重要的意义：文化能激发员工的使命感；文化能凝聚员工的归属感；文化能加强员工的责任感；文化能赋予员工的荣誉感；文化能实现员工的成就感。社会服务机构作为一种提供公益慈善性质社会服务产品的社会组织，更应该体现人文关怀和人文情怀，更应该把文化建设放在核心的位置。社会服务机构文化建设的内容主要包括：确立机构的经营哲学或理念；确立机构的愿景、使命和价值观；确立机构的组织精神；建立机构的道德；形成机构团体意识；树立机构的组织形象；建立机构的运营管理制度；确立机构的发展目标。

（五）提高管理艺术

管理是利用一系列有效的制度、模式、工具、方法和手段对组织实施控制，以求对人力、财力、物力等资源进行最有效的利用。管理就是使组织从无序到有序，使组织有章可循，有法可依；管理就是使每个人都做事并做正确的事，各司其职，分工协作；管理就是使每个人都按规则和流程做事。管理的核心应该是寻求在同等资源条件下的效率和效益最大化；管理的关键是管人；管理的目的是管人和成事；管理的最高境界是寻求效率和效益与真、善、美的完美统一。管理的目的具体来讲有以下几个方面：完成组织的任务和使命；实现组织的经营理念；实现组织的远景；实现组织的目标；寻求效率和效益的最大化；达到组织的掌控；追加组织的附加价值。管理的好坏是衡量一个组织优劣的重要标尺。

（六）创建品牌

作为公益慈善性质的社会服务机构，品牌虽然不会带来巨大的利润，但却能带来巨大的社会效益和社会影响力。所以，一个优秀的社会服务机构必须把品牌作为自己的终极追求。品牌是在工作过程中培养和打造出来的，没有哪一个品牌是先天就有的。品牌的创建是一个系统工程，社会服务机构的品牌塑造一般可从以下几个方面着手：给品牌取一个好的名称；给品牌设计美好的外观；体现差异化、个性化和思想性；对品牌进行推广和营销。[①]

① 严书翔:《简论社会服务机构的优秀品质》,《大社会》2018 年第 9 期。

第八章　社会工作综合实践能力培养的研究方法

第一节　社会工作综合实践能力培养的技术基础

一、定量分析与定性分析

定量分析是依据统计数据，建立数学模型，并用数学模型计算出分析对象的各项指标及其数值的一种方法。定性分析则是主要凭借分析者的直觉和经验，以及凭借分析对象过去和现在的延续状况及最新的信息资料，对分析对象的性质、特点、发展变化规律做出判断的一种方法。相比而言，定量分析需要有较丰富的数学知识，而定性分析虽然较为粗糙，但在数据资料不够充分或分析者数学基础较为薄弱时比较适用。定性分析与定量分析应该是统一的，相互补充的；定性分析是定量分析的基本前提，没有定性的定量是一种盲目的、毫无价值的定量；定量分析使定性分析更加科学、准确，它可以促使定性分析得出广泛而深入的结论。定量分析与定性分析同属经验研究，指向经验问题，但定量分析是区别于定性分析的另一种思维方式，其资料采取数字的形式，一般指的是统计数据，如统计指标、政府预算或者通过电话访谈以及面对面访谈所搜集的调查资料。定量分析来自以建立知识的客观性为目的的实证主义方法论传统，以变量形式，探求事物之间的因果关系。定量分析在方法观、研究对象、研究者、研究目的、研究表述及资料收集上均与定性分析有所差异。

二、变量

规范研究探讨的问题常基于不同角度定义的概念。在定量研究中，我们通常用到的是变量，而变量一词本是自然科学领域的术语，在此的运用，充分表明了定量研究的科学自然主义倾向。概念是对具体事物的抽象，这种抽象来自对多种事物相似点的概括，所以当我们说到概念的时候，我们是在强调一些共同的特性，若再深入思考，你就会发现这些特性内部存在差异，如特性的强弱、高低、大小、快慢等都不同。因此，变量是我们用来表明那些有不同取值的概念，这是对概念内部变异的呈现。比如，对某项政策的态度，这里的变量是态度，同意与否的回答，有“同意”“不同意”“不知道”三种不同的变量取值，这就是态度变量内部的变化状态。

根据变量取值的特点，变量可以被分为数量变量和属性变量两类。前者是指变量按照随机规律所取的值是数量，也称为随机变量或数值型变量，如年龄、男性的数目等；后者是指那些取非数量值的变量，也称为分类变量，如性别、教育程度等。

三、测量

变量是靠测量来区分差别或差异的，所以测量其实就是把变量值进行分配的过程。我们还是以家庭子女状况来举例：

A．您（有/没有）儿子？（有/没有）女儿？

“家庭子女状况”：以是否有儿子或女儿来测量。

B．您有__________个儿子？__________个女儿？

“家庭子女状况”：以儿子数量与女儿数量来测量。

在上例中，除了看到测量的过程，你一定也会注意到 A 和 B 在此测量过程中的差别，对 B 的测量所获取的信息包括在对 A 的测量中所获取的信息，比如在 A 中选择没有儿子或女儿，在 B 中均可以写为“0”；在 B 中，非“0”的数字均代表有儿子或女儿。那么，若要对家庭子女情况进行测量，以 B 的方式进行测量是不是一定好于以 A 的方式进行测量呢？

在对变量值进行分配的过程中，根据变量值提供信息量的差异，可以分为四类测量。

（一）类别测量

类别测量也被称为定类测量或名义测量。类别测量是四种测量方式中层次最低的一种，其所包含的信息资料最少。这里的类别是指按某个标准进行分类，如“性别”这个变量，它将每个样本按照其性别特质进行分类，变量值为“男”和“女”，这代表两种不同类别。类别测量所使用的类别仅表明不同类别之间的差异，无法表明差异的大小或程度。我们可以用数字代表不同类别，如用“1”代表男性，“2”代表女性。但 1 和 2 不表示类别间存在大小关系。

（二）顺序测量

与类别测量相比，顺序测量不仅可以进行类别区分，并且可以按照变量性质的多寡依序排列。因此，当我们用数字来分别代表变量值的类别时，数字的大小就会显示出性质和程度的不同，并可以进行比较。比如，美国社会心理学家李克特于 1932 年改进的李克特量表中的李克特选项就是顺序测量，它包括五个有程度差异的选项：“非常同意”“同意”“不一定”“不同意”“非常不同意”，并且可以分别被赋予 1、2、3、4、5 分，分值的差异可以表明研究对象态度的强弱程度。但是，顺序变量的变量值通常没有被赋予分值，我们就只知道各个变量值的大小排序，并不清楚它们之间的距离，如教育程度变量、大学究竟比高中高出多少、大学与高中之间的距离和高中与初中之间的距离是否相等。因此，顺序测量所取的变量值通常只具有大于或小于的性质。

（三）距离测量

距离测量除了包括顺序测量的特点外，还能准确测量不同变量值之间高低、大小次序之间的距离，具有加与减的特质，因而距离测量所包含的数据信息远远多于类别测量与顺序测量。

（四）比例测量

比例测量是测量层次最高的一种，与距离测量的唯一区别是具有绝对零点，如智商变量。某人智商为零并不表示没有智力；而收入变量，月收入为零表示没有收入。因此，前者是距离测量，后者是比例测量。比例测量可以进行乘除运算，表示倍数，距离测量只能表明变量值之间的距离，如 A 的智商为 160，B 为 80，我们不能说 A 的智商是 B 的两倍，只能说两者相差 80，因为零点不是固定的，若零点增加 10，那么 A 的智商为 150，B 为 70，两者间距离未变，但 A 是 B 的两倍多。在这两种测量方式下的变量均属于连续变量，即数量变量。在统计软件中，通常将这两种测量合并为距离测量。包括年龄、收入、温度等变量。①

第二节　定量分析方法

定量分析是指分析一个被研究对象所包含成分的数量关系或所具备性质间的数量关系；也可以对几个对象的某些性质、特征、相互关系从数量上进行分析比较，研究的结果用"数量"加以描述。定量分析往往比较强调实物的客观性及可观察性，强调现象之间与各变量之间的相互关系和因果联系，同时要求研究者在研究中努力做到客观性和伦理中立。定量分析原是分析化学的一个分支，以测定物质中各成分的含量为主要目标。根据所用方法的不同，分为重量分析、容量分析和仪器分析三类。因分析试样用量和被测成分的不同，又可分为常量分析、半微量分析、微量分析、超微量分析等。后推广为在明确划分物质种类的前提下，即把物质定性以后，具体分析物质的强度、刚度、范围变化量指标。② 按定量分析的变量逻辑，可以将定量分析分为单变量分析与变量关系分析两部分。单变量分析是变量关系分析的基础，为了将抽象的定量指标变得更容易理解，对单变量分析的介绍将先后包括统计图与统计量两个部分，前者以图的方式直观展现定量数据的意义，后者是对数字规律的指标进行说明。在变量关系分析部分，将先后介绍相关分析与回归分析两方面内容，后者在探析变量关系上比前者更为深入与复杂。

一、单变量分析③

定量分析是基于对数据的处理，也就是对变量值的处理，这里的变量值也可以称为统计学意义上的观测值，如表 8-1 的虚拟资料中，我们可以看到身高、体重、性别三个变量，四个样本，3×4 个观测值。

表 8-1　变量与观测值

姓名	身高（cm）	体重（kg）	性别
张×	182	75	男
王×	172	87	男
李×	160	48	女
吴×	165	58	男

① 黄顺康主编:《公共政策学》，北京大学出版社 2013 年 1 月版。

② 李伟民:《金融大辞典》，黑龙江人民出版社，2002 年 11 月版。

③ 在统计图中，散点图将涉及到两个变量的描述分析。

（一）统计图

统计图是根据统计数字，用几何图形、事物形象和地图等绘制的各种图形。它具有直观、形象、生动、具体等特点。统计图可以使复杂的统计数字简单化、通俗化、形象化，使人一目了然，便于理解和比较。因此，统计图在统计资料整理与分析中占有重要地位，并得到广泛应用。统计图是一种呈现数据信息的直观形式，一般都有两条直角相交的横轴与纵轴，横轴也称为 X 轴，通常表示变量中的类别；纵轴也称为 Y 轴，显示各类别相对的频次和百分比。几种常用的描述数据分布形态的图形包括条形图、直方图、饼形图、折线图、散点图、茎叶图、箱形图等。

1. 条形图

条形图（Bar chart）用宽度相同的条形的高度或长短来表示数据频数分布变化的图形，条形的排列可以横排，也可以纵排（见图 8-1）。主要用于类别变量或顺序变量类型的资料。条形图可以直观揭示或比较频数变量的频数特征值、分类变量在有关综述变量方面的特征值大小。条形图的条形宽度并没有实际意义。

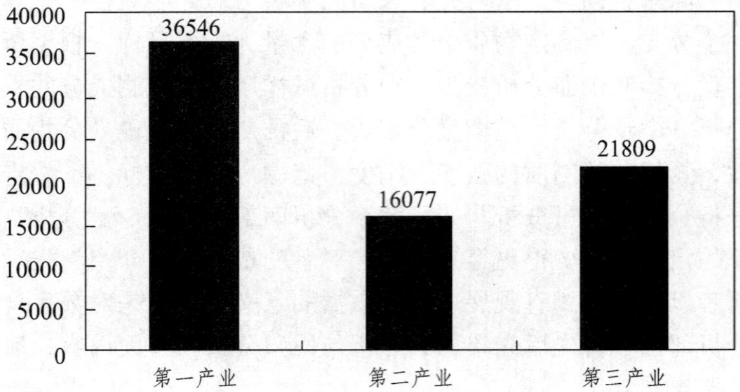

图 8-1　条形纵排图

条形图的横轴为分类轴，用来统计分类变量所分的组数。如果只有一个分类变量，这种条形图称为简单条形图；如果有两个分类变量，这种条形图称为复合条形图。若为类别变量类型的资料，横轴上的类别就可以按任何顺序排列；若为顺序变量类型的资料，横轴上的类别则需要按相应的顺序排列。条形图的纵轴为刻度轴，用来统计各个分组的特征值。按照特征值描述的对象不同可分为组内特征值描述、平行变量特征值描述和个案描述。组内特征值描述，是指分类变量将统计个案分成若干组，统计每个组的特征值，如统计各个组的频数、频率或其他能反映组特征变量在各个组上的特征值，这类条形图简称为分组条形图。平行变量特征值描述是指选择若干个平行变量，对这些变量的特征值进行统计，这类条形图简称为平行变量条形图，如公众对若干项政策进行评价打分，若干政策的各自得分即若干平行变量。个案值描述是指直接描述数据库的原始数据，而不再进行统计计算，这类条形图简称为个案条形图。

2. 饼形图

饼形图（Pie chart）主要用于类别变量或顺序变量类型的资料，它是表示一事物中各部分的比重。饼形图也称圆图，该图形将圆分成几个扇形，各扇形的大小与各类别次数比例的多寡成正比。各扇形的大小可以通过将各类别的次数除以总数，将所得的百分比乘以 360°后得到的各扇形圆心角度来绘制。

与条线图绘制原理相同，饼图类型线图按照反映指标值的不同分为以下三类：一是描述按照一个频数变量或分类变量分组的各组特征值，简称为组特征值饼图或分组饼图；二是描述若干个平行变量的特征值，简称为平行变量饼图；三是直接描述原始数据库中的个案数值，简称为个案饼图（见图 8-2）。[①]

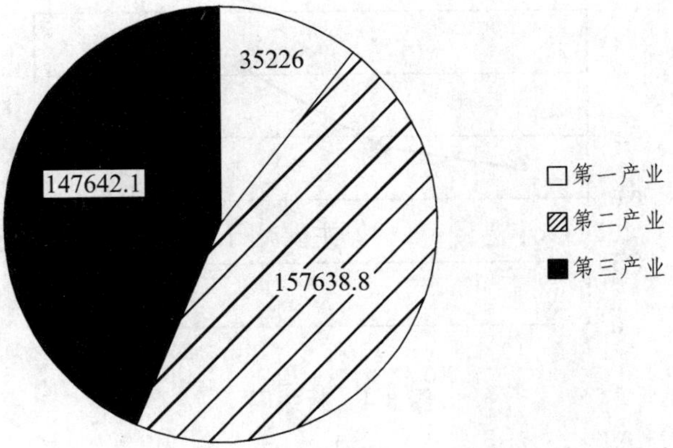

图 8-2　个案饼图

3. 直方图

直方图（Histogram chart），又称质量分布图，是一种统计报告图，由一系列高度不等的纵向条纹或线段表示数据分布的情况。主要用于距离变量类型的资料，它是用一组连续的矩形来表示距离变量资料的频数分布。直方图的横轴表示变量，纵轴表示频数，各矩形宽度相等，等于组距。一般用横轴表示数据类型，纵轴表示分布情况。直方图是数值数据分布的精确图形（见图 8-3）。

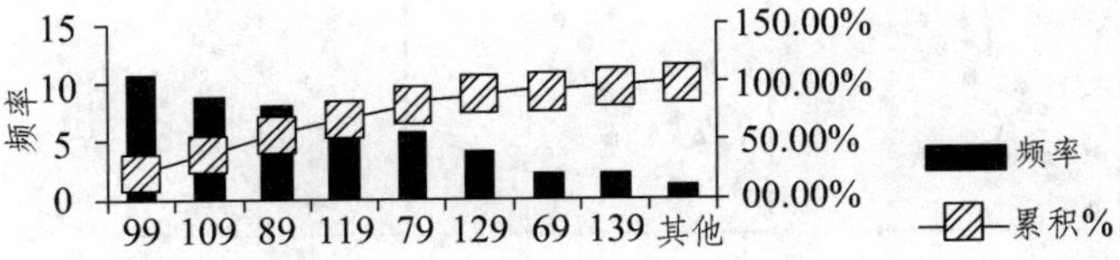

图 8-3　直方图

尽管直方图与条形图在形态上很相似，但是直方图主要用于距离变量类型资料，所以，直方图横轴所列的类别有一定的顺序，条形图上的各个条形是分开的，而直方图上的条形紧连在一起。直方图是用面积而非高度来表示数量，也就是说，直方图的宽度是有意义的，直方图由一组块形组成，每一个块形的面积表示在相应的小组区间中事例的百分数。

4. 折线图

折线图（Polygon chart）主要用于距离变量类型的资料。折线图是表示某事物在时间上的发展变化或某现象随另一现象变迁的情况，用点或折线将各个组别的指标值连接起来，反映

① 互联网文档资源. http：//www.docin.com.

各个组别的指标值的大小或相关变量的变化趋势，以发现重要的变化趋势。

折线图按照分类轴选用分组变量的情况分为单线图与复合线图两大类，单线图只选用一个分组变量来分组，计算各个组别的特征值，并用折线连接起来，只有一条线。多线图选用一个分组变量和一个分线变量来分组，横轴为分组变量所分的组数，纵轴统计由分组变量和分线变量产生的各个组别的特征值，并用折线将属于同一个分线变量的各个数据连接起来，形成多线图，线的条数表示分线变量的分类个数（见图 8-4）。

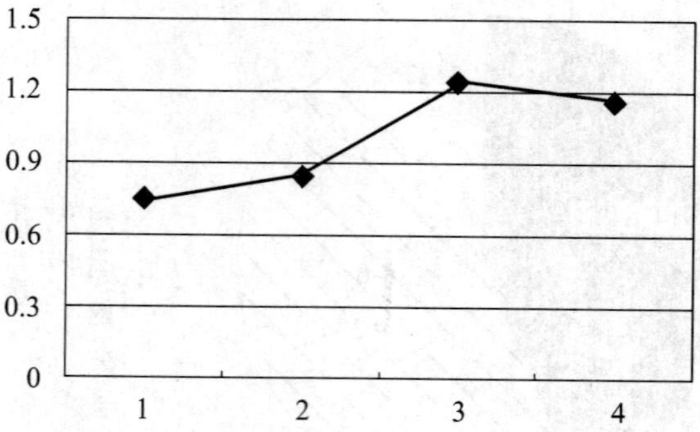

图 8-4　折线图

由于折线图和条形图的原理相似，只是折线图用点的高度代替了条形图条形的长短，所以两者可以转换，但是当分类轴的组别太多时，适合用折线图，而不是条形图，若要反映两个距离变量之间的关系，只能用折线图来表示。

5. 散点图

散点图（Scatter chart）主要用于距离变量类型的资料，它是用点的密集程度和趋势来表示变量之间的关系。散点图将两个或两个以上变量对应的值在坐标系中用点表示出来，根据点的分布规律或离散程度判断这些变量之间的相关性及其规律（见图 8-5）。

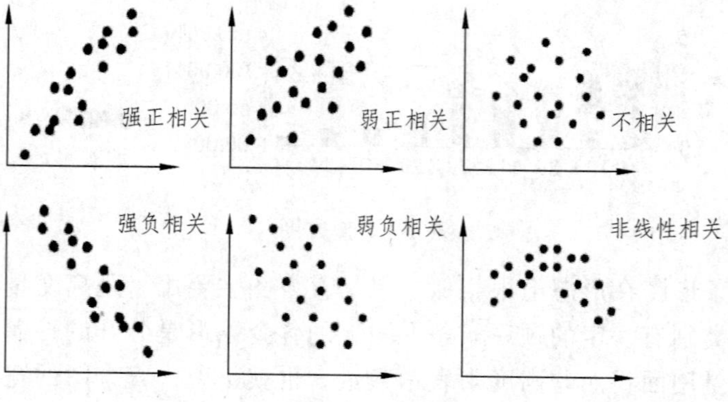

图 8-5　散点图

6. 茎叶图

茎叶图（Stem-and-Leaf chart）是将数据分成茎和叶两部分，通常以数据的高位数值为茎，低位为叶，树叶上一般保留数据的最后一个数字，树叶长在树茎上[①]。茎末位上的“1”所代

① 统计分析软件教学讲义，http：//wenku.baidu.c.

表的实际值是茎的宽度，如，若茎的宽度为100，112用茎叶的方式则表示为1.12。

茎叶图适合于量不太大的数据，且数据中的茎必须是有变化的。通过茎叶图，可以看出数据的分布形状及数据的离散状况，茎叶图实际上是横放的直方图，适合于量较少的数据。茎叶图的主要优点是直接呈现了实际的观测值，茎叶图既可以保留原始数据的信息，又能看出数据的分布状况，这是茎叶图优于直方图的地方（见图8-6）。

甲		乙
8	0	
4 6 3	1	2 5
3 6 8	2	5 4
3 8 9	3	1 6 1 6 7 9
	4	4 9
1	5	0

图8-6　茎叶图

7. 箱形图

箱形图（Boxplot chart）是综合表达数据的中心特征和离散特征的图形方法。箱形图的基本构造是：首先找出待分析数据的五个特征值，包括最大值、最小值、中位数、第一个四分位数（四分位数后面将单独介绍）和第三个四分位数，然后，连接两个四分位数构成一个箱子，最后连接两个极值点与箱子，形成箱形图。[①]箱形图可以观察数据的分布形态，箱形图包含的细节比直方图及茎叶图少，所以箱形图比较适合用于同时比较两个或两个以上的数据分布（见图8-7）。

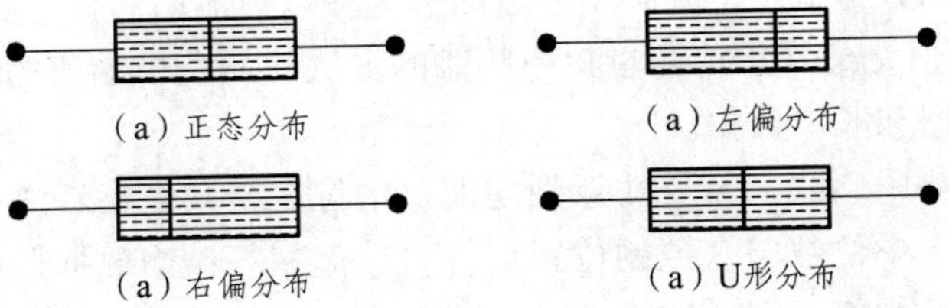

（a）正态分布　（a）左偏分布

（a）右偏分布　（a）U形分布

图8-7　箱形图

（二）统计量

统计量是统计理论中用来对数据进行分析、检验的变量。常用的统计量有众数、平均数、中位数等。单变量数据通常呈现两种数据分布形态，集中趋势与离散趋势，对数据资料的简化与归纳需要使用到这两种状态下的统计量。

1. 集中趋势

集中趋势是指一组数据向其中心值靠拢的倾向和程度，测度集中趋势就是寻找数据一般水平的代表值或中心值，能平均或典型地代表一个数据集，不同类型的数据用不同的集中趋势测度值，低层次数据的集中趋势测度值适用于高层次的测量数据；反过来，高层次数据的集中趋势测度值并不适用于低层次的测量数据。选用哪一个测度值来反映数据的集中趋势，要根据所掌握的数据的类型来确定。[②]

① 统计分析软件教学讲义，http：//wenku.baidu.c.

② 集中趋势的测量，http：//wenku.baidu.c.

众数是指出现频率最高的数，即一个分布中出现最多的变量值，如一组数据“5，6，4，5，5”的众数为5。众数不受极端值的影响。一个分布中可能没有众数，也可以有几个众数，众数主要用于类别数据，所以众数用来描述集中趋势具有现实意义。由于众数不受极端值的影响，所以在某些情况下，使用众数比较合理，如公众对某项政策的评分分值出现频次最多的为 8 分，而平均分值为 5 分，主要原因是极端值的影响，那么在进行政策分析时就需要注意众数，而不能仅仅只看平均值。

中位数是指将全部观测值按数值大小排列，排在最中间位置的观测值即为中位数，也就是数据分布中最居中的点，大于或小于中位数的数据各占数据总数的一半。如“3，4，5，6，7”这组数据的中位数为 5。因为观测值的数量为奇数，所以中位数取中间位置的观测值。当观测值数量为偶数时，取位于中间位置的两个观测值的平均数。当观测数据中出现极端值时，对均值的影响非常大，但中位数不受极端值的影响，此时，使用中位数比均值更合理。收入变量最常出现极端值，因此对收入变量的分析要特别考虑到中位数。中位数主要用于顺序数据，不能用于类别数据。

四分位数是指将数据从小到大排列后划分为四个相等的部分，此时会形成三个分割点，那么四分位数是指数据排序后处于25%和 75%位置上的值，如“10，36，40，42，53，67，81，85，87，92，96”的四分位数为 40，67 与 87，两个四分位数加上中位数，正好把观测值分为四份，因此，第二个四分位数正好与中位数相等。取分位值时，如果正处在某观测值上，就取该观测值，如果正好处在两个观测值中间，就取两个观测值的平均数。与中位数一样，四分位数不受极端值的影响，主要用于顺序数据，不能用于类别数据。

均值又称算术平均数，指一个分布中数值的总和除以数值的总数，如“10，5，9，13，6，8”的均值为 8.5。均值是最常用的测量集中趋势的方法，易受极端值的影响，用于距离型数据，不能用于类别数据和顺序数据。

在数据的集中趋势中，我们需要注意到均值、中位数与众数三者之间的关系。当数据分布完全对称时，均值、中位数与众数的位置重合，数值相等；当数据形态呈左偏分布时，由于极端小的数值影响了均值，则众数最大，中位数次之，均值最小；当数据形态呈右偏分布时，由于极端大的数值影响了均值，则均值最大，中位数次之，众数最小。

2. 离散趋势

我们先来看下列两组数据：

A 组：70，91，91，90，85，85，100，95

B 组：60，150，92，20，115，85，80，105

从统计量（见表 8-2）中我们可以看出两组数据的中心倾向一致，两组数据的均值都是88.38，但 A 组数据集中在均值附近，B 组数据相对于中心的变异较大。通过集中趋势的几个测度值可以描述一组数据的总体变化趋势，但集中趋势相同的两组数据的分布可能存在较大的差异。

离散趋势是对数据离散程度所做的描述，反映各变量值远离其中心值的程度。离散程度越高，均值的代表性越小，离散程度越小，则均值的代表性越高。所以观察数据的分布特征，也需要观察数据的离散趋势，离散趋势从另一个侧面说明了集中趋势测度值的代表程度，不同类型的数据有不同的离散程度测度值。

表 8-2　统计量

		A 组	B 组
N	有效值	8	8
	缺省值	0	0
均值		88.38	88.38
标准差		8.911	38.467

异众比是指非众数组的频次占总频次的比率，用于衡量众数的代表性，适用于类别数据。如“5，6，4，5，5”这组数据总频次为 5，众数为 5，众数的频次为 3，非众数的频次为 2，异众比计算出来为 0.4。

极差也称全距，是指一个分布中最大值和最小值之间的差距。它是离散程度的最简单测度值，如数据“3，4，5，6，7”的极差为 4。极差的优点是计算方便，缺点是只利用了最大值与最小值，忽略了中间一些数值的差异，极差不适用于出现极端值的情况。

四分位差，也称四分间距，指第一个四分位数与第三个四分位数之差，如前面提到的这组数据“10，36，40，42，53，67，81，85，87，92，96”的四分位数为 40，67 与 87，其中 67 也是中位数，第一个四分位数 87 与第三个四分位数 40 的差为 47，也就是四分位差。四分位差反映了中间 50%数据的离散程度，不受极端值的影响，所以，四分位差较极差稳定，常与中位数一起，描述不对称分布资料的特征。

方差和标准差，这是离散趋势中非常重要的测度值，一般适用于常态分布资料，前者是后者的平方。在具体了解方差与标准差之前，我们需要了解偏差与平均偏差的含义。偏差也称离差，是指数据中各个数值相对于均值的距离。平均偏差也称平均离差，是指数据中各个数值相对于均值的距离的平均数。平均偏差适用所有的数据，很好地反映了数据的离散程度。由于偏差与平均偏差的公式使用的是绝对值，所以偏差与平均偏差的局限是绝对值在更高级的统计分析中不易处理。方差对这个问题进行了修正，用平方代替了绝对值，因此，方差是一个分布中偏差平方和的均值，即一组数据中各个观测值与均值的差的平方的总和再除以观测值个数。方差很好地反映了数据的离散程度，且数学处理较容易，方差相对于平均偏差的优点还在于它关注到数据中的极端值，对分布中的偏离程度更加敏感，见表 8-3 对两组数据的分析。

表 8-3　方差与平均偏差

分布 A			分布 B		
X	$\lvert X-\bar{X}\rvert$	$(X-\bar{X})^2$	X	$\lvert X-\bar{X}\rvert$	$(X-\bar{X})^2$
3	2	4	4	1	1
5	0	0	4	1	1
5	0	0	6	1	1
7	2	4	6	1	1
均值=5			均值=5		
平均偏差=1			平均偏差=1		
方差=2			方差=1		

方差的单位是原始数据单位的平方，所以为了回到测量的初始单位，取方差的平方根，就得到了标准差。标准差是方差的平方根，是实际中最常使用的描述数据离散程度的测度值。方差与标准差的公式如下：

总体方差的计算公式

$$\sigma^2 = \frac{\sum_{i=1}^{N}(X_i - \bar{X})^2}{N}$$

总体标准差的计算公式

$$\sigma = \sqrt{\frac{\sum_{i=1}^{N}(X_i - \bar{X})^2}{N}}$$

样本方差的计算公式

$$S^2 = \frac{\sum_{i=1}^{N}(x_i - \bar{x})^2}{n-1}$$

样本标准差的计算公式

$$S = \sqrt{\frac{\sum_{i=1}^{N}(x_i - \bar{x})^2}{n-1}}$$

在观察数据分布时，我们常常结合集中趋势与离散趋势，如用均值来测度数据中心，用标准差来测度离散程度。均值是我们再熟悉不过的了，标准差就是找出观察值和均值的平均距离，若不习惯使用公式，就先仔细理解这句话，标准差是“一组数据中，每个数据与平均数相距的平均距离”。所以，要算出 n 个观测值的标准差，首先要找出每个观测值距平均数的距离，并将距离平方，再把所有的距离平方加起来，并除以 n-1，最后再取平方根。

总体标准差与样本标准差是不同的概念，通常我们无法获得总体标准差，而以样本标准差来估计总体标准差。S 代表样本标准差，从上面的公式中，你会发现分母是 n-1，而不是 n。一般来说，当样本为大样本时，用 n-1 和 n 都可以。当样本量不足够大时，n-1 与 n 的差别有专门解释，简单来说，当用样本的标准差估计总体标准差时，如果分母为 n，这个估计值是有偏的。而分母为 n-1 时，所得到的估计是总体标准差的无偏估计，即估计值的数学期望等于标准差的真实值。

为什么标准差可以测度数据的离散趋势呢？弄清这个问题比弄懂计算公式更重要。标准差测度的是以均值为中心的偏离程度，只有在用均值来描述数据分布的中心时，才可以用标准差来描述偏离程度。在所有观测值都相同的情况下，标准差等于零，这表示没有偏离程度，即观测值没有离散，全部都在同一点，否则，标准差一定是不为零的数。所以当观测值距离均值越远时，标准差就越大。①

二、变量关系分析

数据分析常常会探析两个或多个变量之间的关系，在分析变量之间的关系时，常用的基本模型有两个：一是相关模型，二是回归模型，前者探析变量间的共变关系状况，后者探析变量间的因果关系。对相关模型和回归模型的选择要基于变量的不同测量类型和我们想要实现的分析目标，表 8-4 显示了基于变量测量类型的数据分析方法的选择状况。

① 黄顺康主编：《公共政策学》，北京大学出版社，2013 年版。

表 8-4　变量关系分析内容结构

变　量	描　述	推　断
分类与分类	Phi，Lambda	χ^2检验
顺序与顺序	Gamma，Tau-b，Tau-c，dyx，ρ	Z 检验，t 检验
分类与距离	Eta，ANOVA	t 检验，F 检验
距离与距离	Pearson's *r*，Regression	F 检验

（一）相关分析

对变量进行相关分析主要包括三方面的内容：首先是判断样本数据是否存在相关关系，其次是判断样本所代表的总体是否存在同样的关系，最后是考察样本数据关系的强弱程度。

1. 相关关系

判断变量间是否存在相关关系，最直观的方式是先画图，最常用来展现两个距离变量之间关系的是散点图，散点图的横轴与纵轴分别用来标示不同的变量值，图中所有散点的位置由两个变量的值决定。如果两个变量中有一个是解释变量，我们一般用横轴来标示解释变量的值。我们对散点图整体形态的观察，可以通过描述图中散点的分布形式和方向进行，并需要特别关注到异常值，即落在由绝大部分散点构成的整体形态之外的散点。如果说变量 X 与变量 Y 有相关关系，意思就是它们一同起变化，即 X 有变化、Y 也有变化，反之也一样。在相关关系中，一般无法区分哪个是原因、哪个是结果，同时，具有相关关系的变量在数量上确实存在共变关系，但是具体关系值是不固定的，对于某个变量的某个数值，另一个变量可以有若干个数值与之对应，这些数值表现出一定的波动性。比如，身高与体重存在一定的共变关系，但是体重除了与身高有关外，还受年龄、性别等诸多因素影响，身高与体重并无严格的对应关系，具有同一身高的人，在大多数情况下体重是不相等的，但即使如此，身高与体重之间仍然存在规律性，一般来说，身高越高，体重越大。①

如果变量 X 的值高于平均水平，变量 Y 的值也倾向于高于平均水平；当变量 Y 的值低于平均水平时，变量 Y 的值也倾向于低于平均水平，则变量 X 与变量 Y 是正相关关系，此时散点图是从左到右往上倾斜的。如果当变量 X 的值高于平均水平时，变量 Y 的值倾向于低于平均水平，当变量 Y 的值低于平均水平时，变量 Y 的值倾向于高于平均水平，则变量 X 与变量 Y 是负相关关系，此时散点图是从左到右往下倾斜的。在使用符号表示时，“+”表示正相关，“-”表示负相关，但要注意，正负号并不表示关系的强度，而仅表示变化的方向。

2. 假设检验

假设检验是推断统计的内容，统计推论是根据样本数据来对总体做结论，并利用概率来表示结论的可靠程度。比如，“该政策客体的平均年龄是多少”这类问题针对的是总体的值，我们称为总体参数，这是需要估计的，对总体参数的估计值是通过样本算出来的值，即样本统计量。但是用样本统计量来估计总体参数是有风险的，怎么能保证一定准确呢？我们不能保证，没有整个总体的数据，结论不是完全确定的，处理的方法是我们放弃百分之百的准确

① 相关与回归分析，http：//wenku.baidu.c.

性，提供估计的不确定程度。因此，置信区间提供了一个估计的信心区间，我们常用的是95%的置信区间，这是从样本数据中算出来的一个区间，表明在所有样本当中，有95%会把真正的总体参数包含在区间之中。数据分析中，对数据的推论需要有假设检验来支撑，也就是说，置信区间估计一个未知参数，假设检验是要评估对某一未知参数估计的证据。

3. 相关系数

通过绘制散点图，可以基本判断变量间相关关系的方向和程度，但这只是相关分析的开始，如果通过散点图发现变量间是线性相关，那么如何判定其线性关系的密切程度呢？这可以用相关系数来衡量。相关系数是用来表示两个变量之间的直线关系，并判断其相关程度的方法。

（二）回归分析

回归一词最早由英国生物学家高尔顿（F·Galton）使用，他对父代和子代在身高、性格及其他特点的相似性问题上很感兴趣，于是他选择研究父母身高对子女身高的作用程度，并假设父母身高对子女身高有遗传作用，父母身高在一定程度上决定着子女的身高。高尔顿观察了上百对夫妇，以每对夫妇的平均身高作为自变量x，他们的一个成年儿子的身高作为因变量y，并将观测数据在直角坐标系上绘制散点图，发现这些点近似于一条直线。这样，他们根据这些数据求出了一条直线方程：$\hat{y}=33.73+0.516x$。父母平均身高X增加时，其子的身高Y也倾向于增加，这是意料中的结果。此外，高尔顿发现人类身高在一定时期是相对稳定的，不会让人类身高向高矮两个极端分化，而是让身高有回归于中心的趋势，比如父母平均身高170 cm，大于平均值 166 cm，表明这些父母属于高的一类，其儿子也倾向属于高的一类，其平均身高 176 cm，大于平均值 174 cm，但儿子身高的离差小于父母身高的离差；父母平均身高 162 cm，其儿子同父母一样属于矮的一类，平均身高 172 cm，小于平均值 174 cm，但不像父母离中心那么远。高尔顿把这种现象称为回归，他的学生皮尔逊继续把回归的概念和数学方法联系起来，把代表现象之间一般数量关系的直线或曲线叫回归直线或回归曲线。后来，回归这个名词被用来泛指变量之间的一般数量关系。①

回归分析的目的在于深入了解两个或多个变量间的相关关系，如果变量之间没有关系，就无法进行回归，回归需要建立在变量间有相关关系的基础上。如果我们在散点图中画条直线来勾勒散点分布的形态，那么我们就可以运用线性关系实现一个变量对另一个变量的解释与估计，所以回归描述的是一个解释变量和一个反应变量之间的相关关系。回归直线是一条直线，描述解释变量x变化时，反应变量y的变化情况，我们可以用回归直线来估计在给定x值的条件下y值的大小。根据研究变量的多少，可以分为一元回归和多元回归。

1. 一元回归

在回归分析中，最简单的模型是只有一个因变量Y和一个自变量X的线性回归模型，这类模型就是一元线性回归方程。该类模型假定因变量y主要受自变量x的影响，它们之间存在着近似的线性相关关系，其基本形式是：$\hat{y}=a+bx$。

上述一元线性回归模型中，$\hat{y}$表示因变量的估计值，a，b 是待定的未知参数，要根据样本的实际观测值加以确定，其中 a 是回归直线的起始值，为直线纵轴截距，即x为 0 时$\hat{y}$的值，它表示在没有自变量x的影响时，其他各种因素对因变量y的平均影响。b 是回归系数，为直

① 赵芬：《回归模型中的几个重要改进》，燕山大学硕士论文，2011 年。

线的斜率，它表示自变量 x 每变动一个单位时，因变量 y 平均变动 b 个单位，同时它还表明 x 与 y 的变动方向，即 b 为正值表明 x 与 y 是正相关，b 为负值表明 x 与 y 是负相关。

我们知道回归方程在于根据自变量来估计因变量，根据回归方程取得的回归估计值 $\hat{y}$ 与对应的实际观测值 y 之间是有一定误差的，因此我们需要考虑到估计的准确性问题，如果差距小，说明估计结果准确性高。所以，我们需要了解实际值和估计值离差的一般水平，这可以通过计算估计标准误差来实现。回归估计标准误差说明观测值围绕回归直线的变异程度，是衡量回归直线代表性大小的分析指标，这一指标可以衡量利用线性回归方程对因变量做出回归估计的准确程度。

2. 多元回归

简单线性回归反映的是一个自变量和一个因变量之间的关系，但是通常我们想要了解的现象非常复杂，会受到诸多因素的影响，因而，我们就不能只建立一元回归模型，而要进行一个变量和多个自变量的多元线性回归分析。多元回归模型的一般形式为：

$$\hat{y} = a + b_1x_1 + b_2x_2 + b_3x_3 + \cdots + b_nx_n$$

用回归方程来表示变量之间的关系需要满足一定的假定条件。这些假定条件包括正态性假定、零均值假定、等方差假定、独立性假定和线自性假定。这些假定条件中有一个不满足，回归方程都是没有价值的。由于上述的假定都是对总体而言的，而总体的情况又是未知的，因此在建立回归方程后应该用样本观测值对上述假定进行检验。

相关分析和回归分析都是研究和测度两个或两个以上变量之间数量关系的方法，二者既相互补充又有区别。在相关分析中，变量 x 变量 y 处于平等的地位；在回归分析中，变量之间不是对等的关系，要根据现象之间的因果关系或研究目的确定自变量和因变量。变量 y 称为因变量，处在被解释的地位，x 称为自变量，用于预测因变量的变化；相关分析中所涉及的变量 x 和 y 都是随机变量；回归分析中，因变量 y 是随机变量，自变量 x 可以是随机变量，也可以是非随机的确定变量。相关分析主要是描述两个变量之间线性关系的密切程度；回归分析不仅可以揭示变量 x 对变量 y 的影响大小，还可以由回归方程进行预测和控制。①

需要注意的是，变量之间是否存在真实相关是由变量之间的内在联系决定的。相关分析和回归分析只是定量分析的手段，通过相关分析和回归分析，虽然可以从数量上反映变量之间的密切程度及其联系的数量形式，但是无法准确判断变量之间是否存在内在的联系，也无法判断变量之间的因果关系。

第三节　定性分析方法

一、定性分析方法原则

定性分析是指通过逻辑推理、哲学思辨、历史求证、法规判断等思维方式，着重从质的

① 统计学复习提纲详细，http：//wenku.baidu.c.

方面分析和研究某一事物的属性。人类对社会和自然的认识首先是从属性开始的，事物的根本差别也表现在其质的差别上，因此对事物进行质的分析是认识事物的重要方法。但是，在对事物进行定性分析时，往往容易受个人价值观的影响。因此，应在定性分析基础上辅以定量分析，以得出更准确、更客观、更科学的结论。[①]定性分析需要遵循一定的原则，在运用定性分析时，需要遵循四条基本原则。

第一，自然性。与临床试验中研究者想方设法控制外来干扰因素不同，在定性分析中，不管使用什么样的研究方法，研究者都不应试图去控制或干涉研究对象或环境条件，要尽可能在自然的无外力干扰的环境中去观察和了解自然发生的现象。定性分析中，研究者必须进行实地研究，即在自然生活的环境中通过与研究对象展开直接的个人之间的接触来获得第一手的感性资料，这样才能有助于从研究对象的角度和感受来理解他们的行为、观点和态度。

第二，归纳法。定量研究中我们通常需要根据以前的研究基础和经验来设定一个假设，即假设某些变量之间的相对关联，然后通过研究来进行检验，这是在逻辑学上被称为演绎的方法。而在定性分析中，研究者需要有一种开放的思想或态度，尽量不固守对研究对象认识的某种模式，在主观上要意识到并设法避免先见的影响，从研究的过程中来认识和理解事物，从而发现事物内在的分类、关联和特征，这是逻辑学上成为归纳的认识方法。

第三，开放性。在定性分析中，研究者应始终保持一个开放的思想和中立的态度。作为研究资料的收集者和分析者，研究者本人成为研究工具之一，研究者的主观性，如文化背景、受教育的情况以及对研究问题已有的认识等都不可避免地会对研究过程产生影响，还有研究者的社会角色，如性别、种族、职业等，都可能会对研究对象有所影响，所有这些因素都要求定性分析的研究者具备反省的能力，能够对此有清楚的认识，并在资料收集和分析的过程中，尽量避免和减少此种可能的影响，并如实加以记录和描述。

第四，整体观。在定量研究中，现象或事物可以通过一些相互之间独立的变量来测量，并通过变量之间的关系来测知事物之间的联系。在定性分析中，研究者寻求从事物或现象的整体来了解，将事物或现象视作复杂的系统，而不是简单个体的相加，是与周围的环境息息相关的。例如，对一个医疗机构所处自然、社会和政治经济环境的了解对于认识它的运作方式是非常重要的。[②]

二、定性分析的常见方法

常用的定性分析方法有：观察法、调查法、个人访谈、焦点组讨论和经验分析法等。不同的定性分析方法各有自己的特点和适用范围，研究者需要针对不同的研究问题和研究环境选择适合的方法。

（一）观察法

观察法是指研究者根据一定的研究目的、研究提纲或观察表，用自己的感官和辅助工具去直接观察被研究对象，从而获得资料的一种方法。科学的观察具有目的性和计划性、系统

① 刘建明，王泰玄等：《宣传舆论学大辞典》，经济日报出版社 1993 年版。

② 张宏伟：《定性研究的基本属性和常用研究方法》，《中国中西医结合杂志》，2008 年第 2 期。

性和可重复性。常见的观察方法有：核对清单法、级别量表法、记叙性描述。观察一般利用眼睛、耳朵等感觉器官去感知观察对象。由于人的感觉器官具有一定的局限性，观察者往往要借助各种现代化的仪器和手段，如照相机、录音机、显微录像机等来辅助观察。与临床医生日常观察患者或流行病学里所说的观察性研究不同，定性分析中的观察法是指系统地、详尽地观察研究对象在自然生活环境中的行为以及与周围的关系并加以记录。根据研究者在观察中参与的程度，观察性定性分析可分为两大类。一是完全参与性的观察研究，即研究者参与研究对象的活动过程中，其作为研究者的身份呈保密状态，这种研究主要在伦理学上缺乏可行性，但对某些特殊问题具有价值。二是观察性参与的研究，这时研究者的身份和研究行为在参与研究对象的活动过程中是公开的，研究对象由于意识到自己处于被观察和研究的状况，有可能有意或无意地改变日常的行为。研究者需要记录所观察到的内容，观察法需要研究者进行有目的、系统的记录和分析，可以通过在事件发生过程中或发生后及时书写记录，或者采用现代化的录音录像设备来进行现场记录。在此过程中，研究者不仅要如实地记录发生的事件，还要把自己当时的感受和反应都及时记录下来。观察法适合研究某些机构的运行以及人们如何在机构中履行职能。观察法的一个突出的优势在于可以帮助研究者发现人们所说和所做之间的差异。由于在谈论时可能存在回忆偏差、刻意表现积极的正面观点或态度、选择性阐发自己的观点来迎合研究者等问题，通过访谈了解到的人们的观点和态度往往与他们在日常生活中的实际行为存在一定程度的差别，因而，可以采用观察法。观察法还可以帮助研究者发现研究对象自身没有意识到的行为习惯，如对英国一个急诊室医护人员的观察性研究发现，由于医护人员压力和需求之间的冲突，医护人员会将一些较轻的患者视为“正常的干扰者”，处理的措施也与那些被认为更值得的所谓“好病人”而不同，这种区别可能对那里的医护人员来说已经习以为常，而对一个外来的研究者来说却具有价值。

（二）调查法

调查法是指研究者通过实地面谈、提问调查等方式收集、了解事物详细资料数据，并加以分析的方法。这种方法通常用来探测、描述或解释社会行为、社会态度或社会现象，较多地被社会科学和人文科学研究人员大量使用。调查分析法可使用抽样的基本步骤，多以个体为分析单位，通过问卷、访谈等方法了解调查对象的有关咨询，加以分析以开展研究。根据调查手段和方式的不同，可以把调查方法分为邮递调查、面谈调查、电话调查、网络调查等；根据调查对象的不同，又可以分为个案调查法、重点调查、抽样调查、专家咨询法（德尔菲法、头脑风暴法）等。不同的调查方式在调查费用、信息反馈速度等方面存在着一定的差异。应精选有代表性的调查对象，以此举一反三、推而广之。由于事物或调查对象的复杂性和各种条件的限制，毫无遗留地对研究对象的一切方面、一切过程进行调查是很困难的，也是没有必要的。因此，在全面性的基础上要坚持典型性的原则，要精选代表性的调查对象。如要调查一个城市的中学生上网现状时，可以从地域、年龄、性别、家庭特点、学校的现状等方面来选择一定的调查对象，进行一个抽样调查。最后通过对数据进行科学的处理来得出一个合理的结论。

（三）个人访谈

个人访谈主要有 3 种类型，分别是结构化、半结构化和深度个人访谈。结构化访谈是通过发放结构化问卷，询问一些答案具限定性的问题，如你感觉自己的健康状况是：好，坏，或是一般？半结构化个人访谈中，访谈者通常有一些核心的开放性的问题，如你认为什么是健康？你认为你的健康状况如何？在实际访谈中，这些核心问题的顺序会根据被访谈者的回答情况而发生变化，也会根据被访谈者的回答对某些方面做进一步的询问，但整个访谈都是围绕这几个核心问题展开的。深度个人访谈结构更为松散，只围绕一两个主题进行展开，但细节丰富，例如研究开始时，研究者可以介绍说："这个研究是有关人们如何认识自己的健康，你能否告诉我你对健康的感受和看法？"以下的问题都将基于被访谈者的谈话内容，而且主要用来做进一步的澄清和对细节的探询。

个人访谈中的问题在围绕研究目的的同时，还要注意开放、中立和清楚。在访谈中研究者的目的是了解被访谈者的认识和看法，特别要注意的是不要把自己的观点和想法强加给被访谈者，或想当然地认为被访谈者对某一名词或术语的理解与你相同，在访谈中研究者要尽量使用被访谈者的词汇来构建所提出的问题，或了解被访谈者对某一词汇内涵和外延的理解。访谈过程中研究者还特别要注意避免带有主观色彩的引导性的问题，如你认为运动对健康有什么好处？个人访谈可以通过当时或事后的笔记、录音加以记录。个人访谈可以与研究对象进行单独的面对面的交谈，对一些问题进行深入探讨，可以充分了解人们对某些事物的感受、体验和看法，其一个突出的优点就是可以用来了解一些较为隐秘的想法或是在公开环境里不便于讨论的话题。

（四）焦点组讨论

焦点组讨论是通过采取小组讨论的方法来促进和激发小组成员之间的讨论和交流，从而达到收集资料的目的。一般来说，定性分析可以采用 6～50 个焦点组，但大部分定性分析都只有几个焦点组，每个焦点组由 4～8 人组成。焦点组成员可以是自然的群体，如一个部门的同事，也可以是具有相似背景的人组成，这有利于讨论中分享共同的体验和经历。另外，焦点组也可以由差异很大的成员构成，这有利于激发不同观点之间的讨论。在焦点组讨论的过程中，研究者主要起到组织的作用，注意采取一些手段来促进小组成员之间的互相讨论和交流，尽量减少自身的观点或立场对此的影响。焦点组讨论可以帮助研究者了解人们日常的交谈方式以及隐含其中的人们的态度和看法。此外，还有助于发现人们共有的认识和看法。对于那些不愿意接受个人访谈，或在个人访谈中感到无话可说的研究对象，焦点组讨论中他人的谈话可以激发他们参与的热情和观点的表达，这是焦点组讨论的一大优势。有些敏感问题，如性暴力，在个人访谈中可能难以深入，但在焦点组讨论中可能由于某些人率先打破坚冰，从而引起他人的共鸣或参与。①

（五）经验分析方法

经验分析方法是指主要以经验知识为依据和手段而分析认识事物的一种科学分析方法。经验知识是理性知识的基础和来源，同时，纯经验知识在科学领域内也是不多见的，因为感性认识往往是在理性认识的指导下取得的，而且经验有时也指人们在实践中获得的理性知识。由于个人经验有很大的局限性，因此在运用该分析法时，人们比较重视发挥集体智慧的作用。

---

① 张宏伟：《定性研究的基本属性和常用研究方法》，《中国中西医结合杂志》，2008 年第 2 期。

常用的方法有：① 专家组集体进行分析讨论；② 召开座谈会，听取各方面的分析意见；③ 利用表格进行书面调查分析，把要求分析的项目列成表，由专家、学者填表后，再整理归纳成集体的分析意见；④ 应与现场分析相结合。经验分析要与理论分析相结合。经验分析有直观性，判断果断，比较切合实际，但具有表观性、不深刻，对隐藏在深处的问题不易发现，而且有的经验分析结果靠不住，还需经理论分析深入加工。[①]

总之，不同的方法具有不同的适用环境。研究者在选择研究方法时需要根据所研究任务的特点选择合适的研究方法。

① 李庆臻：《科学技术方法大辞典》，科学出版社 1999 年版。

第九章　社会政策及其决策模型

第一节　社会政策概述

一、社会政策的含义、特征与功能

（一）社会政策的含义

社会政策是公共政策重要组成部分，是政府在某种社会价值的指导下，为达到某种社会性的目标而采取的社会性行动的总和。在当代社会中，社会政策的实质是政府为老百姓提供社会保障和其他各种社会服务的社会事务方面承担责任的行动。当代社会，人们在社会保障、教育、医疗、就业、住房和其他许多方面的需要越来越高，而市场体系在满足人们需要方面存在着明显的缺陷。家庭、邻里等群体和单位组织也难以满足所有人的需要，因此需要由政府在社会福利事务领域采取行动，承担起为老百姓提供基本保障和基本服务的责任。工业化社会以来，各国政府都在不同程度上用完善的社会政策行动替代传统的社会福利制度，或弥补传统社会福利制度的不足。当前，各国政府都在社会福利领域投入了大量的人力、物力和财力，建立了以政府为主，结合其他各类社会组织和个人广泛参与的社会服务体系。

（二）社会政策的特征

与其他公共政策相比，社会政策有以下特点。

1. 社会政策是政府为了满足人民群众的基本需要而提供各种社会服务的行动

政府的社会政策首先旨在向广大的社会成员，尤其是其中的困难群体提供各种社会服务。其范围包含社会保障、教育、医疗卫生、住房、就业，以及对老年人、残疾人、儿童和贫困者等特殊困难群体提供的各种服务。政府通过一定的社会政策在这些社会服务领域建立运行规则，调动必要的资源，建立组织体系，规范和促进社会服务事业的发展。从这个方面看，社会政策直接与人们的具体生活密切相关，因而受到社会中各个群体的高度关注。

2. 社会政策具有社会性的特征，其中包括社会性目标和社会性价值

从社会性目标上看，社会政策的基本目标是为满足社会成员的基本需要，解决社会问题，保持社会稳定和提高社会生活质量。为此，政府的社会政策行动要通过更加公平地分配各种资源来满足大多数人的基本需要，以增强社会的整合和稳定，解决社会问题，提高社会生活质量，进而促进人的全面发展和社会进步。从社会价值来看，社会政策中所体现的社会性价值，是指在社会中具有广泛代表性的价值体系，或者能够代表大多数人利益的价值诉求。

3. 社会政策是社会服务与社会管理相结合的政策体系

从政府公共政策实践的角度看，社会政策是政府通过向社会成员提供社会服务而实施社会管理的政策体系。当代社会政策与社会管理紧密地结合在一起，政府通过一定的社会政策向社会中的人提供各种必要的服务来达到社会管理的目标，通过满足社会成员的基本需要、解决社会问题，以及树立公平的社会观念来达到加强社会管理的效果。

4. 社会政策坚持福利性的原则

福利性原则是与商业性运行原则相对的概念，其基本含义是不按照等价交换的原则，而是在公共资金的支持下，按照人们的实际需要，尤其是贫弱群体的特殊需要去分配财富和提供服务。从运行原则上看，社会政策属于按照福利性原则运行的领域，是政府向公民提供各种社会服务，以满足后者的需要。政府向公民提供的这些服务之所以被称为“社会服务”，主要是由于其服务的性质和过程坚持了福利性的原则，不是按照市场的价值去等价交换，而是以社会关照、社会补偿等原则为基础。在这一点上，社会政策明显不同于以促进经济发展为目标的经济政策。因此，“社会政策”常常被称为“社会福利政策”。

5. 社会政策具有社会目标与经济目标相协调的特征

社会政策的基本目标是为了满足人的基本需要，解决基本的民生问题和促进社会和谐，而不是为了促进经济增长，这一点是社会政策有别于经济政策的最大特点之一。但是社会政策要兼顾经济发展的目标。一方面，社会政策行动中要兼顾公平与效率；另一方面社会政策行动可以通过其合理的制度设计兼顾经济发展和社会公平；再一方面，通过社会政策行动可以解决社会问题，为经济发展营造良好的社会环境。

（三）社会政策的功能

社会政策具有以下四方面的功能。

1. 社会功能

（1）收入再分配功能。劳动者通过工作从市场获得的初次分配往往是不平等的，甚至是不公平的。因此，政府有必要通过税收、社会保障和福利供应等措施来降低初次分配中出现的不平等效应，以便构建相对平等、公平与和谐的阶级和阶层关系。

（2）社会投资和社会建设功能。社会投资是指通过公共投入的方式去增大人力资本和发展各项社会事业。社会投资既可以通过增大人力资本等方式促进经济发展，从而获得经济建设方面的回报，也可以通过促进各项社会事业的发展获得社会建设方面的回报，最终为构建和谐社会做出重大的贡献。

（3）社会控制功能。社会控制是指社会控制人的不良行为和各种社会问题的发生及其危害的制度与机制，社会控制可以采取法律规范、社会教化、为民众提供社会保障和社会服务的方式。

2. 经济功能

（1）人力资本投资功能。在投资途径上，可以通过增加教育、培训和提高健康等方面的服务来增大个人和全社会的人力资本。在投资方式上，既可以采用市场化服务的方式，也可以采用公共服务的方式。但市场化服务的方式有很大的局限性，所以当代经济学和社会政策理论都强调通过公共服务的方式扩大人力资本投资。

（2）调节经济运行功能。社会政策也可以看作政府对经济与社会福利事务的干预。通过政府的干预，不仅可以起到维护社会公平和调节各个群体之间利益关系的作用、还可以起到调节经济运行，促进经济稳定发展的作用。

（3）激发劳动者积极性功能。政府通过制定和实施各项社会政策可以为劳动者提供基本的社会保障、医疗和其他各种社会服务，从而降低和免除劳动者在市场经济中的各种风险，因而起到激发劳动者积极性的作用。同时，企业通过为员工提供补充保险和各种企业福利，可以进一步提高对职工的凝聚力，起到提高劳动生产率的作用。

3. 政治功能

（1）社会管理功能。政府对社会实施管理的目标是维护社会稳定和社会生活的有序性，进而维护政治和经济运行的稳定，提高社会生活的质量。政府对社会实施管理可通过法律、政治、文化、经济和行政等多种手段来完成，也可以通过直接控制、调解社会矛盾和有效的服务等机制来实现。

（2）调节各群体利益矛盾的功能。各国政府和执政党都把调节阶层关系和各个利益群体之间的利益矛盾当成其重要政治任务之一。鉴于社会政策在调节各阶级阶层和利益群体之间利益矛盾方面可以发挥重要的作用，因而各国政府和执政党都把制定和实施有效的社会政策当成完成这一任务的重要手段之一。

4. 增强执政党执政基础和维护政治稳定的功能

在未来的发展中，面对人民群众在社会公平、生活质量和社会稳定等方面不断提高的诉求，党和政府在继续促进经济发展的同时，还将更多地通过制定与实施各项社会政策来满足人民群众的需要，以继续获得人民群众对执政党的政治支持，从而进一步巩固其执政基础，并保持国家的政治稳定。

二、社会工作者在社会政策制定和实施中的作用

（一）社会政策与社会工作的关系

从历史上看，社会政策与社会工作的起源不同，但后来逐渐走向一致。现代社会政策体系和专业社会工作都起源于 19 世纪末 20 世纪初，都是对工业化社会中出现的各种社会问题做出的反应，其起源具有相同的背景和相似的目标。但是，社会政策和社会工作最初的起源和运行方式是不同的。社会政策是以国家干预的方式去满足下层民众的需要，并解决各种社会问题；而社会工作则以民间行动的方式去达到相似的目标。尽管社会工作最初发源于民间的行动，但后来随着各国社会政策体系的发展，社会政策和社会工作日益密切地结合起来。

尤其是在 20 世纪中叶以后，社会政策和社会工作逐渐成为一套制度和一个过程的两个不同方面。社会工作组织和社会工作者在社会政策及其法规的指导下展开工作，并且在制定和实施社会政策，以及推动社会政策发展的行动中发挥着重要的作用；而政府的社会政策行动也为社会工作提供了行动的空间和发展的条件。

在当代社会中，社会政策与社会工作之间的关系可以概括为：有共同目标、共同原则，

以不同方式进行，但又是密切关联的两个行动体系。

1. 社会政策与社会工作的差异和分工

社会政策与社会工作具体的行动内容和方式不同，社会政策是由政府调动资源，为老百姓提供基本的社会保障、医疗、就业、教育和住房等方面的服务，而社会工作则是由基层的专业社会工作者为有需要的人提供具体的服务，包括救助、照料、辅导、维权、增能等。

2. 社会政策与社会工作的相同性和关联性

（1）社会政策与社会工作具有共同的目标。二者都是以满足老百姓的基本需要，尤其是帮助贫弱群体克服生活中的各种困难，并促进其增强自身的能力，以及解决社会问题和维护社会公平为目标。

（2）社会政策与社会工作有共同的原则。二者都以社会公平和社会关照为基本原则，并且都按照福利性原则运行。

（3）从制度和组织体系上看，二者同属于一个国家的社会福利制度体系。在其中，社会政策是政府全面负责社会福利事务的制度化行动体系，而社会工作则是在政府社会政策的指导和资助下实施具体服务的行动体系。在组织体系方面，在一些国家，社会工作机构直接隶属于政府的社会政策部门，在另外一些国家虽然社会工作是由民间机构来担当，但要接受政府的社会政策部门的资助和指导。

（4）从功能关系上看，社会政策与社会工作是相互依赖、相互促进的关系。一方面，社会工作是社会政策的执行系统。社会政策的制定需要社会工作的介入，社会政策的实施更需要有大量社会工作机构的参与。当代各国政府的社会政策体系中的很多具体的行动都交由社会工作机构和人员去完成。另一方面，社会工作的运行也需要政府社会政策的资助和指导。各国社会工作机构在其项目选择、发展规划和具体的服务行动等重要的环节上都接受政府社会政策的指导。离开了社会工作的组织和行动体系，社会政策将难以有效实施和发展；而离开了社会政策体系，社会工作也将成为无源之水，失去其发展的动力。

（二）社会工作者在社会政策制定和实施过程中的作用

社会政策的运行是一个制定、实施、评估和调整的过程。社会工作者在其中扮演了一定的角色，尤其是政策的制定和实施过程扮演的角色很重要。具体来讲，社会工作者在社会政策制定和实施过程中的作用表现在三个方面。

1. 政策倡导者

在社会政策制定过程中，社会政策制定者对某项社会政策具有直接的、决定性的影响。倡导者是指在社会政策制定过程中提出意见或建议的角色。

2. 服务提供者

有些领域如传统的民政工作领域，可以直接提供服务。但在社会保障、医疗卫生、劳动就业和教育等社会政策领域，社会工作者起码是必不可少的辅助力量。

3. 行政传递者

在社会政策的实施中，社会工作者承担各种行政管理和组织工作，担任贯彻落实政策的角色。这是由社会工作者的职业属性和专业所决定的：助人服务，对社会政策十分敏感；接受过社会行政和社会政策知识和技能的培训，能比较准确地理解社会政策；在间接的助人活动中，较多地涉及组织、协调和行政管理方面的内容。

三、新时代社会政策的完善与创新

（一）党的十八大的宏伟蓝图和整体部署

党的十八大以来，在以习近平同志为核心的党中央正确领导下，我国社会政策体系不断丰富和完善。党的十八大报告确立了科学发展观的历史地位，提出了夺取中国特色社会主义新胜利的基本要求，确定了全面建成小康社会和全面深化改革开放的目标，描绘了全面建成小康社会、加快推进社会主义现代化的宏伟蓝图，为丰富和完善社会政策体系指明了方向。继党的十八大提出全面建成小康社会，做出经济建设、政治建设、文化建设、社会建设、生态文明建设“五位一体”的总体布局以后，十八届三中全会部署“全面深化改革”，四中全会部署“全面依法治国”，五中全会提出创新、协调、绿色、开放、共享的发展理念，六中全会部署“全面从严治党”，党中央治国理政的新理念新思想新战略逐步清晰。五大发展理念、四个全面战略布局和“五位一体”总体布局为丰富和完善社会政策体系创造了条件。在党中央治国理政的新理念和新战略的指导下，国务院及其有关部门出台了一系列改善民生的政策，使我国社会政策体系趋于完善。

（1）在养老方面，国务院发布《关于机关事业单位工作人员养老保险制度改革的决定》（国发〔2015〕2 号），人力资源和社会保障部等部门出台了《关于进一步完善企业职工基本养老保险省级统筹制度的通知》《关于城镇企业职工基本养老保险关系转移接续若干问题的通知》。

（2）在医疗方面，国务院发布《关于整合城乡居民基本医疗保险制度的意见》（国发〔2016〕3 号），国务院办公厅印发《关于全面实施城乡居民大病保险的意见》，人力资源和社会保障部等部门发布《关于积极推动医疗、医保、医药联动改革的指导意见》《关于加快推进跨省异地就医结算系统建设的通知》《关于印发加强儿童医疗卫生服务改革与发展意见的通知》《关于进一步完善医疗救助制度全面开展重特大疾病医疗救助工作意见》。在就业方面，国务院印发《关于进一步做好为农民工服务工作的意见》（国发〔2014〕40 号）、《关于做好当前和今后一段时期就业创业工作的意见》（国发〔2017〕28 号）。

（3）在反贫困方面，中央印发了《中共中央国务院关于打赢脱贫攻坚战的决定》，中共中央办公厅、国务院办公厅印发了《关于建立贫困退出机制的意见》。

（4）在社会福利方面，全国人大颁布了《慈善法》，国务院颁布了《社会救助暂行条例》《志愿服务条例》。

上述战略举措和具体政策有四个共同的特点。第一，更加注重社会公平。政策目标从“少数人先富起来”转变为全社会“共同富裕”，强调共建共治共享。第二，更加注重协调发展。政策主体从注重经济发展和 GDP 崇拜转变为重视经济社会协调发展、自然与人的和谐发展。第三，更加注重平衡发展。实施精准扶贫，着力解决发展不平衡的问题。第四，更加注重保障和改善民生。改善人民生活、增强人民的获得感、提高人民福利水平成为一切政策的出发点和归宿。

（二）党的十九大的重要论述和整体部署

党的十九大报告对我国社会发展做出了“中国特色社会主义进入了新时代”的重要论断。新时代面临新的矛盾——“我国社会主要矛盾已经转化为人民日益增长的美好生活需要和不平衡不充分的发展之间的矛盾”；新时代产生新的思想——“习近平新时代中国特色社会主义思想”；新时代提出新的目标——“在本世纪中叶建成富强民主文明和谐美丽的社会主义现代化强国”。与此相适应，我国社会政策发展也进入了新的时代。

1. 社会政策新时代的四个基本特征

第一，坚持以人民为中心的发展思想，不断促进人的全面发展、全体人民共同富裕。党的十九大报告指出，全党必须牢记，为什么人的问题，是检验一个政党、一个政权性质的试金石。带领人民创造美好生活，是我们党始终不渝的奋斗目标。必须始终把人民利益摆在至高无上的地位，让改革发展成果更多、更公平惠及全体人民，朝着实现全体人民共同富裕的目标不断迈进。

第二，保障和改善民生的措施不断出台，社会政策体系日趋完善。社会保险和社会救助政策逐步完善，养老服务、医疗服务、就业服务和社会工作服务政策不断健全，教育政策和住房政策也渐成体系，中国特色社会的政策体系已经建成。

第三，人民生活不断改善，人民获得感显著增强。脱贫攻坚战取得决定性进展，贫困发生率从 10.2%下降到 4%以下；城乡居民收入增速超过经济增速，中等收入群体持续扩大；覆盖城乡居民的社会保障体系基本建立，人民健康和医疗卫生水平大幅提高，保障性住房建设稳步推进。

第四，人民对美好生活的需求日益增长，民生领域面临新的矛盾。我国在总体上已实现小康，不久将全面建成小康社会，人民对美好生活的需要日益广泛，不仅对物质文化生活提出了更高要求，而且在民主、法治、公平、正义、安全、环境等方面的要求日益增长。民生领域还有不少短板，脱贫攻坚任务艰巨，城乡区域发展和收入分配差距依然较大，群众在就业、教育、医疗、居住、养老等方面面临不少难题。

2. 新时代我国社会政策的基本目标

根据党的十九大报告，新时代我国社会政策的基本目标是：在发展中补齐民生短板、促进社会公平正义，在幼有所育、学有所教、劳有所得、病有所医、老有所养、住有所居、弱有所扶上不断取得新进展；深入开展脱贫攻坚，保证全体人民在共建共享发展中有更多获得感，不断促进人的全面发展、全体人民共同富裕。具体包括以下五点。

第一，优先发展教育事业。推动城乡义务教育一体化发展，高度重视农村义务教育，办好学前教育、特殊教育和网络教育，普及高中阶段教育，努力让每个孩子都能享有公平而有质量的教育；完善职业教育和培训体系，深化产教融合、校企合作；加快一流大学和一流学科建设，实现高等教育内涵式发展。

第二，提高就业质量和人民收入水平。要坚持就业优先战略和积极就业政策，实现更高质量和更充分就业；坚持按劳分配原则，完善按要素分配的体制机制，促进收入分配更合理、更有序。

第三，加强社会保障体系建设。按照兜底线、织密网、建机制的要求，全面建成覆盖全民、城乡统筹、权责清晰、保障适度、可持续的多层次社会保障体系。

第四，坚决打赢脱贫攻坚战。坚持精准扶贫、精准脱贫，确保到2020年我国现行标准下农村贫困人口实现脱贫，贫困县全部摘帽，解决区域性整体贫困，做到脱真贫、真脱贫。

第五，实施健康中国战略。完善国民健康政策，为人民群众提供全方位全周期健康服务；深化医药卫生体制改革，全面建立中国特色基本医疗卫生制度、医疗保障制度和优质高效的医疗卫生服务体系，健全现代医院管理制度。

（三）我国社会政策模式特点

经过40多年的改革开放，我国经济建设取得了巨大成功，经济发展方式被称为“中国模式”。实际上，我国社会建设也取得了巨大成就，稳定解决13亿多人的温饱问题，社会秩序保持稳定，这是中国模式在社会建设领域中的体现。我国社会政策模式具有发展性和可持续性特点，可以称之为发展型社会政策。它既克服了对计划经济制度化的路径依赖，也吸收了各种规范性社会政策理论的优势。根据发展型社会政策，我国正在建设的小康社会不是西方意义上的福利国家而是发展型福利社会。关于“发展型福利社会”可以从“发展”和“福利社会”两个方面来理解。

1. 发展型福利社会是可持续的、充满发展活力的社会

发展型社会政策起源于发展中国家兼顾和协调社会政策及经济政策的一些做法，此外，联合国在发展中国家推行的发展项目对发展型社会政策的出现也有积极的推动作用。发展型福利社会中的“发展”有多层含义：在理论层面，发展型社会政策不是单一的理论视角而是一种综合的理论视角，即国家主义、个人主义和社群主义范式的融合。发展型社会政策的目标是多元的。社会政策的目标从缓解贫困转变为增强人们维持生计的能力、增进全民福利、保障人权、促进社会公正等多个方面。总之，社会政策的目标涉及经济发展、社会发展和人的发展三个层面，三个层面的发展是协调的、可持续的，其中人的发展是归宿。发展型社会政策从思维到政策措施都是积极的。传统社会政策注重对穷人的社会救济，但是发展型社会政策更加重视人力资本投资，重视个人的能力建设，从而为社会的持续发展提供源泉和动力。

2. 发展型福利社会是多个主体承担福利责任的福利性社会

发展型福利社会不同于福利国家，两者最大的区别在于前者强调福利责任主体的多元化，而后者垄断了福利的供给。除了福利主体多元化外，发展型福利社会还是一个福利性社会，“福利”是发展型福利社会的落脚点和归宿。理解福利有三个视角：首先，把社会福利看作市场体系之外的经济上的转移，认为社会福利不是用等价交换的方式而是用免费或低于市场价格的方式获得物品和服务。其次，把社会福利视为满足基本需求的服务，认为社会福利是社会服务的组织化制度，旨在满足人们生理和心理上的需求。最后，把社会福利理解为一种良好的社会状态。[①]

党的十九大根据当前中国特色社会主义发展的具体变化，对目前我们的具体国情做出了具体的分析和认识。这些具体的分析和认识主要是：其一，从历史方位上来看，中国特色社

① 徐道稳：《迈向发展型福利社会——从十九大报告看我国社会政策的新时代》，《大社会》，2017年第10期。

会主义进入了新时代；其二，在新时代中国社会主要矛盾是人民日益增长的美好生活需要和不平衡不充分的发展之间的矛盾；其三，在新时代我们的建设目标在原来“富强、民主、文明、和谐”的基础上，增加了“美丽”的内容。党的十九大关于中国国情的具体认识上最具突破性的内容是关于中国社会主要矛盾的概括和总结，这个概括非常及时、准确、科学。

（四）新时代社会政策的发展创新

社会政策是关于人类福祉的研究，其目标是最大化人们拥有美好生活的机会。作为政府的治理手段，社会政策的功能在于通过再分配手段满足人类需要，增进社会福祉，促进社会公平。随着中国特色社会主义进入新时代，我国的社会政策发展也进入以增加人民福祉为依归的新时代。

1. 新时代呼唤社会政策的创新

社会政策创新是实现人民对美好生活向往的重要手段。民生福祉的增进，人民美好生活的创造，经济发展与社会发展的良性循环，都离不开社会政策的有效创新。习近平总书记在党的十九大报告中指出：“社会主要矛盾的变化是关系全局的历史性变化，对党和国家工作提出了许多新要求。”具体来说，就是对于未来我们党和政府关于社会发展的具体政策提出了新要求。未来的社会政策至少要在以下几个方面做出新的调整：

（1）产业结构需要调整。新时代主要矛盾发生变化会使产业结构发生重大改变。改革开放之后，每一次重大新理论的提出都会直接影响国家投资方向。人民的美好生活主要体现在精神生活层面上，有关精神生活的产业主要是第三产业。现在中国的第三产业发展水平不高，2016 年该产业只占 GDP 总量的 51.6%，而目前美国、英国、法国等发达国家第三产业占 GDP 总量的比重都在 70%～80%。我国现在的第二产业约占 GDP 总量的 40%以上，它对于拉动中国经济增长至关重要，但它同时也带来环境污染等问题，不符合人民对于美好生活向往的要求，所以这个产业结构必须要转型，第三产业要得到大力发展。第三产业不发达就是中国现在不够幸福的因素，将来国家肯定会加大对第三产业的扶持力度。

（2）西部大开发的格局会有所改变。目前我国社会主要矛盾的一个重要表现就是发展不均衡、不充分，而广大的西部地区在这个方面目前表现得更加明显，所以，今后国家在西部大开发上会有更新颖、更丰富的手段和方式。西部大开发在 2000 年之后的很长时期内的开发重点是基础设施建设，带来的最大变化就是铁路和公路，还有广大城乡的住房、供电、通信等基本生活设施的变化。在未来，西部大开发除了继续加强基础设施建设外，更多的是在科技和教育方面逐渐形成更好的政策和措施，比如说吸引人才方面肯定会有更灵活特殊的措施。

（3）社会公共福利事业得到大发展。什么是人民所向往的美好生活？至少不用担心生病没有医院救治，不用担心因为失业而饥寒交迫，不用担心收入不足而露宿街头，不用担心自己老弱病残而生活窘迫。要做到这一点，必须要大力发展公共福利事业。没有公共福利事业的大发展，人民不会觉得他们的生活是美好的。要加大对公共福利事业的投入，仅仅依靠政府是不够的。从长远来看，民营企业和社会的其他方面的力量必须大力参与公共福利事业当中。

（4）社会治理的现代化水平越来越高。什么样的社会治理才能够得上美好的标准？从最高的层次来看应该是共产主义社会，在这个社会没有国家机器，每个人得到自由而全面的发展。但共产主义社会不是短时期内可以实现的，现实社会需要国家、需要公共权力才能保证社会秩序，只是这个带有强制力的公共权力必须使人感到公平、公正、客观，使人感受到人性的光辉，使人感到安全、安稳、放心。美好生活最根本的就是让大家感受到公平公正的存在。如果没有治理的现代化，没有公平公正的治理方式，这个社会就不是美好的社会。要实现这样的社会，政府的治理措施和手段必须要符合科学、理性、人性的现代化要求，其现代化的水平越高，生活在其中的民众对其认可度就越高，民众的幸福指数就越高。所以，在党的十九大报告提出社会主要矛盾发生转变的重大判断之后，我国社会治理现代化方面一定会有大的进步。①

第二节　社会政策决策模型

模型是对原型的抽象与模仿（仿真），是认识主体为着一定的认识目的，依据相似性原则而构造出来的一种理论系统，以代表作为研究对象的真实系统即实际存在的事物，有实物模型（如地球仪）和理论模型两种。社会政策决策模型为理论模型。理论模型又分为理性决策模型、渐进主义决策模型、小组意识模型、综合决策模型、团体决策模型、精英决策模型、政策过程模型等 7 类。

一、理性决策模型

理性决策模型，简称理性模型，起源于传统经济学的理论，传统经济学理论是以“经济人”的假设为前提的，舍弃了一些次要变量，使问题的分析得以简化，形成有效的分析框架，能用来解释社会政策决策中的诸多现象。

（一）完全理性决策模型

完全理性决策模型根据数字和事实，用合理的科学方法与精细的计算，分析解决问题的各种政策方案的优劣，从而求得最佳的政策或问题解决办法。完全理性决策模型的最终目的，是希望能够设计出一套程序，以使决策者能够通过程序制定出一个有最大净价值成效的合理政策。换言之，完全理性决策旨在花最少的代价取得最大的成果。

1. 完全理性决策模型的主要内容

（1）决策者面临的是一个既定的政策问题，该问题同其他问题区别非常明显，或同其他问题相比较这个问题是最重要的。

（2）决策者具有明确的目标、价值和目的，希望以最少的成本获得最大的利益，并且可以根据不同目标的重要性进行排列顺序。

（3）决策者有两个以上的备选方案，通过对这些方案的逐一分析，能够选取其中一个。

（4）决策者对同一个政策问题会面临着一种或多种自然状态，它们是不以人们意志为转

① 程美东：《社会主要矛盾的变化与中国未来社会政策的调整》，《理论与评论》，2018 年第 1 期。

移的因素。

（5）决策者会将每一方案在不同的自然状态下的受益值和损失值估算出来，经过比较后，选取其中的最佳者。

2. 运用完全理性决策模型时需要遵循的步骤

（1）确认政策目标；

（2）尽可能收集一切能够收集的资料；

（3）梳理针对特定政策目标可行的各种备选方案；

（4）根据可能收集到的资料对各种备选方案的产出/投入比值或者收益/成本比值进行分析并预估各种备选方案可能引起的社会后果；

（5）根据分析结构把各个方案按优化次序排序；

（6）根据产出/投入比值或者收益/成本比值最大原则选择最佳备选方案作为最后的政策方案。

总而言之，完全理性决策模型要求有明确的解决问题的目标、穷尽目标的策略和方案、预测每种方案的结果及其概率以及选择成本最低的解决问题的方案。在完全理性决策模型的视角下，只要决策过程的每一个步骤都是出于理性的考虑，最后所决定的政策自然是合理的，能使问题迎刃而解。

3. 完全理性决策模型的缺陷

从理论角度而言，运用完全理性决策模型找到最佳决策方案这一做法并不是不可行的。然而，社会现实不等同于理论假设，完全理性决策模型的限制条件使其遭遇到许多的障碍，而且政策实践中的许多现象都难以用它进行解释。完全理性决策模型失效的原因不在于它的逻辑体系有缺陷，而在于其前提假设有问题以及其限制条件过于苛刻。

（1）这个模式设定决策者为理性人，然而这个设定显然缺乏经验支持。

（2）这个模式假定决策者是公正的、客观的、理智的，而实践中决策者的公正、客观和理智却常常是极为有限的。

（3）这个模式过高地估计了逻辑推理和数学模型作为政策分析工具所起的作用，但这两种分析工具在实践中面对社会性、政治性、文化性社会政策问题时却往往束手无策。

（4）这个模式假定决策者全智全能，但是在实践中决策者拥有的知识、获得的信息都是有限的，难以对政策的投入/产出、成本/收益的比例做出精确的计算。完全理性决策模型的决策只有在所有的方案都能找到，并且所有方案的成本都能估算到的情况下才适用。因此，没有任何一个政治体系能够全部满足这些条件，况且由于择优的标准不一、信息不可能完全、事物的不断变化，一旦时过境迁，原先“最优”的政策便可能不再有效，完全理性决策模型在实际政治生活中几乎不可能得到完全的应用。因此，完全理性决策模型一般只作为决策者在考虑、选择政策时的一种标准。

上述种种缺陷使得完全理性决策模型受到了激烈的批评。在所有的批评者中，经济学家和管理学家西蒙和政治学家林德布洛姆是最具权威性和代表性的。他们认为，理性主义从“理性人”假设出发以逻辑推理方式所确立的规范性政策理论无法解释现实生活中政策制定过程的实际行动。现实生活中不存在纯粹的理性，完全理性决策模型只能被认为是一种理想的追求，而缺少实践的基础。换言之，完全理性决策模型是一种理想的模型，它在现实中并不可行。

尽管完全理性决策模型在一定程度上带有“乌托邦”的色彩，但是过于简单和绝对的否定态度也是不可取的。其实，所谓“乌托邦”无非是指不能实现之事，而不能实现不等于没有意义，完全理性决策模型虽然没有实践基础，但也绝非无稽之谈。人们总是在追求尽善尽美中得到较善较美。因此，从这个意义上讲完全理性决策模型并非毫无意义、一文不值，它的部分思想价值应该受到理论界的肯定。

（二）有限理性决策模型

西蒙认为，现实生活中决策者的理性是界乎完全理性与非理性之间的有限理性，他们不是“经济人”，而是“行政人”。“行政人”的价值取向和目标往往是多元的，受到多方面因素的制约，经常处于变动状态且表现出冲突特征。“行政人”的知识和能力水平是有限的，他们的决策行为往往会受其心理因素的制约，他们不可能也不奢望发现最优解，而只是找到满意解就知足。有限理性决策模型源于对完全理性决策模型的批评，认为人类行为受知识、能力、心理及信息等各方面因素的影响，几乎不可能达到完全理性决策模型的要求。

对完全理性决策模型最有名的批评来自美国的行为主义科学家赫伯特·西蒙——唯一获得诺贝尔奖的公共行政学者。西蒙认为，在决策过程中，必须有一些可以供选择的方案，这是非常重要的。在这个基础上，决策者才可以通过选择一个最能有效实现目标的方案，实现目标和价值的最大化。然而，在这个过程中，存在着许多难以克服的问题。随后，西蒙指出阻碍完全理性决策有以下因素。

首先，按照完全理性决策的要求，行为主体必须完全了解并预期每项政策的结果，而实际上，决策者对决策结果的了解总是不完整的，零碎的。也就是说，决策者的认知能力是有限的，他不能考虑到所有可能的方案，因而就没有办法进行精练的选择；在选择方案的过程中，有可能根据意识形态和政治的原因来进行选择，没有参考效率的标准。

其次，按照完全理性决策的要求，行为主体要在所有可行的备选行为中做出选择。而在真实情况下，主体只可能想到有限的几个可行方案。而且，各种方案的结果预测和评估也不可能是完全的，有很大的不确定性。每一种政策方案都有很多正确的和反面的结果，这使得对方案进行比较相当困难。因为同一种方案的有效和无效在很大程度上取决于具体的环境，决策者不可能得到对哪一种选择更好的一致结论。在西蒙看来，这是由于人类理性的局限所造成的。这些局限并不是一成不变的，而是依赖于个人决策所发生的组织环境。

最后，按照完全理性进行决策的困难还在于区分决策过程中的事实和价值、手段和目的。完全理性决策模型假设先有明确的目标设定，然后再设定符合达成目标的手段。然而，在西蒙看来，组织事实上并不是一个同质的实体，组织的整体价值与组织个体的价值之间有可能存在着一定的差异。如果决策是以组织目标为导向的，我们可以把这一类决策称为“组织理性”的决策；如果决策是以个体目标为导向的，我们可以把这一类决策称为“个人理性”的决策。决策者进行决策时能够在多大程度上摆脱“个人理性”的影响，并尽可能使决策符合“组织理性”呢？西蒙对此提出了质疑。此外，西蒙还提出，实现目标的手段是不可能脱离价值的。在政策执行上，组织目标的实现最终需要落实到具体的个人和群体身上，个人或群体在这一过程中掌握着很大的自由裁量权，这些自由裁量权需要应用于实现组织目标而非个人目标。同样，西蒙也对完全理性决策模型的这一假设提出了质疑。因此，西蒙认为组织目标和目标的实行在某种程度上只是反映了一部分人的目标和价值。基于上述对完全理性决策模型的质疑，西蒙提出了有限理性决策模型。

西蒙认为，人的理性实际上是介于完全理性和非理性之间的一种有限理性，决策行为正是基于人的这种有限理性做出的。这种有限理性在决策过程中的表现是：

（1）在情报活动阶段，人的决策行为往往受到知觉选择性的支配，不同经验和背景的决策者，对决策环境会有不同的解释。

（2）在设计活动阶段，人们并不试图找出所有可行性方案，而是通过力所能及的问题求解活动，寻找尽可能多的决策方案。

（3）在选择活动阶段，决策者的选择往往与备选方案的提出顺序有关，如果方案一是先于方案二提出来的，方案一又是满意方案，那么就不会再花时间去考虑方案二，哪怕方案二比方案一更好。完全理性决策模型只是一个理想的模型。在真正的决策过程中，基本上是不存在像经济学模型所提出的那些完全理性的假设前提，所以，完全理性决策模型中的决策条件永远不可能得到满足。在这个意义上，所有的决策都应当是在有限的理性状态下进行的。①

此外，在有限理性决策模型中，决策者要寻求的不是经济学模型主张的所谓最佳方案，而只是符合某个预先设定好的最低限度规定的标准，也就是选定那些符合或超过该标准的备选方案。也就是在决策过程中运用“满意原则”替代“最优原则”来指导决策。事实上，按照效用函数计算出来的最佳方案，在实际决策过程中有时并不一定就会被决策者看作他心目中最佳的方案。所以，决策者是在寻求符合要求的方案或满意方案而并不是最佳方案，决策者在决策过程中是以“满意原则”而非“最优原则”来进行决策的。

西蒙还认为，有限理性决策模型有两种。一种是不采取最佳的决策，而愿意采取第二最佳或第三、第四最佳的决策，这种方法可称为次佳决策模型。另一种有限理性决策模型是满意的模型，即决策者不坚持采取最佳的政策，而愿意采取任何可以被认为满意的政策。在次佳决策模型中，一方面决策并不能保证一开始就有十分明确的目标，而决策环境又经常不容许我们等到目标完全明确之后再作选择，所以决策目标只能是有限的目标。另一方面决策者对决策的满意程度是由决策者的期望水平决定的。然而，这个期望水平并不是固定不变的，而是随环境条件和个人体验的变化而变化。在存在众多好的备选方案的良性环境中，期望水平会提高；在比较恶劣的环境条件下，期望水平会降低。在这种情况下，决策者有可能采纳次佳的决策方案。实际上，这是由于决策者心中“满意”原则骤然下降的结果。因此，为决策目标确定一个恰如其分的期望水平，是决策成败的一个关键环节，在可能的条件下，应尽量采用量化方法将期望水平明确表达出来。然而，在多数情况下，我们不得不求助于经验来为自己确定目标期望水平。

总之，在西蒙看来，客观理性是存在的，但是对它的追求不是一次完成的，而是一步一步地向它逼近，这个过程将是一个永远不可能完成的过程。决策者完全按照理性的、最佳的模型进行决策是不切实际的。在现实的决策过程中，由于问题不确定、信息不完全等因素，决策者不可能穷尽所有可行的方案，也不可能对所有的方案一一进行成本收益分析，这样的成本过高，在现实中往往让位于有限理性的决策模式。

---

① 蒋正峰，贺寿南：《博弈论中的理性问题分析》，《华南师范大学学报（社会科学版）》，2009 年第 2 期。

二、渐进主义决策模型

渐进主义将社会政策看作政府过去行为的延续，只有一些增量性的改动。政治学家林德布洛姆在批评传统的理性决策模型时，首次提出渐进主义决策模型。在林德布洛姆看来，决策者并不是每年一次地回顾现有政策或者曾经提出的政策建议，确定社会目标，研究为达到某个目的的政策选项的成本和收益，同时以净收益的最大化为标准，对每个政策选择进行排序，然后在所有相关信息的基础上做出决策。相反，由于时间、信息和成本的限制，决策者无法在对所有政策选项及其后果进行充分评估后再进行决策。[①]重大创新的政策，其后果也特别难以预料。因此，社会政策不过是过去政府活动的延伸，即政府在旧有的基础上把政策稍加修改，而且决策者通常是以现有的合法政策为主。简言之，在林德布洛姆看来，政策制定基本上应是保守的，而且应该把政策创新限定在“边际性的改革”范围之内。在林德布洛姆看来，决策制定中通过对早期决策“连续性的有限比较”过程来形成政策，而这些决策往往是他们所熟悉的。进行决策是一步一个脚印、逐步前进的过程。如果说理性决策模型是一种根部法，从根本出发，缘于某个基本问题而生成各种构建，那么渐进主义决策模型则是分支法，源自现实的情况，逐步地改变。

1. 渐进主义决策模型视角

在渐进主义决策模型的视角中，公共事务的复杂性使决策者不可能面对一成不变的问题，而先要找出问题并说明问题。由于时间和资源的限制，公共决策并不可能进行穷尽的、花费高昂的资料收集，或者等一切分析妥当再决策，否则贻误时机，且不经济。相反，决策者应该在现有政策的基础上根据决策环境等相关因素的具体情况适时进行决策，而且决策过程是一个连续不断的过程。此外，渐进主义决策模型视觉还把决策活动看作解决目前问题的实践活动，而不是追求远大的目标。决策的手段是从试错过程中产生出来的，而不是通过对所有可能的手段进行综合评估。决策者考虑的仅仅是一些熟悉的恰当选择，当他们发现一个可接受的方案时，他们就会停止寻求这个过程。渐进主义决策模型把社会政策制定过程看作对以往政策行为不断修正的过程。它是在以往的政策、惯例基础上制定新政策，只对过去的政策作局部的调整和修改，是过去政策的延伸和发展。换句话说，渐进主义决策模型是经常修正过去的政策，而不是全面更替。

渐进主义决策模型遵循三个基本原则，即按部就班原则、积少成多原则和稳中求变原则。基于这三个原则，该模型认为，一种和以往政策越不相同的方案，就越难预测其后果，也就越难获得一般人对这项政策的支持，其政治可行性就越低。[②]由于重大创新的政策后果特别难以预期，所以渐进主义决策模型主张，政策制定基本上应是保守的，是不得已而为之的，且应将创新之举限于边际性的改变。

2. 渐进主义决策模型特征

渐进主义决策模型有以下特征。

---

① [美]托马斯·戴伊：《理解公共政策》（彭勃等译），华夏出版社2004版，第16页。

② 戴艳军、赵东霞：《试论我国经济体制转型时期的公共政策决策模式》，《理论探讨》，2003年第5期。

（1）渐进主义决策模型实际要求决策者必须保留对以往政策的承诺。政策制定要以现行政策为基础，不能另起炉灶，政策要有继承性。

（2）渐进主义决策模型注重研究现行政策的缺陷。决策者不必过多地分析与评估新的备选方案，只着意于现存政策的修改和补充。

（3）渐进主义决策模型着意于目标与备选方案之间的相互调适，使问题较易处理，而并不关心基础的变革。

（4）渐进主义决策模型在面对同一社会问题的不同解决方案时，只着重减少现行政策的缺陷，不注重目标的重新改进，也不注重手段和方案的重新选择。

林德布洛姆认为，决策无法进行大幅度修改的主要是原因有以下几个方面：首先，讨价还价的活动需要各方参与者共同进行对有限资源的分配。在这种情况下，现存分配模式就很容易持续下去，而不是寻找激进的新方案。这是因为在现有的政策条件下，各方参与者可以明确彼此的成本和收益。然而，政策改变后将会带来什么样的成本和收益，相对来说却很不明确，这就使得难以达成关于改变的一致性。因此，政策结果往往是现实的持续，或者只是一些细小的变化。其次，墨守成规是官僚行为的特性，这在另一方面也促进决策者保持现存的模式。在规则导向和非人格化的官僚体制中，官僚只是按照规章制度办事，这往往会阻碍政策创新，固化现存的制度安排。最后，林德布洛姆还指出，在多数政策领域中，政策选择的一致性是难以达成的。因此，决策者往往会避开那些难以达成一致意见的老问题，这样，与原来政策有着细微差别的决策就会得到维持。

运用渐进主义决策模型进行决策需要满足以下条件。

（1）现行政策大体能满足社会各阶层成员的需要，只要进行一些边际调适即可充分显示政策有效性的进展。

（2）待处理的政策目标和社会问题本质上也带有持续性，如国家预算编制、大型长期的规划项目。

（3）决策者所使用的政策分析的方法也具有高度持续性。

（4）决策集团将政策质量与达成一致性政策方案联系在一起考虑时特别认为，政策质量取决于决策层意见一致时，渐进主义决策模型就更加可行。

总之，渐进的过程实际上就是一个不断学习和实验、不断反馈和调整的过程。渐进主义决策模型的这一特性有利于避免因决策严重失误所产生的持久性结果。我们知道，社会是一个惯性很大的系统，越是严重的错误越难以完全纠正。如果我们在前进的过程中把步子迈得小一些，那么发现了问题的时候就有可能得到及时的纠正。而迈大步往往意味着进行重大的政策变革，这样做一方面可能会引起决策层内部的紧张和冲突，导致权力的改组和社会形势的重大变化，所冒的政治风险也相对较大；另一方面重大的政策变革可能会在制度安排和公众心理方面遇到很大阻力，形成政策执行中的障碍，引起一些意想不到的后果，不利于社会的稳定。因此，如果我们能够把大步变为连续的小步，步幅虽小但频率不慢，那么上述的风险就会大大地缓解。

3. 渐进主义决策模型的优点

对理性决策模型进行批判后出现的渐进主义决策模型明显比前者更加具有现实可能性与可操作性。它的优点主要有以下三个方面。

（1）运用渐进主义决策模型做出的社会政策是对旧政策中存在问题的补充和修正，现实性和可操作性更强。一方面，渐进主义决策模型的前提假设与适用条件没有理性决策模型那样苛刻。另一方面，渐进主义决策模型的关键在于寻找“临界点”，在“老政策是好政策”的指导原则下，根据外界的政治、经济和社会环境来确定渐进模式的速度。因此，渐进主义决策模型更符合现实的情况以及更加具有可操作性。

（2）渐进主义决策模型在缓解矛盾冲突和决策集团内部稳定方面具有现实的重要意义。在高层决策者内部，原有政策的修正容易达成协议。相反，重大的政策变更，风险较大的方案出台，容易引起决策集团内部的政治冲突和紧张状态，甚至引起政治与权力改组。

（3）渐进主义决策模型能够有效维护社会的稳定。我们知道，要具备理性决策模型使用时所需的条件相当困难，这使得比较稳健的决策者习惯于接受保守的观念。特别是在缺少公认的社会目标和统一的价值判断标准的时候，固守现行的政策就不失为上策。因此，当原有的政策没有造成政治、经济、社会、组织、行政体制上的失调，不致造成重大的不良社会后果时，采取渐进主义决策模型进行决策有利于社会的稳定。

4. 渐进主义决策模型的缺陷

尽管渐进主义决策模型在某种程度上正确地描述了社会政策是如何制定的，然而，渐进主义决策模型也存在一些内在的缺陷。

（1）渐进主义决策模型在理论上和实践上都带有维持现状和缺乏变革的保守主义色彩，使社会政策的制定成为修修补补的游戏。批评者指出，渐进主义决策模型缺少目标导向。渐进主义决策模型使人们一直停留在十字路口，找不到前进的方向。渐进主义决策模型内在地有着过于保守的倾向，它怀疑大规模的改变和创新。其次

（2）渐进主义决策模型被认为是不民主的，它把决策的范围局限在小部分高级决策者之中。

（3）由于渐进主义决策模型排斥系统的分析和计划，破坏了寻找有益的新选择的动力。在这一点上，批评者指出，渐进主义决策模型容易产生短视的决策，不利于社会的长期发展。

（4）批评者对渐进分析的适用性提出了质疑。德罗尔指出，只有在属性前后始终一致的政策问题面前，并且解决方案是现成的情况下，渐进主义决策模型才能起作用。换言之，渐进主义决策模型常常只能应用在相对稳定的环境中，而在社会危机面前，渐进主义决策模型便失去了解释力。

渐进主义决策模型原本是针对理性决策模型的质疑提出的，但它又带来新的缺陷。为了寻求更加适合各种复杂社会状况的优化模型，德罗尔与埃奇奥尼分别提出了规范优化模型和综视决策模型，统称为综合决策模型。

案例：

改革开放以来我国户籍制度改革和调整

1979—1991 年这一阶段通常被人们称为准市场经济时代，是户籍制度的初步改革阶段。20 世纪 70 年代末，十一届三中全会改革开放拉开了帷幕，党中央将工作重心转移到经济建设上来。党的所有政策都是为了解放生产力，发展生产力。1978 年安徽小岗村率先实行家庭联产承包责任制后，家庭联产承包责任制在全国广泛推广，农村的经济得到了稳步发展。我国

进行一定规模的城镇化建设，农村富足的劳动力出现了剩余。为了有效地利用剩余劳动力，我国进行了户籍制度的初步改革。1980 年，国务院颁布了《关于解决部分专业技术干部的农村家属迁往城镇由国家供应粮食问题的规定》，指出为了使少数专业技术骨干集中精力为现代化建设做贡献，对于这些专业骨干技术人才的配偶在农村且在生活上存在困难的，国家将采取一定的方法将这些配偶迁往城镇，由国家供应粮食，这标志着我国户籍制度初步改革的开始。国务院在 1984 年发布了《关于农民集镇落户问题的通知》，指出部分有能力在城镇生产、经营、务工和有固定住所的农民及其亲属，可以落户常住，但是这些人需要自理口粮，集镇而居。该规定打响了小城镇户籍制度改革的先声，是我国经济体制改革的成果。1985 年，公安部公布了《关于城镇暂住人口管理的暂行规定》，规定要求对来城市暂时居住的人，符合一定条件的方可发放暂住证，凭证可以暂时居住在城镇。1985 年，国家又颁布了《中华人民共和国居民身份条例》，指出年满 16 周岁具有中国国籍的公民必须要办理居民身份证。身份证顺应了社会主义市场经济，有利于现代化的户籍管理。该阶段，我国进行户籍制度初步改革，被下放的城市青年得到了回城的机会，放宽了农民进城的限制条件，促进了小城镇的建设。由于不同城市对人的吸引力不同，城镇之间的差距也逐渐形成。户籍制度的改革，使人口流动相对自由，促进了经济发展和城市化进程。

1992 年，党的十四大确立了社会主义市场经济体制改革的目标。计划经济体制下产生的户籍制度暴露出许多弊病，如户籍制度使得城乡存在诸多不平等，户籍制度使得公民的某些政治权利缺失，农村剩余劳动力的消费能力不足，不利于通过内需拉动经济发展等，为适应社会主义市场经济体制必须深化户籍制度改革。公安部于 1992 年决定，在小城镇、经济特区、经济开发区等实行在当地有效的城镇户籍，即“蓝印户口”。1995 年国务院颁布《小城镇户籍改革试点方案》，指出对于已经在城镇有了稳定工作和住所并符合相关条件的农村户籍公民可以进行落户。之后，国务院颁布了《关于解决当前户口管理工作中几个突出问题的意见》，提出了四大重要的改革：婴儿落户随父母自愿、放宽夫妻分居的户籍问题、老人随子女落户的政策、对农民工落户政策也有所松动。2001 年颁布的《关于推进小城镇户籍管理制度改革的意见》指出，只要本人愿意，小城镇常住的户口都可以得到办理。2005 年，公安部门又一次强调为适应新时期的经济发展需求，打破农业和非农业户口之间的传统壁垒，城乡统一的户口登记管理制度亟须探索和建立。2013 年徐绍史的《国务院关于城镇化建设工作情况的报告》指出，在现行市场经济杠杆指引下，我国须打破小城镇和小城市的界限，坚持有序放开中等城市落户限制，大城市落户需要逐渐放宽一定的条件，较为合理地设定特大城市的落户条件。

2017 年，党的十九大成功召开，习近平总书记做了《决胜全面建成小康社会 夺取新时代中国特色社会主义伟大胜利》的报告，提出从现在到 2020 年，是全面建成小康社会决胜期。现在户籍制度改革进入了深水区，户籍制度的改革需要同党中央 2020 年全面建成小康社会的目标相适应，与建设新型城镇化的政策相一致，要坚持以固定的居住地登记为根本，合理流动，融合城乡，科学谋划，规范健康有序的新型户籍制度。户口制度的改革仍需要抓好户籍的登记作用，发挥好居住证制度的作用，做好流动人口登记等工作。整体而言，这一阶段的户籍制度改革符合了我国近来市场经济的发展脉络和思路。①

① 姚亮:《建国以来户籍制度的变迁过程及其评价》,《经济研究导刊》, 2018 年第 18 期。

三、小组意识模型

美国学者詹尼斯 1992 年出版了《小组意识》一书，提出了一种关于群体不良决策的理论模型。小组意识模型指的是在决策小组中存在着一种寻求一致的行为模式，这种现象在面对面进行问题讨论的时候表现得更为明显。小组成员趋向于怎样更好地达成一致，注意力完全集中在这方面了，从而忽略了如何去寻求更好的解决问题的办法。小组意识表现出这样一些特征：① 一致性思维；② 有倾向性地选择信息；③ 极端化的盲目情绪；④ 对群体的过分自信；⑤ 很强的群体凝聚力；⑥ 群体成员的共同性。

为避免不良决策，詹尼斯提出了一些预防措施：① 决策小组的领导应鼓励成员尽可能多地提出怀疑和反对意见，在小组讨论中为意见的交锋创造良好的气氛。② 领导不要一开始就说明自己倾向于哪个方案，避免由于自己的主观好恶对成员造成的心理影响。③ 按照行政管理的要求，建立一些独立的政策计划和政策评估小组，为同一项政策服务；增强小组的开放性。④ 可以把决策小组再分成若干小组，由不同的人主持小组的讨论，然后再把意见汇总；可能结果会有很大变化。⑤ 决策小组的成员可以和信得过的组外人士交换意见，然后把他们的意见带到组内，避免“当局者迷”的弊端，发挥“旁观者清”的优势。⑥ 一些专家和有关方面人士可以被邀请到会，并鼓励他们向核心成员的意见提出挑战，加强决策小组的开放性。专家往往没有官场里普遍存在的权威意识。⑦ 领导者在每次会议上应暗中委派一个“魔鬼”角色。这个人的任务就是故意与大家的意见相左，成心进行挑刺，哪怕是“鸡蛋里挑骨头”，这样做的目的就是为了破除追求一致所带来的消极结果，克服群体压力所引起的从众效应。⑧ 如果政策涉及一个对立的组织，就要警惕情绪化的过激行为，用足够的时间调查和分析对立组织的迹象和意图。可采用“角色扮演”的方法，从对方的立场和观点去分析和思考问题，做到“知已知彼”。⑨ 不要轻易满足简单的“一致”，在成员形成完全一致后，应该再开一次会，专门提出疑问，并加以认真的研究。

四、综合决策模型

理性决策模型与渐进主义决策模型两者都有缺陷：前者对于决策的要求过于理想化，以至于超出了决策者认识问题和解决问题的能力范围；后者对决策的要求过于保守，政策替换上的逐渐变化有时无法真正解决社会的根本问题。而且，现代社会面临的决策问题过于复杂，在进行决策时难以只用一种方法做出科学的决策。因此，现代决策方法在运用的时候，通常是各种不同的方法混合或交替使用，有时候是以一种方法为主，其他一种或几种方法为辅，有时候则是两种或多种方法同时并用。因为对一个政策问题从多角度进行观察分析，使用两种或者多种决策方法进行政策决策，就可能对问题有更全面深入的了解，从而制定更佳的政策。这种成功地运用两种或两种以上决策方法进行政策决策的方法就被称为综合决策模型。以下着重介绍两种主要综合决策模型。

（一）德罗尔的综合决策模型

德罗尔的综合决策模型也被称为规范优化方法或者规范最佳方法，该方法是作者在他政策科学的代表作《社会政策制定的再审查》中提出的。他认为，理性优化决策所要具备的那些条件，在现实世界难以达到。渐进主义决策虽然比较接近实际政策的制定过程，但也只适于安定、承平的社会，并且它不能鼓励创造力实现的机会，妨碍社会的真正进步。因此，决策者在决策中需要综合运用多种决策模型进行决策，以避免使用单一决策模型的内在缺陷。德罗尔指出，决策者在决策时需要在认清问题性质、决策根据、决策目标和确定价值标准后，一方面通过多种过程或手段来利用理性方法或增加理性方法的内容，通过理性方法来分析各种方案的利弊得失，以寻求具有创造性的方案；另一方面，依照渐进主义决策模型，根据现行政策的实际情况，再加上决策者的知识、经验、能力、直觉等，去探讨各种方案的可能效果。这样就综合了理论、经验、理性、有限理性、非理性等决策方法，有可能得到更佳的政策方案，这些方案的综合运用有利于较佳政策方案的出台。

德罗尔的规范优化方法强调政策制定系统的过程分析。它把政策制定过程理解为三个主要阶段：

（1）元政策的制定阶段。元政策的制定即探讨政策制定的政策。它包括社会价值分析（如社会指标体系分析），环境因素的调查、分析，政策问题的认定，开发与分配资源，重新评估与设计决策体系，研究政策战略与策略等。

（2）政策的制定阶段，包括资源分配后的调剂，建立按优排序的操作目标，对价值分析的各种结果按优排序，对第一阶段尚未考虑到的因素继续进行价值分析，设计有限的一些政策备选方案，对这些方案进行可行性分析与可靠性分析，进行预测分析，使用产出/投入、收益/成本或最大净收益/成本方法对备选方案按优排序，对优化方案进行全面评估。

（3）后政策的制定阶段，包括激励政策执行，政策评估、政策执行后评估等内容。

在运用德罗尔综合决策模型的时候要准确把握如下六个方面的内容：① 认清政策问题的价值、目标和决策标准；② 探讨问题的解决方法，积极致力于新方案的研究，对相关论著进行比较性研究阅读，深入探讨实际经验的操作、可行性理论的应用等，以促成创造性的新方法；③ 预先估计各种方案与决策的期望得失，再决定最少风险的政策或改革的政策；④ 决策者应该首先依据渐进主义决策模型检验现行政策，然后再运用自己的知识与直觉，寻求一种比较便捷的途径，用以考虑政策方案的可能成果，并指出主要的期望值；⑤ 综合决策模型是对其他模型的综合，如何进行综合要以各种方法的可行性和政策问题的本质为依据；⑥ 综合决策模型对政策制定者和决策者的素质有较高的要求，决策者应该做出积极的努力，善于在实践中学习，接受系统的培训，培养自己的创造性和敏感性。

规范优化方法基于对现行政策的检查与评估，从而吸收了渐进主义决策模型的可取之处，同时也充分吸收了理性决策模型的操作性方法以及优点。另外，它还将理性要领加以扩大，把规范科学的手段与艺术方法相结合。诸如，利用必要的专家直觉、经验判断，设计新的备选方案，进行各种可行性研究等。在实际的分析中，该模型还利用各种定性方法弥补社会因素难以量化的不足，例如，采取德尔菲法、脚本使用各种心理学模型等。这就保证了方案的相对优化。最后，德罗尔的规范优化方法还把一般意义上的决策与政策制定系统的改进联系在一起，提出了元政策的制定与后政策的制定，并把它包含在整个政策生命过程的系统中。这样，规范优化方法至少包含渐进主义决策模型、理性决策模型、过程模型与系统模型的合理成分，成为更富实用价值的模型之一。

（二）埃奇奥尼的综合决策模型

综合决策模型的主要动机与规范优化方法有相似之处。该理论认为，理性决策模型过分理性化，导致现实难以实现的后果，渐进主义决策模型又过于墨守成规，暴露出无法接触和改进政策核心问题的缺点。综合决策模型提出的目的就在于希望克服理性方法的缺点，弥补渐进主义决策模型的不足。因此，艾米特依·埃奇奥尼提出了一种介乎理性主义与渐进主义之间的折中决策理论——综合决策模型。埃奇奥尼的综合决策模型主要是综合运用理性决策模型和渐进主义决策模型，其核心内容是发挥两种方法的长处，避免它们的缺点，使这两种方法优势互补，从而增强做出最佳决策的可能性。

埃奇奥尼在他的著作中对综合决策模型做了如下形象的阐述：假定我们准备利用气象卫星建立一个全球性的气象观测网，若采用理性主义的方法，那么我们就将利用能够进行细节观测的摄像机，尽可能安排对所有的空间进行考察，以便对全球气象情况做穷尽式探索。这种做法当然会产生数不胜数的细节，分析的代价极高，而且很可能远远超出我们所具有的活动能力。而渐进主义则要求把注意力集中于过去我们对其气象情况较为熟悉的地区，或许还包括一些邻近的地区。这种做法会使我们忽略产生于事前未曾想到的地区、本应引起我们高度重视的气象情况。混合扫描则使用了两种类型的摄像机，从而涵盖了上述两种方法的基本内容。第一种是多角度摄像机，它能观察全部空间，只是观察不了细节；第二种摄像机能对空间进行深入细致的观察，但不再观察已被多角度摄像机观察过的地区。尽管混合扫描有可能忽略只有用第二种摄像机才能发现问题的地区，但相对于渐进主义而言，它不太容易忽略过去情况不熟悉的地区所出现的非常明显的问题。

从埃奇奥尼的阐述中，我们可以得知：综合决策模型要求决策者既要从宏观上去观察分析政策问题，又要从微观上对政策问题进行把握。在具体操作方面，综合决策模型要求对理性决策模型和渐进主义模型方法进行灵活运用。在宏观方面，综合决策模型要求把握政策方案的具体特征，不拘泥于细节，避免理性决策模型对所有备选方案和与目标无关的次要细节进行观察分析的不现实性；在微观方面，综合决策模型要求对重点方案进行深入地观察分析，避免渐进主义决策模型通常忽略基本政策目标引起失真的倾向。在通常情况下，综合决策模型要求运用渐进主义决策模型去分析观察一般性的政策要素，同时运用理性决策模型来观察分析特殊的项目。通过这两种决策模型的综合灵活运用，决策者只需要调查分析经过选择的重点问题，而不需要全面调查分析所有的细节问题，就能够既掌握重要的具体问题，又不会忽略基本的政策目标。

另外，综合决策模型还给我们提供了一个收集、整理、分析、利用有限资料的特定程序和资源分配的标准。与理性决策模型比较，它借助渐进主义决策模型缩小审查分析范围，节约了大量时间和人力物力；和渐进主义决策模型比较，它借助理性决策模型对各备选方案进行精细测量、计算，提高了方案的可靠性，给创造性方案的出台打下了坚实的基础。

（三）综合决策模型的优点

综合决策模型在观察和分析政策问题以及进行政策决策时有较高的实用性，其主要优点包括：

（1）综合决策模型可以从实际社会问题及现行政策出发，吸收理性决策模型与渐进主义决策模型各自的优点，因而会保证政策质量的提高。

（2）综合决策模型有较大的调节弹性，能够适应突变的政策环境。

（3）综合决策模型首先要在众多备选方案中进行主观选择，因此，能发挥决策者的主观能动性。又由于它强调经验与直觉的作用，不苛求于科学理性方法的修养，因此更能适应决策者水平与能力上的差异。

综合决策模型利用理性决策模型的优点，根据科学的方法审视一致性的政策要素，又利用渐进主义决策模型的优点从宏观上把握主要的备选方案，特别是现行的政策方案。这样就避免了对所有备选方案的考察，也避免了对与目标无关的次要细节和无关备选方案的考察。另一方面，综合决策模型重视理性决策模型探讨长期方案和创新方案的优点，以克服渐进决策模型的保守倾向。在对选定的备选方案的审视上又注重使用理性方法的优点，避免渐进主义决策模型常常忽略基本政策目标引起失真的倾向。[①]换言之，综合决策模型要求在宏观上把握政策方案总体的特征，不拘泥于细节，避免了理性决策的不现实性，又在微观上对重点方案进行深入考察和检验。可见，该模型利用了理性方法和渐进主义的优点，克服了它们各自的不足。像规范优化方法一样，综合模型也提供了一个收集、分析、利用有限资料的特定程序和资源分配的策略标准。和理性决策模型相比，它借助渐进主义决策模型缩减审查范围的优点，节约了大量开支；和渐进主义决策模型相比，它借助理性决策模型科学方法对各种备选方案进行精细的测量，从而提高了方案的可靠性，又给各种创造方案提供了方便，因此，综合决策模型更具可行性。

五、团体决策模型

1. 团体决策理论的确定

政策分析的团体理论源于政治学对组织问题的思考，认为所有政治现象都可以归结为团体现象。团体是个体的集合，是有着共同利益需要或理想追求的一些个人正式或非正式的联合形式。不同的团体有着不同的要求，来自不同团体的不同要求对政府形成不同程度的压力。利益团体是指社会中有着共同观点和看法并有权力对其他团体提出要求的社会团体。团体理论提出，政治就是团体之间为了影响社会政策而展开的斗争，而团体之间的互动就是政策的核心内容。在现实生活中，个人在共同利益的基础上以正式或非正式的方式结合形成团体，然后向政府提出要求以及施加压力，迫使政府做出对自己有利的社会政策。[②]根据政治学家戴维·杜鲁门的看法，这一类群体就是利益集团，即“有着共同态度的团体，并对社会上其他团体提出一定的要求。如果这类团体通过政府或者向政府机构提出要求，它就成为政治性团体”。由此可见，一方面团体是个人和政府之间重要的桥梁，离开团体的个人将难以对政治体系产生实质性的影响，团体是政治体系中最基本的活动单元；另一方面，团体之间的互动、博弈要受到政治体系的约束。政治体系的任务管理团体间冲突的方式包括：① 为团体之间的争斗制定游戏规则；② 促成不同利益之间的妥协与平衡；③ 通过社会政策通告妥协内容；④ 贯彻实施妥协方案。

---

① 刘畅：《论领导干部的素质结构及其优化》，华中师范大学硕士论文，2008 年。

② 肖建颖：《沈阳市公租房政策改进研究》，东北财经大学硕士论文，2014 年。

因此，我们可以说社会政策就是在决策者不断回应团体压力、与之讨价还价、协商以及和有影响力团体的竞争性要求达成妥协后产生出来利益分配方案。[①]可以预料，这种利益集团相对影响力的变化会导致社会政策的变化；社会政策的发展方向会符合那些获得影响力的团体的希望，而与那些失去影响力的团体希望相左。

（1）团体决策理论认为，社会政策实际上是团体斗争中相互妥协的结果，是不同利益之间的一种平衡。制约这种平衡的力量来自不同利益团体的相关影响。毫无疑问，社会政策往往更倾向于影响力较大的利益团体，社会政策的相对稳定依赖于团体斗争均衡状态的持续。一旦这种状态被破坏，社会政策就会起变化，待到新的平衡形成，新的政策会随之出现。任何利益团体政治影响力的减弱或增强都会延伸到政策的制定领域，从而导致社会政策程度不同的变化。其变化的方向无疑更靠近力量增强的团体的要求，远离力量减弱的团体的要求，并在新的基础上达到平衡。

（2）团体决策理论试图以团体斗争的分析框架解释所有重要的政治活动。尽管团体理论将政治系统看成利益团体之间竞争的系统，然而这种竞争也有其制约因素。首先，他们都不能违背宪法。在政府、各利益团体之外的人群中也有潜在的团体因素，如新闻、宣传等团体都起到了维护宪法的作用。宪法成为任何利益团体不得超越的行为规范，这也保证了政策的相对持久性。其次，各利益团体也并非截然对立，存在着各种复合成员，他们有时从属于多个团体，起到了缓和冲突的作用。最后，利益团体竞争的存在也同时产生相互制约的因素，这种斗争与制衡导致了团体间的动态均衡。

（3）团体决策理论认为，政治体系本身实质上是所有社会团体的互动体系，这种体系的平衡依赖于几种重要力量的支撑。

其一，社会上存在着一个非常庞大的、极为普遍的、潜在的社会团体拥护和支持国家的宪法体系和维护社会稳定的运行机制。这种团体并不总是显现的，而一旦有任何团体破坏“游戏规则”，威胁团体间的平衡，这种潜在的力量就会被激活，它会奋起反击，从而对破坏势力形成巨大的压力。

其二，团体之间成员资格的相互重叠会使任何孤立的团体难以偏离社会的基础价值观，从而对平衡的维系发挥至关重要的作用。正因为社会中有许多人既是这个团体的成员又是那个团体的成员，所以一个团体在提出自己的利益要求时就必须考虑避免对这些人的利益造成伤害。这样一来，团体间的矛盾与冲突就会在一定程度上得到缓解。

其三，团体之间的竞争能够使任何单个团体的势力得到有效的控制，并使所有团体能够在一定程度上做到势均力敌，形成相互制约，以维护社会的稳定和体系的平衡。团体决策理论认为，在一个社会中应避免任何单个团体在人数上形成压倒性优势，这主要是出于利益平衡的考虑。每个团体的力量都会受到其他竞争团体的制约，其结果不仅有利于保护团体的利益，而且有利于保护个人的权利。[②]

自从实行改革开放和发展社会主义市场经济以来，我国的经济成分、组织形式和分配方式日益多元化，整个社会的利益结构不断分化重组，这使我国利益集团的产生与发展具有客观的社会基础。此外，公民利益意识的觉醒和维权意识的加强、政治民主化、法治化进程的

---

① [美]托马斯·戴伊：《理解公共政策》（彭勃等译），华夏出版社2004版，第19页。

② 祁型雨：《利益表达与整合》，华中师范大学博士论文，2003年。

加快以及现代交通与信息技术的发展也为我国利益集团的发展提供了大量有利条件。当这些条件逐渐地聚合在一起的时候，我国利益集团的产生与发展就成为一种不以人的意志为转移的客观趋势。就现阶段而言，我国的利益集团主要包括国有企业、民营企业、行政机构、外资企业、外国政府以及其他公益性组织等。

六、精英决策模型

1. 精英决策模型理念

精英决策模型又称之为杰出人物模型，是托马斯·戴伊和哈蒙·齐格勒于1975年在《民主政治的讽刺》一文中提出来的。精英决策模型的主要理念如下：

第一，社会事实上分化为执掌权力的人和没有权力的多数人。

第二，少数的杰出人物并不是多数的被统治者的代表，他们来自经济地位比较优越的社会阶层。

第三，在基本的社会制度和基本的价值观念方面，精英集团的看法异常的一致，并会为此而共同奋斗。

第四，群众通常是冷漠的、无知的、自私的、消极的，因此，杰出的人物不应该事实上亦很少受到群众的直接影响。

第五，公共政策是由杰出人物做出的决定。

精英决策模型的核心观点在于，社会政策是政治精英的偏好和价值体现，大众在相当程度上是被精英所操纵的。在精英决策模型看来，社会政策是由杰出的政治精英决定的，大众不能决定社会政策，社会政策反映的是占统治地位的精英们的价值观而不是大众的需求和意愿。在决策过程中，占少数的政治精英与大多数的无决策权的群众分隔开来，政治精英的主要价值观在公共决策中占据支配性地位。

哈罗德·拉斯韦尔认为，在任何给定的时期，所有大型社会中的决策权都典型地掌握在若干少数人手里。政治精英的分析家们认为，政治精英乃是政治系统的决定性因素，政治精英决定政治系统的性质、政治过程和政治系统的变迁。[①]

精英决策模型主要代表人物有意大利的帕累托、莫斯卡，德国的米歇尔斯和美国的赖特·米尔斯。

帕累托认为，任何社会都可以分为三个群体：人数较少的统治精英集团、非统治的精英集团和普通大众或非精英集团。尽管统治精英集团人数在总人口中所占比例较小，但他们却掌握着社会的绝大部分稀缺资源和国家政治权力，同时也是经济、军事、学术、工业、宗教、文化、大众传媒和其他制度环境中起到重要作用的关键人物。这一小部分人之所以能够掌控稀缺资源并垄断社会政治权力，是因为非统治精英阶层以及普通大众没有足够的能力掌握政治权力并对社会进行统治。因此，他们只能在政治上依附于统治精英。[②]

莫斯卡认为，一切社会都存在统治阶级和被统治阶级两个阶级。统治阶级人数较少，但是履行着所有政治职能，垄断各种权力并享受由此而来的利益。而被统治阶级接受统治阶级

---

① 谢国旺：《中国公共决策法制化研究》，学术论文联合比对库，2014-03-20。

② 徐小龙：《帕累托的精英理论评析》，《理论观察》，2003（10）。

的指挥和控制。其次，统治阶级并不是经济上占统治地位的资本家阶级，而是社会的精英，即社会各个领域中最杰出的优秀分子。他们能力超群，在各方面都胜过常人，而且具有某些明显的不同凡人且又令人尊敬的品质。[①]莫斯卡还指出，精英的组织化使得权力可以在精英中进行分配以及精英的统治能够得到有效的维护。因此，有组织的少数人对于无组织的多数人实施统治是必然的。

米歇尔斯从政党的角度研究权力问题，并提出了著名的“寡头铁律”，认为组织从来就是寡头的组织。任何社会都由政党来实施统治，而政党又是由少数领袖来实施统治，民主的政党也无法例外。[②]米歇尔斯认为，与组织单一的小社团比较，组织复杂的大集团是被封闭性的一群人统治的。而这一群人保持的权力，受到自己能自由处理的资源、行动模式、身份保障等的保证而得天独厚。

赖特·米尔斯在《权力精英》一书中指出，当人们在社会组织中占据支配地位时，他们便拥有了权力。一旦掌握了权力，无论是有所作为还是无所作为，他们都有会使其他人感受到权力的存在，都会对其他人的行为产生极大的影响。米尔斯还指出，权力精英做不做出这种决策并不十分重要，重要的是精英占据着关键的位置。无所作为和不作为决策本身就是一种行为，甚至可能比做出决策产生更大的影响。

2. 精英决策理论主要观点

综合以上几位代表人物的观点，精英决策理论的主要观点可以大致总结为以下几个方面：

第一，社会被分成两个部分，少数人掌握权力，而其他许多人则没有。只有很少的人为社会分配价值，大众不能决定社会政策。

第二，少数行使统治权的人，在被统治的大众中并不一定具有代表性。精英主要是从社会经济体系中不成比例地抽取出来的。

第三，从非精英演变为精英的过程很漫长，同时可以持续不断地维持社会稳定和防止革命。在非精英的大众中，只有那些接受基本的精英共识的人才能为统治圈所容纳。

第四，精英的共识代表了社会系统的基本价值以及如何维护这一系统的理念。

第五，社会政策反映的不是大众的要求，而是精英的主流价值观。因此，社会政策是从精英流向大众的，而且它的演变将是渐进而不是革命性的。

第六，冷漠的大众对精英们的直接影响相对较少。精英影响大众要甚于大众影响精英。[③]

首先，它告诉我们社会政策不反映公众的要求，而反映精英的兴趣和偏好。因此，社会政策的变革和创新只是精英们对其价值重新定义的结果。出于维护社会制度的需要，精英阶层怀有浓重的保守主义情结，所以，社会政策的变化必然是渐进性的，而不是革命性的。尽管社会政策经常会被修改和补充，但极少会被替换和取代。渐进的变革将以现行社会制度最小牺牲和最小混乱的方式，对威胁社会系统的重大事件做出必要的反应。社会的稳定对维护社会制度发展和精英所处的地位起着至关重要的作用。精英们的价值观中可能含有很强烈的公众情结，“贵族行为理应高尚”的观念早已深深地融入他们的心中，公众福利可能是精英决策时需要考虑的一个非常重要的内容。精英决策理论并不认为社会政策一定要违背公众福利，

---

① 崔丽苹：《论精英民主政治理论》，《全国商情（理论研究）》，2012（5）。

② 胡兵：《新生活运动的政治社会化分析》，中共中央党校硕士论文，2011年。

③ 许士荣：《我国高校对口支援政策制定的模型分析》，《现代教育科学》，2014（9）。

只是说为公众谋取福利的责任由精英人物承担，而不是公众自己去承担。

其次，精英决策理论认为公众是被动、麻木和信息闭塞的，公众的情感往往被操纵在精英们的股掌之中，公众对精英价值观的影响微乎其微。精英与公众的沟通在极大程度上是自上而下的。公民们在选举日可以行使自己的权利，在平时也有权加入他们认同的政党，他们会以为自己能够而且已经在国家政治生活中发挥着作用，而实际上这只是一种错觉。精英政府认为，公众对精英们的决策行为充其量只会有间接的、微小的影响。

最后，精英决策理论认为，对支撑社会制度的基础准则，精英集团有着一致的认识。这也就是说，他们对基本的“游戏规则”具有共识，对社会制度的延续看法一致。社会的稳定和秩序的存在就依赖于精英集团的这种共识以及对社会制度的延续看法一致。这种共识反映了社会的基本价值观。政策方案只有与此相符才可能进入政策议程，得到决策层的认真考虑。当然，这并不意味着精英集团的成员之间不存在意见分歧，他们彼此也会为一些问题争得面红耳赤。从历史发展情况来看，没有一个社会在精英之间不存在竞争，冲突的产生是一种必然的情况。但是，精英决策理论认为，这类争论往往是围绕具体和枝节的问题，范围也比较狭小，不涉及一些根本性的问题。而且，精英之间观点一致的方面远远多于不一致的方面。所谓根本性的问题包括很多方面的内容。比如在美国，精英集团的一致性表现在立宪政府、民主程序、多数原则、言论和出版自由、组成反对党和竞选公职的自由、在社会生活中机会均等、私人财产神圣不可侵犯、个人奋斗及其回报的重要性、自由企业、经济制度的合法性等方面。民众对这些可能会给予一定的支持和拥护，但往往是非常形式化和表面性的，难以像精英们那样给予这种价值观以一贯性的、令人信赖的支持和信任。

精英决策模型“少数精英操纵一切”的断言受到了多方面的批判，被认为是难以证实的观点。多元主义理论、统合主义理论、职业化理论、专家政治论、马克思主义理论都对此提出质疑。尽管精英理论引起了颇多的争议，但简单地认定其不成立也不是一种实事求是的态度。的确，大众参议政是现代社会社会政策制定的发展趋向，也是民主制度所要追求的目标。但是，口号代替不了现实，表象总是与真实存在很大的差距，如果仅以理想为标准就很难得出正确的结论。精英理论作为一种启发性方法，为政策分析提供了一条重要思路。托马斯·戴伊认为，20 世纪 60 年代美国一些人权政策的形成过程，非常适宜用来解释精英决策模型的实际应用。这些政策是这个国家的政治精英对影响少数民族环境的问题所做出的一种反应。[①]

七、政策过程模型

政策过程模型也被称为政策生命周期理论，它试图通过阶段性的描述，对政策进行程式化的分析。过程模型一直是理解和研究公共政策的基础架构。尽管在政策科学领域对此一直存有许多疑虑，但并没有动摇阶段分析方法在政策过程分析中的主导地位。当然，这种阶段的模型并不是没有争议，一些对此持批判态度的理论家认为，这种方法只是创造了一种人为的政策制定观。他们强调，真实的世界是极为复杂的，不可能是由这种整齐有序的步骤、阶段和周期组成的。实际的政策过程并不是传送机上的皮带，议程建立发生在皮带的一端而执行和评估发生在皮带的另一端。我们应该关注对政策生命周期理论的这种批判性意见。动物

① 祁型雨：《利益表达与整合》，华中师范大学博士论文，2003 年。

可以有一个生命周期，活的物体也可以被视为一个系统，但是，把公共政策赋予生命并分解为如此简化的阶段在方法论上肯定存在一定的漏洞。

公共政策的过程模型或生命周期理论实际上是把政策过程视为一种政治行为的生命过程来加以描述的。尽管如此，根据过程模型分析公共政策仍是我们目前所要坚持的方法。因为政策生命周期理论有助于我们对政策生命过程中各种政治行为的把握，为政策制定与执行提供了一个科学的分析框架。

依据改政策生命周期理论，公共政策的过程大致如下：

第一，社会问题的出现。任何社会都存在着一些需要重视和解决的问题。在社会发展的过程中，不可避免地会出现一些偏差和障碍，从而影响到社会全体成员或部分成员的正常生活，引起人们的普遍关注。公共政策的制定大都是为了解决社会问题而进行的。往往是旧的问题刚刚解决或尚未解决，新的问题就产生了，人类社会就是在解决社会问题的实践中不断进步和发展的。

第二，社会问题的确认。社会问题只有在属于政府的政策范国、进入政府议程的情况下，才能转化成为政策问题。社会问题的确认是发现社会问题的内涵和界限，界定社会问题的性质、深度、广度、严重程度和关联性，寻找进入政府政策议程的途径以及进行社会问题分析的过程。

第三，政策议程的建立。社会上存在的问题很多，政府或社会不可能都注意到，即使都注意到了也无法全部采取适当政策加以解决。政策议程的建立是社会问题转化为政策问题的关键环节。每个政府部门都有一些经常性的政策议程，并常常要为解决若干新的问题而建立新的政策议程。

第四，政策规划。政策议程建立之后就进入了政策规划阶段。作为政策制定过程的核心环节，政策规划是指政策方案策划、设计、评估和选择的过程。其主体类型可分为单一式和多元式两种，前者主要指政府有关机构，后者主要指政府系统外的社会组织和个人。

第五，政策方案的执行。政策方案一经采纳就开始进入政策执行阶段。所谓政策执行，就是把政策方案的内容转化为客观现实的过程。在这一过程中，政策执行者要充分开发各种政策资源，建立必要的组织机构，利用多种技术手段，使观念形态的东西转化为现实形态的东西。从纸上谈兵到真刀真枪，目的当然是为了有效地解决政策问题，实现既定的政策目标。

第六，执行效果的评估。政策过程中这一阶段进行的评估通常也被称为事后评估。由于人的主观局限和社会环境的复杂多变，事与愿违的现象是普遍存在的。因此，需要对执行的效果进行必要的分析和判断。这种评估是信息不断反馈的过程，目的是确定政策的价值和决定政策的取向。

第七，政策调整与改变。通过执行效果的评估，会发现一些政策不宜继续执行，需要对此做出必要的调整。不断修正主观构想以适应客观实际情况是政策执行过程中的必然选择，从来没有一锤定音和一劳永逸的政策。政策执行的过程本身就是一个不断探索和学习、不断调整和完善的过程。

第八，政策的终结。通过执行效果的评估，会发现一些政策已经达到预期的效果，完成了自己的使命，还有一些政策则完全背离了既定的目标，是失败或无效的，这些政策如果继续执行下去，不仅会浪费宝贵的政策资源，而且还会耽误解决问题的时机。所以，这些政策都应及时地退出社会和历史的舞台，从而推动政策过程进入新一轮循环。政策的生命过程一般可以被划分为广义决策与广义执行两大部分，广义决策包括社会问题的形成、社会问题的确认、政策议程的建立和政策规划的实施；广义执行包括政策方案的执行、执行效果的评估、政策的调整与改变和政策的终结。[①]

以上几种模型都是西方社会政策研究模型，难免带有资产阶级自利性质。因此，我国社会政策的制定，必须在党的领导下，以我国的基本国情作为最大的依据。

案例：

社会工作介入反贫困政策的实践

社会工作是以一定的价值理念和科学精神为指导，综合运用专业知识、技能和方法，为有需要的个人、家庭、群体、组织和社区提供专业社会服务，帮助其整合社会资源，协调社会关系、预防和解决社会问题，恢复和发展社会功能，促进社会和谐的职业活动。现代社会工作的价值目标是实现社会公平、创新管理体制、解决社会问题、化解社会矛盾、完善社会服务、促进人与社会发展。社会工作平等、尊重、助人自助、和谐互动的专业理念，助人、救难、解困、发展的专业功能，对于保障社会成员特别是弱势群体的权益、协调社会利益关系、维护社会公正具有重要作用。社会工作在扶贫中的作用表现在以下几个方面：

第一，社会工作为扶贫提供了专业价值观。社会工作是一种专业化的服务活动，这种专业化的服务活动是建立在系统的理论知识基础之上的；社会工作是一种助人活动，这种助人活动是建立在利他主义等价值基础之上的。社会工作是一种以价值为本位的专业。作为社会工作的灵魂，价值贯穿于社会工作的始终。助人自助是社会工作的核心价值观。助人自助是指社会工作者在助人的工作中，协助案主解脱困境与发展自我的能力，使其在离开社会工作者的帮助后，也能够解决或避免类似其之前遇到的问题。简单地说就是使案主能够自我完善、自我发展和适应环境。社会工作助人的过程，绝不是单方面地施惠于人，更不是扮演救世主的角色，社会工作者相信，个人、团体、社区乃至社会都有克服困难、解决问题的潜能，一旦这种潜能得到发挥，问题便可迎刃而解。社会工作者的任务就在于帮助案主在困境和无助中，了解自己的真实处境，引导他们用一种客观、正确、健康的观点来看待自己的处境，引发他们采取积极、有效的行动来解决问题。社会工作的整个过程是以助人开始，以受助者自助结束，因而社会工作过程是一个助人自助的过程。

第二，社会工作为扶贫提供了“优势视角”。一般认为，贫困是因为社会或自身的某些原因导致的，因此，我们帮助对象的过程，实际上是帮助受助者解决问题的过程。这是“问题视角”。社会工作者认为，每个人都是有潜能的，受助者之所以身陷困境，是因为其潜能没有充分发挥，其能力没有得到提升，因此，帮助受助对象最重要的是赋权——发挥潜能、提升能力，最终实现助人自助。这是“优势视角”。社会工作不但致力于解决人们遇到的各种困难，而且致力于促进人的发展。在助人过程中，社会工作者充分尊重那些陷入困境中的人们的自主与自决，尊重受助者的自我选择、自我决定的权力。社会工作还充分调动受助者的主动性、积极性和创造性，不仅要为受助者救难、解困，而且更重视帮助受助者提高其自助的能力，

① 谢明：《公共政策分析》，首都经济贸易大学出版社，2015年版。

实现自我的发展。社会工作者动员各种社会资源和社会力量，动用一切社会条件对受助者进行援助。社会工作通过增加人的知识和技能、增强克服困难的能力、提高个人与社会协调能力，帮助个人、社会群体及社区获得更好的发展。社会工作者注重对受助者的教育，通过教育使受助者适应社会环境，调整心态和行为，适应新的社会。社会工作者还注重个人内在资源的开发，如智力的提高和能力的培养等，为个人的发展创造条件。

第三，社会工作为扶贫提供了专业的方法与技术。社会工作者不仅重视助人自助的理念，在实际工作中还可运用专业的技术和手段。如在方法上运用社会工作中的小组工作、个案工作、社区工作的方法，运用个案辅导、团体技巧、社区资源调动、咨询、培训等多种介入方式与技巧，了解贫困者的困境，评估他们的需求，培育、挖掘和提升贫困者的能力，协助他们走出困境，增强他们融入社会的能力。社会工作作为一种制度设计，其核心在于把助人自助的理念转变为增强贫困者能力建设的过程，即把依靠行政强制的外部支持转向扶贫对象的自主自立发展。

社会工作的精髓在于，给案主以希望、信心和决心，充分调动案主的主动性、积极性和创造性，最后达到求助者自助并在自助中得以发展的境界。社会工作是一种问题导向的职业。社会问题的出现促使人们寻求解决方案。社会工作的发展历史，经历了一个从非专业化到专业化的发展过程。这表现为服务提供者由慈善助人者向专业助人者的转变，从仅凭爱心和热情、不太注重工作技巧到十分强调专业工作方法的转变，从慈善性、分散化、非职业性和非专业化的初始形态向理性化、组织化、职业化和专业化的现代形态的转变。一方面，专业社会工作者运用个案社会工作、小组社会工作和社区社会工作等社会工作方法，直接地解决大量已经现实地存在的各种具体的社会问题；另一方面，专业社会工作者还可以采用社会行政、社会政策等社会工作方法，通过对社会福利行政、社会保障政策等施加影响，最大限度地预防社会问题的产生或间接地解决已经出现的社会问题。同时，社会工作通过开发社会资源，建立社会成员的社会支持系统。扶贫行动的基本目标在于通过实施有效的经济和社会政策去缓解贫困，并逐步创造最终消灭贫困的经济和社会条件。因此，能否有效动员民众、号召民众、组织民众参加扶贫开发、发挥主动性和创造精神，在国家的支持下改变自身状况，在很大程度上取决于基层政府，特别是社区组织等能否开展自觉有效的工作。事实证明，各种非政府组织、社区组织等在整合、调动扶贫资源方面的确具有灵活性和可行性。扶贫需要全社会的广泛参与，社会工作能较好地动员社会力量，整合社会资源。

结 语

新时代，我国社会主要矛盾已经转化为“人民日益增长的美好生活需要和不平衡不充分的发展之间的矛盾”。面对新形势、新任务、新要求，社会工作专业人才必须要有新的担当、新的作为、新的贡献。新时代，人民美好生活需要更加广泛，更加多元，为社会工作专业人才建设提出了新要求，更是专业社会工作发展的不竭动力和源泉。

目前，我国社会工作专业人才总量超过 100 万人。据人力资源和社会保障部人事考试中心统计，全国已有 30 多万人取得社会工作职业资格证书。全国已有 400 余所高校开设了社会工作专业，“专业社会工作”被写入了党中央、国务院在《国家中长期人才发展规划纲要（2011—2020 年）》《中共中央 国务院关于打赢脱贫攻坚战的决定》《中华人民共和国国民经济和社会发展第十三个五年规划纲要》等国家战略规划和《社会救助暂行办法》《反家暴法》等法规文件，民政部联合中央有关部门和群团组织先后印发了《关于加强社会工作专业人才队伍建设的意见》《社会工作专业人才队伍建设中长期规划（2011—2020 年）》《关于加强社会工作专业岗位开发与人才激励保障的意见》等多个综合性文件，社会工作专业教育和顶层设计日趋完善，可谓前景广阔。从 2015 年起，在政府工作报告这样字字珠玑的报告中也给了“专业社会工作”一席之地，从“支持专业社会工作”到“发展专业社会工作”再到“促进专业社会工作”，变化细微却意味深长，社会工作正成为社会建设中不可或缺的新兴力量。让更多的人在社工的帮助下实现“自助”，最终能够去“助人”，这符合社会工作的专业价值。

放眼全国，100 多万社会工作者以专业理论为指引，运用科学的工作方法，在社会福利、社会救助、优抚安置、社区矫正、卫生等领域，开展了大量面向基层、贴近民生且卓有成效的工作。他们秉持社会工作价值理念，倔强地与弱势者同行，社会工作对于促进民生改善，创新社会治理，提升人民福祉，以及促进社会公平正义方面具有重要作用。社会工作综合实践能力培养在面临专业身份认同较低、制度体系不完善、薪酬不高等方面的挑战的同时，也要看到机遇。促进社会工作职业化和专业化，社会工作者要不断强化专业自信，着力培养与提高社会工作综合实践能力，勇敢肩负起专业使命。面对新时代社会建设的要求，社会工作必须承担起保障和改善民生及加强和创新社会治理中的任务。这要求我国的社会工作必须有足够的能力，包括要有足够多的工作人员、足够高水平的人才队伍以及能够促进其健康发展和有效运行的体制机制。

经过多年的发展，我国已经初步建立起一支专业化的社会工作人才队伍，社会工作者广泛分布于社会救助、社会福利、慈善事业、优抚安置、灾害救援、妇女儿童合法权益保障、青少年服务、流动人口和农村留守人员服务、老年人关爱服务、残疾人事业等民生领域，以及基层社区治理、企业职工服务、医务社会工作服务、预防和化解社会矛盾机制建设及正确处理人民内部矛盾等领域，并逐渐在其中发挥着重要作用。围绕满足群众需求和解决具体民生问题开展了大量卓有成效的专业服务，在促进完善社会服务体系、创新基层社会治理、引领社会向上向善等方面发挥了重要作用。目前我国的专业社会工作还处在初期发展阶段，还存在明显的不足。专业人才的规模还不够大，离中央提出的“建设一支宏大的社会工作人才队伍”的要求还有相当大的距离。与专业社会工作较发达的国家相比，我国专业社会工作的总体专业水平还有待进一步提升，还没有向全社会展示其服务质量方面的不可替代性和比非专业社会工作更高的“性价比”。随着社会工作职业化、专业化步伐的加快，加强社会工作者及高校社会工作专业大学生的社会工作综合实践能力培养十分必要。

保障和改善民生并不仅仅是向有需要的人提供物质帮助，还要同时提供各种帮扶服务，包括增能、激励和社会融入方面的服务，并且要更加注重扶志和扶智，帮助有需要的人能够更快地提升自己的能力以更好地融入社会。党的十九大报告中专门提出要提高社会治理社会化、法治化、智能化、专业化水平，要保护人民人身权、财产权、人格权，加强社会心理服务体系建设，培育自尊自信、理性平和、积极向上的社会心态。而所有这一切都必须通过专业社会工作的介入来完成。社会工作综合实践能力培养有利于保障和改善民生及加强社会治理目标的实现。社会工作是一门专业、一个职业，对于从业人员的综合素质和专业能力有很高的要求。在新时代，社会工作服务对象的需求和问题更加多样、复杂、多元，意味着社会工作者要具有灵活运用专业知识和方法的能力。满足群众多元需求，需要不断提高社会工作者的社会工作综合实践能力。实践证明，较强的社会工作综合实践能力，在纠纷化解、社区治理、社会救助等方面具有优势。社会工作综合实践能力培养在促进我国社会工作专业化、职业化中起到了重要作用，需要不断加以改革和完善。因此，新时代要以更加积极的、前瞻性的视角，以更富创新性的思路和更加积极的工作态度，更快更好地推动社会工作综合实践能力培养工作的发展，努力健全培育社区组织，打造共建共治共享的社会治理格局。

参考文献

[1] PRAHALAD, C. K AND HAMEL. C. *The Core Competence of the Corporation*[M]. Harward business review，1990.

[2] 王思斌．社会工作本土化之路[M]．北京：北京大学出版社，2010.

[3] 王思斌．中国社会工作专业发展前景分析[J]．中国社会工作，1996（05）.

[4] 王思斌．我国社会工作制度建设分析[J]．广东工业大学学报（社会科学版），2013（5）.

[5] 刘红霞，杨灿君．社会工作参与脱贫攻坚的优势及可行路径研究[J]．中国社会工作，2018（22）.

[6] 孙亚华，徐新豪，蓝花．从社会工作者核心竞争力角度看社会工作者职业地位提升——以深圳家庭领域社会工作实践为基础[J]．社会工作，2009（8）.

[7] 周显德．浅谈社会工作的核心竞争力[J]．社会工作，2009（8）.

[8] 甄炳亮．中国社会工作制度建设研究[J]．社会工作，2007（6）.

[9] 闻英．社会建设与社会工作制度的建构[J]．人民论坛，2012（9）.

[10] 徐道稳．社会工作者就业准入制度研究[J]．广东工业大学学报（社会科学版），2013（7）.

[11] 刘继同．改革开放30年以来中国医务社会工作的历史回顾、现状与前瞻[J]．社会工作，2012（1）.

[12] 刘润华．深圳社会工作研究[J]．中国社会工作，2009（9）.

[13] 李刚．社会工作专业人才达76万人[N]．人民日报，2016-11-08（11）.

[14] 朱眉华，文军．社会工作实务手册[M]．北京：社会科学文献出版社，2006.

[15] 文军主编．社区青少年社会工作的国际比较研究[M]．上海：华东理工大学出版社，2006.

[16] 文军．社会工作者[M]．北京：中国劳动社会保障出版社，2009.

[17] 王恒平．高职院校创新创业教育研究[J]．教育与职业，2014（3）.

[18] 喻柯力，王繁．大学生创新创业教育简论[J]．读与写（教育教学刊），2012（6）.

[19] 陈砚梅，廖彬．浅析高校大学生创新创业发展趋势及应对措施[J]．现代经济信息，2016（17）.

[20] 王耀东．论创新创业教育和培养卓越医学生的融合[J]．科学中国人，2016（27）.

[21] 赖卓虹．反思与突破：高校创新创业教育现实困境[J]．九江职业技术学院学报，2016（1）.

[22] 于苗．对日本高校创新创业教育的分析与借鉴[J]．安徽文学（下半月），2016（5）.

[23] 孔斯丁．浅析如何以社会主义核心价值观引领大学生创新创业教育[J]．才智，2016（16）.

[24] 马江雁，徐本磊．开展大学生创新创业教育的方法思考[J]．科教文汇（上旬刊），2014（1）.

[25] 杨建，从文奇．高校创新创业教育体系建设研究[J]．安徽工业大学学报（社会科学版），2015（6）.

[26] 陈燕君．推进大学生创新创业教育的对策研究[J]．安徽工业大学学报，2015（6）．
[27] 全国社会工作者职业水平考试教材编写组．社会工作综合能力[M]．北京：中国社会出版社，2016．
[28] 刘梦．小组工作[M]．北京：高等教育出版社，2003．
[29] 史柏年．社会工作行政涵义辨析[J]．社会工作，2013（2）．
[30] 孙志丽．民国时期专业社会工作的发展研究[D]．华东理工大学，2011．
[31] 史柏年．谈中国特色社会工作行政体制建构[J]．社会工作，2012（6）．
[32] 陈伟杰．管理、权力与制度——分析中国社会工作行政的多重视角[J]．华东理工大学学报（社会科学版），2016，31（3）．
[33] 曹丽媛，黄子娟．香港社会工作行政体制的构建及其启示[J]．天水行政学院学报，2014，15（6）．
[34] 蔡娟．参与式教学法与大学生实践能力培养研究——以《社会行政》课程为例[J]．教育教学论坛，2017（39）．
[35] 程胜利．考前辅导与强化训练社会工作综合实践能力[M]．北京：中国社会出版社，2009．
[36] 李晓凤．社会工作——原理　方法　实务[M]．武汉：武汉大学出版社，2008．
[37] 民政部社会工作司．社会工作与志愿服务关系研究[M]．北京：中国社会出版社，2011．
[38] 顾东辉．社会工作概论[M]．上海：复旦大学出版社，2008．
[39] 杜景珍．个案社会工作——理论实务[M]．北京：水利水电出版社，2007．
[40] 何雪松．社会工作理论[M]．上海：上海人民出版社，2007．
[41] 陈钟林．社会工作价值与伦理[M]．北京：高等教育出版社，2011．
[42] 王瑞鸿．人类行为与社会环境[M]．武汉：华中科技大学出版社，2005．
[43] 潘锦棠．个案：原理与实务[M]．北京：中国人民大学出版社，2011．
[44] 董云芳．个案工作[M]．济南：山东人民出版社，2010．
[45] 陈钟林．社区工作方法与技巧[M]．北京：机械工业出版社，2005．
[46] 夏建中．社区工作[M]．北京：中国人民大学出版社，2009．
[47] 陈为雷．社会工作行政[M]．北京：中国社会出版社，2010．
[48] 王思斌．中国社会工作研究[M]．北京：社会科学文献出版社，2010．
[49] 花菊香．社会政策与法规——社会工作丛书[M]．北京：社会科学文献出版社，2002．
[50] 陈智瑜．浅析社会服务机构的志愿者管理[J]．社会工作（实务版），2010（12）．
[51] 姚航远．谈谈个案工作在社工领域中的应用[J]．中国集体经济，2010（11）．
[52] 赵芳．社会工作伦理教育：现状与反思[J]．社会工作，2012（6）．
[53] 彭华民．论志愿服务的社会工作督导模式[J]．中国青年研究，2010（4）．
[54] 宋新伟．生命回顾理论视角下的厌学个案分析[J]．现代职业教育，2017（11）．
[55] 李仁利．适应新时代新要求 推动专业社工新发展[N]．中国社会报，2018（2）．
[56] 关信平．论当前我国专业社会工作的制度建设[J]．国家行政学院学报，2017（10）．
[57] 文军．当代中国社会工作发展面临的十大挑战[J]．社会科学，2009（7）．
[58] 宋爽．社会工作参与扶贫攻坚的要求及介入空间[J]．社会福利（理论版），2016（10）．
[59] 尹广文．社会工作核心能力培养和专业教育研究[J]．湖南工程学院学报（社会科学版），2015（3）．

[60] 黄少宽．对社会工作专业实践教学的改革与创新的思考[J]．中国社会工作，2018（10）.
[61] 武扬帆．社会工作视角下的生态福利社会化[J]．社会工作，2012（2）.
[62] 时立荣．社会管理背景下的机构社会工作行政探析[J]．东岳论丛，2012（1）.
[63] 王瑞鸿．新时代中社会工作的新愿景[J]．中国社会工作，2018（10）.
[64] 李瑶瑶．当前大学生法治教育问题与对策研究[D]．太原：中北大学硕士论文，2018（4）.
[65] 理查德·蒂特马斯．社会政策十讲[M]．江绍康译．长春吉林出版集团有限责任公司，2011.
[66] 范志海，阎更法．社会工作行政[M]．上海华东理工大学出版社，2004.
[67] 史柏年．谈中国特色社会工作行政体制建构[J]．社会工作，2012（6）.
[68] 费梅苹．社会工作“案主自决”原则在中国社会的实践——从中国传统文化的个人观谈起[J]．华东理工大学学报（社会科学版），2002（2）.
[69] 沈黎．持守专业责任的善——本土社会工作伦理反思[J]．社会工作（实务版），2011（10）.
[70] 宁骚．公共政策[M]．北京：高等教育出版社，2000.
[71] 张霖．“美好生活需要”的社会工作解读[J]．社会与公益，2018（1）.
[72] 赵芬．回归模型中的几个重要改进[D]．燕山大学硕士论文，2011（11）.
[73] 张宏伟．定性研究的基本属性和常用研究方法[J]．中国中西医结合杂志，2008（2）.
[74] [美]托马斯·戴伊．理解公共政策[M]．彭勃，等，译．北京：华夏出版社，2004.
[75] [美]托马斯·戴伊．自上而下的政策制定[M]．北京：中国人民大学出版社，2002.
[76] 黄顺康．公共政策学[M]．北京：北京大学出版社，2013.
[77] 关信平．社会政策概论[M]．北京：高等教育出版社，2014.
[78] 王思斌．社会工作导论[M]．北京：北京大学出版社，2011.

后　记

党的十九大报告开启了全面建成社会主义现代化国家的新征程。报告深刻阐释了我国现阶段的主要矛盾，提出我国社会主要矛盾已经转化为人民日益增长的美好生活需要和不平衡不充分的发展之间的矛盾，这对改善民生领域工作提出了更高的、全新的要求。党的十九大报告抓住人民最关心最直接最现实的利益问题，对提高保障和改善民生水平做出了总体部署，把民生作为经济社会发展的指南针，让人民群众共享改革发展成果。报告也从统筹推进“五位一体”总体布局和协调推进“四个全面”战略布局的高度，对社会治理问题进行了阐述，明确提出要打造共建共治共享的社会治理格局，为在新的历史条件下加强和创新社会治理指明了方向。

新时代，服务在各领域的社会工作者是社会政策的传递者，是社会服务福利的直接传送者。党的十九大报告是指导和引领经济社会发展的重要行动纲领，也为新时代的社会工作发展勾勒了宏伟前景，指明了社会工作事业的发展方向，为开创未来社会工作新的发展带来了诸多机遇。应该说，改革开放40多年来，社会工作已有了长足的进步。加强社会工作综合实践能力培养研究，推动中国社会工作与世界接轨，以更好地服务于中国社会工作事业的发展，是当代中国社会工作学术界的重要责任。正是基于上述考虑，我们推出了这本教材。

姜又春教授负责本书的理论指导和具体策划，提出了写作思路，并对书稿作了有关修改。

参加本书撰写的作者及分工如下：第一、二、三、七、八章由田光辉编写；第四、六章由莫小枚编写；第五章由杨阿诺编写；第九章由杨庚梅编写。

由于本书是一个集体合作的结果，作者专业背景不同，研究积淀亦有区别，一些专题又是全新的研究领域，缺乏可供参考的研究资料，因此，本书在质量上可能还存在不尽如人意的地方，敬请批评和谅解。在写作的过程中，作者参考了同行的有关研究成果，尽量以脚注或参考文献的形式加以注明，还有一些由于种原因未能列明，在此致以歉意并表示感谢。西南交通大学出版社对本书的出版给予了大力支持，在此一并表示谢意。

由于时间仓促、水平有限，书中不足在所难免，恳请读者和专家批评指正。

编　者

2019年5月